KIELER GEOGRAPHISCHE SCHRIFTEN

Herausgegeben vom Geographischen Institut der Universität Kiel
durch C. Corves, R. Duttmann, T. Freytag, R. Hassink,
W. Hoppe, H. Sterr, G. v. Rohr und R. Wehrhahn

Schriftleitung: P. Sinuraya

Band 122

SAMUEL MÖSSNER

Integrierte Stadtentwicklungsprogramme
– eine „Vertrauens-Konstellation"
Beispiele aus Frankfurt a. M.
und Mailand

KIEL 2010

IM SELBSTVERLAG DES GEOGRAPHISCHEN INSTITUTS
DER UNIVERSITÄT KIEL
ISSN 0723 – 9874
ISBN 978-3-923887-64-4

Bibliographische Information Der DeutschenBibliothek
Die Deutsche Bibliothek verzeichnet diese Publikation in der Deutschen
Nationalbibliografie; detaillierte bibliografische Daten sind im Internet über
http://dnb.ddb.de abrufbar.

ISBN 978-3-923887-64-4

Die vorliegende Arbeit entspricht im Wesentlichen der von der Mathematisch-Naturwissenschaftlichen
Fakultät der Christian-Albrechts-Universität zu Kiel im Jahre 2009 angenommenen gleichlautenden
Dissertation.

Das Titelfoto zeigt ein Hauswand-Graffiti in San Siro,
einem der Mailänder Stadtteile, die
in das Programm „Contratti di Quartiere" aufgenommen sind.

Foto: A. Caserini

Alle Rechte vorbehalten

Vorwort

Das Schreiben einer Dissertation, so las ich kürzlich im Vorwort einer anderen Dissertation, sei kein soziales Ereignis. Diese Einschätzung werden viele teilen, die sich einem solchen oder ähnlichen Vorhaben schon vor mir unterzogen haben und insbesondere in der Schlussphase des Schreibens vielleicht erschrocken feststellen mussten, dass sie auf bislang ungekannte Weise mit einer speziellen Form der sozialen Vereinsamung konfrontiert sind. Es wäre aber nun einseitig daraus zu schließen, dass das Schreiben einer Dissertation ein individueller und allein zu bewältigender Akt sei.

So habe ich während meiner gesamten Dissertationsphase das Glück gehabt, Menschen in meiner Umgebung zu finden, die meine manchmal merkwürdigen Wandlungen unter dem Einfluss der Dissertation und stellenweise ausschweifenden Monologe über mein Thema zu tolerieren wussten, und mich – so es nötig war – wieder auf den richtigen Weg zurückbrachten, wenn ich diesen verlassen hatte. Das Schreiben einer Dissertation, das ist am Ende nun meine persönliche Erfahrung, bedarf eines doppelten sozialen Netzwerkes: eines, das die oben angedeuteten sozialen Prozesse zu kompensieren vermag sowie psychologischen Rückhalt gibt, und ein zweites Netzwerk, das dem fachlichen Austausch dient. Das Vorhandensein beider Netzwerke hat den Entstehungsprozess meiner Dissertation letztlich doch zu einem sozialen Ereignis gemacht.

Mein Dank richtet sich zunächst an Rainer Wehrhahn – für sein (personenbasiertes) Vertrauen in manchmal risikobehafteten Situationen, seine Geduld und mitunter auch für seine Ungeduld, ohne die ich vielleicht manch ziellosem Gedanken weiter nachgeeifert wäre. Ich kann heute sagen, dass ich viel von ihm gelernt habe und er mein Arbeiten entscheidend geprägt hat. Florian Dünckmann und Verena Sandner Le Gall waren immer für mich da, wenn ich fachliche und psychologische Unterstützung brauchte (und oftmals sind beide Aspekte ja so eng miteinander verwoben). Auch sie haben meine Entwicklung maßgeblich beeinflusst und auch ihnen kann ich gar nicht genug dafür danken. Katrin Sandfuchs und Marco Schmidt waren die treuen Gefährten auf dem gemeinsamen Weg zur Promotion – ich hätte mir keine besseren wünschen können. Ina v. Schlichting danke ich für viele neue Ideen und kritische Fragen zu jeder Zeit meiner Arbeit. Aber auch für die Zeit und Schokolade, die Aufmunterungen und spontanen Spaziergänge, wenn ich wieder einmal ein wenig Luft brauchte. Neben diesen Personen gilt mein Dank dem ganzen Lehrstuhl, an dem ich meine Arbeit geschrieben habe.

Ebenso großer Dank geht nach Italien: Massimo Bricocoli hat als Zweitgutachter weder Weg noch Aufwand gescheut, um meine Arbeit kritisch und konstruktiv zu bewerten. Für seine Anregungen und seine hilfreichen Worte danke ich ihm sehr. Mit Stefano Carbone, nun schon langjähriger Freund in Italien, habe ich viele Diskussionen – nicht nur über meine Arbeit – führen dürfen. Seine Ansichten haben mein Verständnis von Stadt und Quartier erweitert und beeinflusst. Tommaso Vitale hat meine Forschungsaufenthalte in

Mailand unterstützt und war mir immer ein guter Ansprechpartner. Aber ohne die Hilfe von Alessandra Caserini (und ihrer Vespa) wären meine empirischen Erhebungen in Italien wohl kaum durchführbar gewesen. Völlig selbstlos hat sie meine Arbeit zu jeder Zeit unterstützt und mir mit ihrer grenzenlosen Gastfreundschaft viele Besuche ermöglicht.

Ich danke natürlich auch den Gesprächspartnern in Frankfurt und Mailand, ohne sie in meiner Arbeit namentlich zu erwähnen, denn ohne ihre Bereitschaft zur Unterstützung wäre die Untersuchung nicht möglich gewesen. In beiden Städten habe ich, das möchte ich betonen, das große Glück gehabt, aufgeschlossene und engagierte Ansprechpartner gefunden zu haben.

Das vorliegende Buch würde jedoch nicht existieren, wenn nicht Petra Sinuraya unermüdlich, geduldig und mit exaktem Blick die Vorbereitung der Veröffentlichung übernommen hätte. Dabei beschränkte sich ihre Hilfe nicht nur auf diese redaktionelle Tätigkeit und die Erstellung der Karten, sondern sie stand mir auch bei der Planung und Durchführung des Druckes beratend und unterstützend zur Seite.

Martin Brzank und Sonja Scheuß danke ich für ihre Unterstützung und Freundschaft. Und nicht zuletzt auch für die Bereitstellung ihres Sofas, auf das ich mich zurückziehen konnte, um in der Stille und Abgeschiedenheit Friedrichstadts Ruhe zum Lesen und Schreiben eines Teils meiner Arbeit zu finden. Meine Familie und Astrid Messer haben mich immer unterstützt, oftmals ertragen, immer ihre Zuversicht spüren lassen und gaben mir zu jeder Zeit große Sicherheit und Halt. Dafür danke ich und widme ihnen diese Arbeit.

Mit vielen der genannten Personen verbindet mich eine tiefe Freundschaft, die mich auch hoffentlich noch nach diesem Projekt auf meinem weiteren Weg begleiten wird.

Kiel, im April 2010   Samuel Mößner

Inhaltsverzeichnis

Vorwort	I
Inhaltsverzeichnis	III
Abbildungs- und Tabellenverzeichnis	VI
Zusammenfassung / Summary / Riassunto	VII

1	**Ein Anfang**	**1**
1.1	„Ri-prendiamoci gli spazi!¹"	1
1.2	Von neuer urbaner Ausgrenzung und politischer Kooperation	3
1.3	Ziele und forschungsleitende Fragestellung	5
1.4	Frankfurt und Mailand: Auswahl der Fallstudien	9
2	**Integrierte Entwicklungsprogramme zur Vermeidung sozialer Exklusion**	**11**
2.1	Warum integrierte Handlungsansätze?	11
2.2	Merkmale und definitorische Eingrenzung integrierter Entwicklungsprogramme	12
2.3	Integrierte Entwicklungsprogramme und soziale Exklusion	14
2.4	Soziale Exklusion	16
2.5	Soziale Exklusion in städtischen Quartieren	21
2.6	Anforderungen und Umsetzungsstrategien politischer Programme	27
2.7	Integrierte Entwicklungsprogramme in Deutschland und Italien	31
2.7.1	Deutschland	31
2.7.2	Italien	36
2.8	Materielle und prozedurale Zielbereiche quartiersbezogener Politik	41
3	**Governance und Vertrauen**	**45**
3.1	Governanvce	45
3.1.1	Hintergrund	45
3.1.2	Zum Begriff der Governance	47
3.1.3	Definitorische Eingrenzung	49
3.2	Institutionelle Regelung	53
3.2.1	Über das Wirken von Institutionen	53
3.2.2	Einführung in den Neo-Institutionalismus	92
3.2.3	Institutionen	60
3.2.4	Zur Bildung von Institutionen in Governance-Prozessen	63
3.3	Vertrauen	64
3.3.1	Komplexität durch Koordination und Unsicherheiten	64
3.3.2	Definition Vertrauen	68

3.3.3	Personenbasiertes Vertrauen	75
3.3.4	Institutionenbasiertes Vertrauen	77
3.4	Vertrauen und Unsicherheiten	78
4	**Konkretisierte Fragestellung und Untersuchungsmethodik**	**81**
4.1	Konkretisierte Fragestellung	81
4.1.1	Prozedurale Zielbereiche integrierter Entwicklungsprogrammex	81
4.1.2	Koordinationsmechanismen und Vertrauen	82
4.2	Untersuchungsmethodik	84
4.2.1	Zur methodischen Annäherung an Vertrauen	84
4.2.2	Auswahl der Untersuchungsgebiete	85
4.2.3	Ablauf der Gespräche und Auswahl der Interviewpartner	88
5	**Frankfurt „Soziale Stadt – Neue Nachbarschaft"**	**95**
5.1	Übersicht über die Fallstudie	95
5.2	Inhalt, Organisation und Ziele aus Sicht der handelnden Akteure	97
5.2.1	1 Räumliche Abgrenzung	97
5.2.2	Entstehungsgeschichte und Organisation	98
5.2.3	Auswahl der Träger	99
5.2.4	Auswahl der Quartiere und Laufzeit des Programms	105
5.2.5	Ziele und Abgrenzung des Programms	107
5.2.6	Einbettung in lokale Strukturen zur Vermeidung von sozialer Exklusion	112
6	**Mailand „Contratti di Quartiere"**	**121**
6.1	Übersicht über die Fallstudie	121
6.2	Inhalte und Ziele aus Sicht der handelnden Akteure	123
6.2.1	Entstehung	123
6.2.2	Contratti di Quartiere: Ausdruck einer neuen politischen Kultur	125
6.2.3	Auswahl der Quartiere	129
6.2.4	Organisationsstrukturen	131
6.2.5	Neuwahlen und Phase des Umbruchs	139
7	**Governance mit und ohne Vertrauen**	**147**
7.1	Vertrauen: die Suche nach Ordnungen	147
7.2	Beispiele für Unsicherheiten innerhalb des Frankfurter Programms „Soziale Stadt – Neue Nachbarschaft"	150
7.2.1	Vertrauensbasierte Steuerung durch die Träger des QM und die Stadt Frankfurt	151
7.2.2	Abhängigkeiten von Personen und politischen Veränderungen	158

7.3	Beispiele für Unsicherheiten innerhalb der Contratti di Quartiere	162
7.3.1	Die neue politische Kultur in Mailand	163
7.3.2	Der Faktor Zeit	168
7.3.3	Aufgabendefinition der Laboratori di Quartiere	171
7.4	Vertrauen in integrierten Entwicklungsprogrammen	174
7.4.1	Personenbasiertes und institutionelles Vertrauen in den Fallstudien	174
7.4.2	Vertrauen und soziale Ordnung in integrierten Entwicklungsprogrammen	178
8	**Schlusswort und offene Fragen**	**183**
9	**Literaturverzeichnis**	**187**

Abbildungsverzeichnis

Abb. 1:	Quartiere des Programms Frankfurt – Neue Nachbarschaft der drei Fördergenerationen	97
Abb. 2:	Quartiere des Programms „Contratti di Quartiere" in Mailand	133
Abb. 3:	Organigramm der Verwaltungsstruktur der CdQ (bis zum Zeitpunkt der durch die Kommunalwahlen 2006 bedingten verwaltungsinternen Umstrukturierung)	135
Abb. 4:	Zusammenhang zwischen Integrierten Entwicklungsprogrammen, Zielbereichen, Unsicherheiten und Vertrauen	149
Abb. 5:	Vertrauens-Konstellation im Zusammenhang mit der Steuerung des Programms durch institutionelles Vertrauen	156
Abb. 6:	Vertrauens-Konstellation im Zusammenhang mit der Steuerung des Programms durch personenbasiertes Vertrauen	157

Tabellenverzeichnis

Tab. 1:	Schematischer Überblick über das Frankfurter Entwicklungsprogramm	96
Tab. 2:	Schematischer Überblick über das Mailänder Entwicklungsprogramm	122
Tab. 3:	Finanzierung nach Mailänder Stadtteil, aufgeschlüsselt nach Herkunft der finanziellen Mittel (in Euro)	124
Tab. 4:	Finanzierung der Mailänder Stadtteile, aufgeschlüsselt nach Verwendungszweck (in Euro)	124
Tab. 5:	Personenbasiertes und institutionelles Vertrauen in Frankfurt und Mailand	175

Kurzfassung

Seit Beginn der 1990er Jahre werden in vielen europäischen Städten integrierte Entwicklungsprogramme umgesetzt. Als politisches Instrument verfolgen sie das Ziel, neue Stadtpolitiken im Mehrebenensystem zu platzieren, die zur Lösung lokaler Probleme – wie sozialer Exklusion in benachteiligten Nachbarschaften – beitragen sollen. Heute stellen integrierte Entwicklungsprogramme eine der vielversprechenden politischen Antworten dar, um multi-dimensionale Problemlagen und „negative Diskriminierungen" der „wahrhaft Benachteiligten" zu bewältigen, die sich zunehmend in den Peripherien der Städte abspielen. Um ein solch hohes Ziel realisieren zu können, greifen integrierte Entwicklungsprogramme auf „weiche" und „kommunikative" Planungsinstrumente zurück, durch die unterschiedliche Akteure befähigt werden, in formellen Planungsprozessen zu kooperieren.

Ausgehend von den eigenen empirischen Untersuchungen zwischen den Jahren 2005 und 2007, wurden in der vorliegenden Studie mittels qualitativer Forschungsmethoden die Koordinationsprozesse in zwei unterschiedlichen integrierten Entwicklungsprogrammen in Mailand und Frankfurt untersucht. An zentraler Stelle stand die Frage nach den Vertrauensbeziehungen der Akteure und deren Wirken auf das jeweilige Programm. Dabei wurde konzeptionell und empirisch zwischen personenbasiertem und institutionellem Vertrauen unterschieden. Während der täglichen Umsetzung von Governance auf der Quartiersebene konnte festgestellt werden, dass die theoretisch noch zu ziehende Trennung zwischen Formalität und Informalität in der Praxis von den Akteuren umgangen und zusehends verzerrt wurde. Auch die Zuordnung von Kompetenzen der einzelnen vertikalen Verwaltungsebenen konnte stellenweise nicht mehr eindeutig nachvollzogen werden, da durch die Kooperation unterschiedlicher Akteure auch unterschiedliche Interessen, unterschiedliche Kompetenzen und verschiedene Handlungsroutinen Einzug in das Programm gehalten hatten. Regionale und städtische Vertreter, private und öffentliche Akteure, Zivilgesellschaft und Markt stellten zusammen ein Kaleidoskop von Visionen und Interessen auf, in dem das Komplexitätsniveau derart anstieg, dass die erfolgreiche Umsetzung des Programms wiederholt gefährdet wurde. Durch das Fehlen starker, formeller Mechanismen und regelnder Strukturen fiel personenbasiertem und institutionellem Vertrauen, als informellen Mechanismen, die Bedeutung zu, die hohe Komplexität zu reduzieren.

In beiden Programmen reagierten die Akteure auf die Komplexität des Programms erwartungsgemäß mit einem relativ hohen Niveau an personenbasiertem Vertrauen. Während aber in Frankfurt dieses personenbasierte Vertrauen durch institutionelles Vertrauen ergänzt wurde, stellte sich der Aufbau institutioneller Strukturen im Mailänder Kontext als schwierig dar. Infolge dessen war das Mailänder Programm wiederholt von schweren Problemen innerhalb des Koordinationsprozesses betroffen. Als Ergebnis kann festgehalten werden, dass institutionellem Vertrauen eine sehr viel stärkere Bedeutung innerhalb integrierter Entwicklungsprogramme zufällt, da dadurch innerhalb der Programme neue Regelungsstrukturen geschaffen werden, die dazu führen, eine neue politische Kultur zu etablieren. Integrierte Entwicklungsprogramme erscheinen damit nicht nur als lokal begrenzte politische Intervention, ihnen liegt vielmehr eine übergeordnete Bedeutung inne. Das vorliegende Werk wirft einen kritischen Blick auf integrierte Entwicklungsprogramme, indem es das hohe Komplexitätsniveau der Koordinationsprozesse betrachtet und hinterfragt. Nach mehr als zwei Dekaden der Durchführung integrierter Entwicklungsprogramme in europäischen Städten und nachdem die Europäische Kommission in der Leipzig-Charta erneut auf die Wichtigkeit von Governance in diesem Zusammenhang verwiesen hat, möchte diese Analyse dazu beitragen, mithilfe eines neo-institutionellen Ansatzes in der wissenschaftlichen Diskussion vor allem das hohe planerische Risiko eines auf Governance aufbauenden Planungswegs zu thematisieren.

Summary

Since the 1990s integrated urban development programmes have been established in almost all European cities. They are a political instrument for implementing new urban policies in the multilevel system of urban policies and are aimed at tackling local problems such as social exclusion and urban deprivation in "deprived" neighbourhoods. Today, integrated development programmes are considered to be the most promising political answer to overcome multifaceted "negative discriminations" and to prevent further deterioration of the conditions of the "truly disadvantaged" in the urban peripheries of European cities. In order to realize this ambitious objective integrated development programmes place emphasis on "weak" and "communicative" planning tools that enable various actors to cooperate in formal planning processes.

Based on empirical findings gathered between 2005 and 2007, I have analyzed coordination processes in two different integrated development programmes in the periphery of Milan (Italy) and Frankfurt (Germany). In my empirical research, I approached coordination processes in both case studies by interpersonal and institutional trust. Unlike traditional modes of urban planning, in both case studies coordination and cooperation included formal as well as informal mechanisms. During the daily implementation of Governance on the local level, in both case studies existing boundaries between formality and informality became blurred and even the contour of the levels of vertical political-administrative structures got increasingly fuzzy and barely traceable due to different levels of interests, different levels of authority and different routines of all actors involved. Regional and urban as well as local representatives, private and public actors, civil society and the market have built together a kaleidoscope of visions and interests, where the level of complexity repeatedly challenged the success of both programmes. Within this environment the level of trust appears as crucial.

As expected, actors in both programmes have shown a relatively high degree of interpersonal trust relations. But, while in Frankfurt these relations have been supplemented by institutional trust, the Milanese programme failed in developing a stable institutional arrangement. As a result, the Milanese programme has been faced with serious problems regarding the process of coordination. Accordingly, institutional trust seems to be more important for bridging the gap caused by the absence of traditional planning processes and their structuring order. Institutional trust relates to new roles, routines and norms that are expected to establish a new political culture. As thus, local governance programmes should no longer be understood as only a territorial intervention in the neighborhood, but have a more important meaning to urban politics.

This book offers a rather critical perspective of integrated development programmes by questioning the high level of complexity of coordination processes. After more than two decades of integrated planning in Europe and the European Commission's recent appeal to strengthen the governance tools for integrated programmes, the author tries to propose an alternative perspective on integrated development programmes now taking into account also the difficulties and the high level of risk within this planning process.

Riassunto

Dall'inizio degli anni '90 in molte città europee sono stati messi in atto i Programmi di Sviluppo Integrato. Essi rappresentano lo strumento per l'implementazione di nuove politiche locali nel sistema multilivello delle policies urbane, e sono rivolti alla soluzione di problemi quali l'esclusione sociale e la deprivazione urbana nei quartieri svantaggiati. Oggi, i Programmi di Sviluppo Integrato sono considerati la risposta più promettente sia per la soluzione delle situazioni problematiche multidimensionali sia per la prevenzione dell'ulteriore deterioramento di quelle condizioni di reale svantaggio presenti nelle periferie urbane delle città europee. Al fine di realizzare un obiettivo così ambizioso, tali Programmi si affidano a strumenti di pianificazione "morbidi" e "comunicativi", che mettono in grado i diversi attori di cooperare nei processi formali di pianificazione.

A partire dai risultati di precedenti ricerche, svolte tra il 2005 ed il 2007, nel presente studio vengono analizzati i processi di coordinamento di due diversi Programmi di Sviluppo Integrato, quello di Milano e quello di Francoforte attraverso la questione della fiducia interpersonale e istituzionale. Diversamente dalle modalità tradizionali della pianificazione urbana, nei due casi esaminati, la cooperazione e il coordinamento implicavano sia meccanismi formali che informali. Nella pratica quotidiana del doing Governance a livello locale, i confini esistenti tra informalità e formalità divengono sfumati, spesso oltrepassati o vistosamente distorti dagli attori coinvolti. Tale sovrapposizione rende persino complesso individuare in modo chiaro la suddivisione delle competenze dei singoli livelli politicoamministrativi, poiché, assieme ai diversi attori, nel programma sono coinvolti interessi, livelli di autorità e prassi differenti.

I rappresentanti della politicà regionale che locale, la società civile e il mercato hanno costruito un caleidoscopio di interessi e punti di vista in cui il livello di complessità aumenta tanto da mettere a rischio l'attuazione degli stessi programmi. Il grado di fiducia è dunque cruciale.

In entrambi i programmi, come prevedibile, gli attori hanno mostrato un grado relativamente alto di fiducia nelle relazioni interpersonali, ma, mentre a Francoforte queste relazioni si sono integrate con la fiducia istituzionale, nel contesto milanese la costituzione di strutture istituzionali stabili è risultata problematica. Il risultato è stato che il programma di Milano e il processo di coordinamento in particolare, hanno dovuto affrontare seri problemi. All'interno dei Programmi di Sviluppo Integrato la fiducia istituzionale ricopre un'importanza ulteriore, poiché, proprio grazie a questa, vengono create nuove strutture regolatrici, all'interno dello programma stesso, che contribuiscono a stabilire una nuova politica culturale, colmando quel gap causato dall'assenza dei processi di pianificazione tradizionali. Allo stesso modo, i Programmi di Governance locale non possono considerarsi semplicemente meri interventi politici su di un quartiere ma assumono maggiore importanza per le politiche urbane.

Il filo conduttore alla base di questo testo è una prospettiva critica dei Programmi di Sviluppo Integrato che osserva e mette in discussione l'elevata complessità dei processi di coordinamento. Dopo più di due decenni di attuazione di questi Programmi nelle città europee e dopo che la commissione europea, con la Carta di Lispia, ha rafforzato l'importanza della Governance in questo ambito, questo libro fornisce, attraverso un approccio neo-istituzionale, un contributo alla discussione e alla tematizzazione dei rischi che i processi di pianificazione comportano.

1 Ein Anfang

1.1 „Ri-prendiamoci gli spazi![1]"

> „Und dann habe ich mir überlegt: was war eigentlich der Auslöser? Was ist da passiert? Und dann fiel mir die Ahornstraße ein, vor 10-12 Jahren, wo es da den Toten gab. Da hatte man das zum ersten Mal als Chefsache genommen und gesagt: ‚In den Quartieren müssen wir was machen'. Und das ist zumindest von der Öffentlichkeit her wirksam gewesen, in den Zeitungen taucht die Straße gar nicht mehr auf und auch die Polizei scheint sich wieder rein zu trauen. Der Tod dieses Opfers, wie auch immer er zustande kam, hat dazu geführt, dass der Blickwinkel der Politik auf einmal da war [...]. So einen Toten [wollte] niemand mehr in keiner Siedlung [...] haben." (Interview Ho, Frankfurt, 25.01.2008)

Der Beginn der integrierten, programmbezogenen Stadtpolitik in Frankfurt ist eng an ein Ereignis gekoppelt, welches sich vor einigen Jahren in einem der „strukturell verfestigten Brennpunkten" (JASCHKE 1997, S. 141) der Stadt abspielte. Den Bewohnern einer Straße wurde damals von der öffentlichen Verwaltung abweichendes, störendes Verhalten, mangelndes Integrationsvermögen, Suchtprobleme, Aggressionen, schwache Selbstkontrolle und eingeschränkte Gruppenfähigkeit konstatiert (ebenda). Es wurde auf einen Prozess der sozialen Abwärtsspirale aufmerksam gemacht, in dessen Folge, so die damalige Argumentation, im Jahr 1993 sich der Todesfall eines jungen Mannes ereignete. Damals begann man in der Stadt Frankfurt öffentlich über einen stetigen Exklusionsprozess nachzudenken (vgl. SCHMITT 1993), der in der Stadt bereits unmittelbar nach dem Krieg eingesetzt hatte.

In einem Frankfurt, in dem „es mindestens ‚zwei' Frankfurt[s] zu geben [scheint]: das der Banken, der Kultur, der Mittelschichten und das der beengten Wohnverhältnisse, der eingeschränkten Lebenschancen und der von Armut Bedrohten" (JASCHKE 1997, S. 82), hat sich heute ein neues Selbstverständnis entwickeln können, das von einer „kosmopolitischen Ideologie" (JASCHKE 1997, S. 82) getragen wird. Die Stadt gilt auf der einen Seite als besonders weltoffen, liberal und tolerant. Auf der anderen Seite existiert aber eine zweite Realität, die von JASCHKE in diesem Zusammenhang zu Recht als deren Schattenseite bezeichnet wird. Sie bezieht sich auf den Raum der von und aus der Stadt Verdrängten. Dem Selbstbildnis Frankfurts als weltoffene und chancengleiche Stadt steht ein Frankfurt der „Armen, Ausgegrenzten, Marginalisierten, mit schlechten Chancen auf dem Arbeits- und Wohnungsmarkt" gegenüber (ebenda, S. 82).

---

1 Dieses Zitat bezieht sich auf ein Wandgraffiti, das auch auf dem Titelfoto zu sehen ist und in einem der Untersuchungsgebiete in Mailand fotografiert wurde. Der Satz drückt den Aufruf aus, sich die (Stadt?-)Räume wiederzuholen. Das Graffiti fand sich an einer Hauswand, unterhalb eines Informationsaushangs zum dortigen integrierten Entwicklungsprogramm Contratto di Quartiere.

Diese Fragmentierung der gesellschaftlichen Verhältnisse findet sich auch in der Stadt Mailand. Erscheint und stellt sich Mailand gern als Modestadt und Stadt des Glamours dar, reduziert sich diese Darstellung vor allem auf das internationale Zentrum, in welchem sich Symbole wie Banken, Börse, Oper und Dom finden. Das glamouröse Mailand findet sich aber nicht in den Peripherien der Stadt wieder, in denen die an den Rand Gedrängten wohnen und leben und damit jene, die dem ökonomischen und gesellschaftlichen Druck des Zentrums nichts mehr entgegenzusetzen haben. Erst langsam entsteht in Deutschland und in Italien ein politisches Bewusstsein für die Existenz dieser gegenläufigen Entwicklungen und es wächst die Hoffnung auf eine politische Kehrtwende, die in beiden Städten bereits in ersten Anzeichen ersichtlich ist.

Als Auslöser für diese Kehrtwende in Mailand können vor allem externe Einflüsse zum Beispiel von Seiten europäischer Stadtentwicklungspolitik angesehen werden. Auf europäischer Ebene vollzog sich bereits früh eine Ausrichtung der städtischen Politik auf die aus dem Zentrum gerückten Quartiere. Die Mailänder Politik folgte zunächst nur zögerlich den europäischen Beispielen der Einführung eines neuen Politikstils. Einmal damit begonnen fiel diesem jedoch eine so große öffentliche Aufmerksamkeit zu, dass sich die Stadt intensiver mit den Fragen der partizipativen Steuerung auseinandersetzen musste. Denn mit zunehmender Orientierung der städtischen Politik auf die Peripherien treten auch mehr Probleme zu Tage, deren Lösung sich als schwierig erweist. Die öffentliche Verwaltung scheint zugleich immer weniger in der Lage, mit dem traditionellen Planungsinstrumentarium angemessen auf die komplexen Problemlagen zu reagieren. Da durch die Einführung neuer Programme pro forma der Weg für Verbesserungen eingeschlagen ist, steigt die Unzufriedenheit und der Protest der Bevölkerung je mehr zu erkennen ist, dass Verwaltung und Politik den Problemen eher überfordert und hilflos gegenüber stehen. Immer häufiger fordern die Bewohner nun energisch – so zeigt es auch das Titelbild dieses Buches – ihre Räume zurück, die sie im Zuge der vermeintlich ineffektiven Programme verloren geglaubt haben: „Ri-prendiamoci gli spazi!". Das „Holen wir uns die Räume zurück!" versteht sich in diesem Kontext allerdings weder als eine demonstrative, militante Rückeroberung der bürgerlichen Quartiere der Stadt, noch als das gewaltsame Aufbegehren der Ausgeschlossen innerhalb ihrer Quartiere, sondern drückt vielmehr das Verlangen nach einem Mitspracherecht innerhalb jener Politiken aus, die gerade auf die Aufwertung und die Lösung von Problemen der Peripherien abzielen.

„Ri-prendiamoci gli spazi!" ist der metaphorische Aufruf zur Umsetzung einer partizipativen Politik, die sich nicht mehr als *top-down*-Prozess vollzieht, sondern die Kooperation ganz unterschiedlicher Akteure umfasst. Partizipation, die vielfältige Beteiligung von Akteuren, wird im Rahmen der neuen urbanen Stadtpolitiken zu einem wichtigen Instrument, dessen Einsatz allerdings von einer noch immer bestehenden tiefen Skepsis begleitet wird, wie das folgende Zitat verdeutlicht:

Ein Anfang 3

> „Der partizipative Ansatz dieser Regierung [der Stadt, Anm. des Autors] folgt einer imperialistischen Logik! Eine Logik der Privatisierung, die überall in Italien und in der Lombardei zutage tritt. Und die Regionalregierung, die wir derzeit haben, ist dabei die treibende Kraft!" (Interview Ca, Mailand, 28.03.2007)

Wie kann ein integriertes Entwicklungsprogramm mit einer derartigen Skepsis umgehen, wie kann unter den neuen Akteuren Vertrauen aufgebaut werden und wie muss ein politischer Ansatz, der mehr als bisherige Ansätze auf die Zusammenarbeit und Kooperationsbereitschaft einzelner Akteure setzt, vor diesem Hintergrund bewertet werden?

1.2 Von neuer urbaner Ausgrenzung und politischer Kooperation

Im Kontext postmoderner Stadtentwicklung in hochentwickelten Industrieländern wurde in den 1990er Jahren vermehrt auf die Gefahr der Unregierbarkeit der Städte verwiesen. Ereignisse und Meldungen der letzten Jahre scheinen diese Befürchtungen auf den ersten Blick zu bestätigen. So verdeutlichen beispielsweise die Entwicklungen in den Peripherien französischer Städte im Jahre 2005 (LAGRANGE & OBERTI 2006) oder die im Jahr 2007 in einem multiethnischen Quartier in Mailand stattfindenden Ausschreitungen, dass es sich bei derart prekären Situationen um Phänomene handelt, die zwar unbedingt vor dem jeweiligen spezifischen Hintergrund zu verstehen sind, allerdings auch Gemeinsamkeiten aufweisen. So verdeutlichen all diese Ereignisse die immer noch zentrale Rolle und Wirken staatlichen Regierens und Steuerns hinsichtlich der Ursachenentstehung, aber auch in Bezug auf eine Lösungsfindung für diese Probleme. Und sie stellen eine große Herausforderung für etablierte Wege der staatlichen Steuerung dar. Die erwähnten Ausschreitungen hatten zwar ganz unterschiedliche Ursachen und Beteiligte und können jeweils nur vor dem Hintergrund nationaler und nicht lokaler Partikularitäten gesehen und verstanden werden. Insbesondere in der deutschen Öffentlichkeit jedoch wurden die französischen Ereignisse aufgegriffen, um grundlegende Entwicklungstendenzen zu diskutieren, die im Zusammenhang mit Ethnizität, Migration und Exklusion stehen und immer wieder auf die „Sorgenviertel" (DRIESCHNER & KLINGST 2005) der Städte bezogen werden. Zwei Tendenzen ließen und lassen sich in der Diskussion erkennen, welche zugleich im Spannungsfeld zwischen Integration und Kohäsion auf der einen Seite und Exklusion und Armut auf der anderen Seiten angesiedelt sind: die Gefahr einer „Parallelgesellschaft", die sich selbst bzw. Teile von sich ausgrenzt, und eine verfehlte Integrationspolitik, welche die Entstehung von Exklusion und exkludierten Orten begünstigt und vorantreibt. Nicht nur in der öffentlichen Debatte, sondern auch in der wissenschaftlichen Beschäftigung wird eine neue Dimension dieser Problematiken deutlich, der insbesondere durch die Ablösung des Armutsbegriffes durch jenen der Ausgrenzung (Exklusion)[2]

---
2 Die Begriffe der Ausgrenzung und Exklusion werden in dieser Arbeit synonym verwendet.

Rechnung getragen wird. Die Gefahren der sozialen Exklusion von Bevölkerungsteilen für die Demokratie sind dabei beachtlich (BÖHNKE 2006) und zu groß, als dass der Staat sich ihnen nicht aktiv entgegen stellen müsste. Gleichzeitig lässt sich aber beobachten, dass sich der Staat auch aus vielen Bereichen des gesellschaftlichen Lebens herauszieht, vor allem wenn diese nicht unmittelbare hoheitliche Sicherheits- und Sicherungsaspekte betreffen. Dadurch öffnen sich neue Handlungsfelder für private, wenngleich nicht neue Akteure, die entweder an der Seite des Staates oder alleine die Vermeidung von sozialer Exklusion angehen und hierbei neue Wege einschlagen.

Dass der Rückzug des Staates zugleich die Fragmentierung des städtischen Raumes begünstigen kann, zeigen u. a. Untersuchungen zu städtischen Hypothekenmärkten. In vielen europäischen Städten, darunter auch in Mailand (vgl. AALBERS 2007), schließen private Investoren und Banken Stadtteile gezielt aus der Vergabe von Krediten und Hypotheken aus. Dieser Ausschluss erfolgt dabei wohl auch auf der Grundlage der Ausweisung von Stadtteilen durch neue staatliche Entwicklungsprogramme. Gerade jene Bevölkerungsgruppen, die eigentlich einer stärkeren Hilfestellung und Aufmerksamkeit seitens der Gesellschaft bedürften, sind so gleich doppelt von sozialer wie ökonomischer Exklusion betroffen.

Aus der sozialen Exklusion ergeben sich für die betroffenen Quartiere und ihre Bewohner vor allem zwei Konsequenzen: Abkopplung und Stigmatisierung (IFS 2004, S. 37 ff.). Unter Abkopplung wird sowohl der städtebauliche Verfall des Quartiers als auch der Rückzug Externer aus ihrer sozialen Verantwortung verstanden. Hierunter fallen nicht nur die städtischen Verwaltungen, sondern auch private Investoren, vor allem die ehemals kommunalen, nun größtenteils privatisierten Wohnungsbaugesellschaften. Die Stigmatisierung betroffener Wohngebiete zielt sowohl auf die Außen- wie auch die Innenperspektive der Quartiere ab und verschlechtert zusätzlich die Lebensbedingungen der Bewohner. Diese und andere Entwicklungen führen zusammen in eine Abwärtsspirale, die nicht nur die zunehmende Resignation der Bewohner zur Folge hat, sondern auch eine weitere Benachteiligung aufgrund des Wohnstandortes bedingt. Die Entwicklung in derart benachteiligten Quartieren kann zudem, und darauf wird in letzter Zeit in der Literatur sehr häufig verwiesen, Auswirkungen auf die Wettbewerbsfähigkeit der Gesamtstadt und ihrer Region haben (vgl. PARKINSON & BODDY 2004). Der Handlungsbedarf seitens regionaler wie kommunaler Verwaltungen und Politik ist also immens und betrifft alle europäischen Staaten gleichermaßen. Zusammenfassend vollzieht sich das staatliche Steuern und Planen in benachteiligten Stadtquartieren im Spannungsfeld von Prozessen wie sozialer Exklusion (CAMERON 2006) und sozialer Polarisierung (O'LOUGHLIN & FRIEDRICHS 1996) auf der einen Seite sowie Stärkung des sozialen Zusammenhalts (KEARNS & FORREST 2000) auf der anderen Seite. Staatliche Akteure sehen sich innerhalb dieses Rahmens allerdings nicht mehr als alleinverantwortlich Handelnde und suchen Unterstützung von Seiten zivilgesellschaftlicher Akteure und Akteuren des Marktes. Kooperation und Koordination sind die neuen Schlüsselbegriffe für ein erfolgreiches Intervenieren.

Auf eine multidimensionale Problemlage wird in den Quartieren mit multidimensionalen Handlungsstrategien geantwortet – das heißt in erster Linie, dass der Anteil der auf Kooperationsbasis erfolgten Entscheidungen zunimmt. An diesen Kooperationen sind nicht nur alle möglichen Vertreter städtischer und staatlicher Verwaltungen beteiligt, sondern auch zivilgesellschaftliche Akteure. Um diese neue kooperative oder kommunikative Planung (BISCHOFF et al. 2007) zu realisieren, hat sich ein neues Planungsinstrumentarium entwickelt, welches unter dem Stichwort der Governance diskutiert wird. Dieses neue Instrumentarium sieht die Umsetzung eines integrierten Handlungsansatzes in der Stadtplanung vor und wurde in den letzten Jahren in allen europäischen Staaten zunächst erfolgreich lanciert. Dass dabei kaum konkrete Vorgaben und so gut wie keine Erfahrungen oder gute Beispiele existieren, an denen sich die jeweiligen lokalen Planungen orientieren können, macht dieses Instrumentarium bei allen Vorteilen zugleich zu einem durchaus fragilen Experiment in der Stadtentwicklung, dessen langfristiger Erfolg noch aussteht.

In Ermangelung effektiver Alternativen und aufgrund kurz- und mittelfristiger Erfolge halten die öffentlichen Verwaltungen an diesem Werkzeug fest. Der Weg ist damit frei, sich nicht nur den lange vernachlässigten Stadträumen wieder zuzuwenden, sondern auch ein geeignetes Planungsinstrumentarium zu entwickeln und zu verbessern, über das eine Vielzahl von Akteuren und Interessen über einen konkreten Aufgabenbereich integriert werden. Neben weiterhin existierenden formellen Aspekten der Planung, die sich vor allem durch die Hoheit über finanzielle Mittel, eine demokratische Legitimierung und professionelles Wissen ausdrücken (vgl. OFFE 2001), zeigt sich ein anderer Bereich der Koordination, dem in der Praxis zwar eine große Bedeutung zufällt, der in der Wissenschaft jedoch bislang nur ein Nischendasein geführt hatte: Vertrauen. Gerade dieser Faktor scheint hier entscheidend für den Zusammenhalt und die Zusammenarbeit der beteiligten Akteure.

1.3 Ziele der Arbeit und forschungsleitende Fragestellung

Integrierte Entwicklungsprogramme in sogenannten benachteiligten, von sozialer Exklusion betroffenen oder gefährdeten Stadtquartieren bilden den Rahmen dieser Arbeit. Die neue Qualität sozialer Ausgrenzung erfordert ein Überdenken tradierter, politischer Handlungsabläufe und führt zwangsläufig zu einer Neuformulierung der politischen Ziele. Integrierte Entwicklungsprogramme in benachteiligten Stadtquartieren zeichnen sich dadurch aus, dass sie nicht nur die direkte Intervention im Quartier zum Ziel haben, sondern sich als Laboratorium zur Erprobung eines neuen Planungsinstrumentariums verstehen. Innerhalb dieser Programme ergeben sich neue, wechselnde Konstellationen der an der Umsetzung beteiligten Akteure, um den Anforderungen der Problematik im Quartier gerecht werden zu können. Personenbasierte Formen der Kooperation spielen dabei eine ähnlich wichtige Rolle wie institutionalisierte Mechanismen, und so wird in dieser Arbeit vor dem Hintergrund neuer Akteurskonstellationen und Governance nach der Funktion von personenbasiertem und institutionellem Vertrauen zwischen den beteiligten Akteuren gefragt. Vertrauen in den Akteurskonstellationen stellt somit die Leitlinie dar, an der entlang die Fragestellung der Arbeit formuliert und der Vergleich zwischen den Metropolen Mailand und Frankfurt konstituiert wird.

Vor dem Hintergrund einer neuen sozialen Stadtpolitik in beiden Untersuchungsräumen formierte sich zu Beginn der Untersuchung die Idee, sich nicht wie oftmals üblich der materiellen Seite – und damit den territorialen Umsetzungen der Programme –, sondern vielmehr der prozeduralen Seite – und damit der Steuerung und Koordination – der sozialen Stadtpolitik zuzuwenden. Der Begriff der sozialen Stadtentwicklung entfaltet in diesem Zusammenhang neben einer deskriptiven eine stark normative Bedeutung (KÖNIG 2004, S. 12): „Sie impliziert Handlungsoptionen; sie behauptet, dass es möglich sei, die Entwicklungen der Stadt in einer gewünschten Richtung zu lenken. In diesem Sinne beschreibt Soziale Stadtentwicklung Prozesse, die nicht nur beobachtet, sondern auch gesteuert werden können." Über einen derart normativen Inhalt wird die soziale Stadtpolitik in das Umfeld einer nachhaltigen Stadtentwicklung gerückt. Und tatsächlich zitierte zuletzt die Europäische Kommission diese Form der Stadtpolitik als die richtige, die eine nachhaltige Entwicklung zu stimulieren und erfolgreich umzusetzen in der Lage ist. So lautet dann auch der Titel, der unter der Bezeichnung „Leipzig-Charta" bekannt gewordenen Hintergrundstudie der deutschen EU-Ratspräsidentschaft: „Integrierte Stadtentwicklung als Erfolgsbedingungen einer nachhaltigen Stadt" (BMVBS 2007). Dieser Titel überrascht insofern, als dass in der einschlägigen Literatur zwar durchaus eine integrierte, soziale Stadtpolitik in die Nähe von Nachhaltigkeit gerückt wird (vgl. JACQUIER 2005), diese aber durchaus kritisch verstanden wird und der Zusammenhang keinesfalls so eindeutig ist, wie es uns die Kommission in der Charta vermuten lässt. So gibt es zwar wohl auch einen Zusammenhang zwischen neuen Steuerungsansätzen, Governance und einer nachhaltigen Entwicklung (ASTLEITHNER & HAMEDINGER 2003). Während jedoch autoritäre und *top-down*-Interventionen durch neue vertikale, horizontale und territoriale Steuerungsansätze verdrängt werden, nehmen neue, weniger homogene und vielleicht fragmentierte Formen der Steuerung ihren Platz ein. Damit eröffnen sich auch neue Möglichkeiten des politischen Kräfteausgleichs. Daher beendet JACQUIER seinen Artikel, in welchem er Steuerungsaspekte (Governance) einer nachhaltigen Stadtentwicklung und integrierten Entwicklungsprogrammen gegenüberstellt, mit dem Satz: „Integrated policies for sustainable urban development and urban governance are political, fundamentally political: we ignore this at our peril!" (JACQUIER 2005, S. 374), und betont damit das Politische und genauer: die durch sie bedingte Unberechenbarkeit derartiger Programme.

Ein Anfang 7

Nun scheint es auch verständlich, warum die für eine erfolgreiche Umsetzung der sozialen Stadtpolitik nötigen Voraussetzungen und Inhalte in der Leipzig-Charta nur sehr allgemein aufgezeigt werden: „Mit dem Hauptziel ‚Soziale Gerechtigkeit und Zusammenhalt' wird die Förderung einer demokratischen Gesellschaft verbunden, die sich auf soziale Integration und Zusammenhalt stützt, die Grundrechte und die kulturelle Vielfalt achtet, die Gleichstellung von Männern und Frauen gewährleistet und Diskriminierung jeglicher Art bekämpft'" (BMVBS 2007, S. 10-11). Die ungeschickt gewählte Formulierung, der nun zu entnehmen ist, dass sich ‚Zusammenhalt auf Zusammenhalt stütze', mag nur ein Zeichen dafür sein, dass Politik und Praxis bislang gleichermaßen vor einem Rätsel stehen, dessen Lösung auf experimentelle Art und Weise in der Alltäglichkeit „benachteiligter", „peripherer", „überforderter" Nachbarschaften gesucht wird. Tatsächlich handelt es sich bei integrierten Entwicklungsprogrammen um starke Werkzeuge einer neuen sozialen Stadtpolitik. Aber welche Funktionsweisen tatsächlich dahinter stehen und ihnen zugrunde liegen, darüber schweigt man sich aufgrund allgemeiner Unkenntnis bislang aus. Viel attraktiver scheint es hingegen für Politik und Praxis, die großartigen aber dennoch einzelnen Erfolge einer integrierten Stadtpolitik, die auch in den vorliegenden Beispielen aufgezeigt werden können, zu Erfolgsmodellen zu erheben, deren Übertragbarkeit prinzipiell gewährleistet werden könne. Während nach zehn bis vielleicht fünfzehnjähriger Fördererfahrung in Deutschland und Italien langsam deutlich wird, dass auf nachbarschaftlicher Ebene wohl kaum all jene Probleme gelöst werden können, deren Ursachen weit außerhalb dieses, durch das Förderprogramm begrenzten „Territoriums" liegen, macht man sich daran, mit den Programmen weitere Ziele zu verbinden, die dann allerdings unabhängig von der materiellen, oftmals drastisch chirurgischen Intervention sind. Bei diesen Zielen geht es um die Steuerung der Programme selbst. Und um Veränderungen, nicht nur der Nachbarschaften, sondern auch der Koordinationsweisen der an der Umsetzung der Programme beteiligten Akteure. Persönliche Kommunikationen sowie ein institutioneller Rahmen werden unter dem Einfluss der Programme verändert. Das gilt sowohl für Frankfurt als auch für Mailand. Welchen Einfluss hat das wiederum auf die Nachhaltigkeit dieser Programme selbst? Was passiert, wenn durch die Veränderung nicht etwas Besseres sondern etwas Schlechteres eintritt? Welche institutionelle Regelung tritt beispielsweise anstelle traditioneller, formeller Hierarchien und wie effizient wird durch die neuen Strukturen die städtische Planung?

Die vorliegende Arbeit möchte daher genau diese Steuerungsprozesse näher beleuchten und nach der Verknüpfung von Lebenssituationen im Viertel und den Handlungsoptionen der an der Umsetzung der Programme und damit der Veränderungen dieser Lebenssituationen beteiligten Akteure fragen. Mit dieser Idee ordnet sich die Arbeit in zwei geographisch und wissenschaftlich relevante Bereiche ein: zum einen geht es um die kritische Erweiterung eines Governance-Ansatzes, der in der letzten Zeit stark positiv konnotiert wird. Aufgrund der Erfahrungen aus beiden Fallstudien kann eine andere, alternative Sichtweise auf Governance dargelegt werden. Dies geschieht, indem etablierte Governance-Ansätze um ein kritisches soziales Element erweitert werden, das des Vertrauens. Die zunächst noch offene Frage lautet daher, ob der Rückgriff auf Vertrauen in diesen speziellen Planungssituationen geeignet ist, das Wirken der mit Governance einhergehenden Koordinationsmechanismen zu erweitern. Daran anschließend liefert die Arbeit noch einen anderen Ansatzpunkt. Integrierte Entwicklungsprogramme gelten in der Literatur als Ausdruck einer territorial begrenzten Maßnahme. In diesem Zusammenhang liegt den einschlägigen Arbeiten oftmals eher ein territoriales Raumverständnis zugrunde. Durch die Fokussierung auf Vertrauen und Koordinationsmechanismen allerdings kann gezeigt werden, dass sich das Quartier unabhängig von dem territorial begrenzten „Interventions-Raum" als relationales Gebilde darstellt, das in unterschiedliche zivilgesellschaftliche und politische Akteurskonstellationen vernetzt ist. Durch diese Akteure wird das Quartier aus seiner vermeintlichen Begrenztheit herausgehoben und erscheint in einem Dunstkreis von persönlichen Relationen und der Veränderung urbaner Institutionen. Der Arbeit liegt damit ein relationales Verständnis von „Quartier" zugrunde.

Neben einer Auseinandersetzung dessen, was ein integriertes Handlungskonzept darstellt und welches die Anforderungen an integrierte Entwicklungsprogramme vor dem Hintergrund eines politischen Handlungsfeldes im Zusammenhang mit sozialer Exklusion sind, endet Kapitel 2 mit einer kurzen Darstellung integrierter Entwicklungsprogramme in dem jeweiligen nationalen Kontext.

Hiervon ausgehend wird der prozedurale Zielbereich integrierter Entwicklungsprogramme betrachtet, dessen konzeptioneller Hintergrund in einer (neuen?) Governance liegt. Kapitel 3 setzt sich mit dem Begriff der Governance auseinander und interpretiert ihn als institutionelle Regelung, indem an ein Verständnis von Institutionen angeknüpft wird, welches im Neo-Institutionalismus begründet liegt (SCOTT 2001, 2006; SENGE 2006).

Aufbauend auf die theoretisch-konzeptionelle Auseinandersetzung des vorangegangenen Kapitels wird in Kapitel 4 die Leitfrage der Untersuchung präzisiert, die der Untersuchung zugrunde liegende Logik vorgestellt und die Auswahl geeigneter Untersuchungsmethoden diskutiert.

Ausgehend von der Wahl der Methodik wiederum werden in den Kapiteln 5 und 6 beide Fallstudien aus der Sicht der befragten Akteure dargestellt. Ziel dieser beiden Kapitel ist es, dem Leser die durch die befragten Akteure konstruierte Struktur und Organisation, sowie die Inhalte und Ziele der Programme wiederzugeben und ihn in die Perspektive der befragten Akteure einzuführen. Um dem deskriptiven wie analytischen Charakter dieser beiden Kapitel gerecht zu werden, wird ein Bild der Programme gezeichnet, welches sich eng an den Erzählungen der Akteure orientiert. Wenngleich auch Eckdaten und Organisationsdiagramme der Programme gezeigt werden, so steht hier doch die subjektive Darstellung der Programme durch die Akteure im Vordergrund.

Ein Anfang

Auf der Basis der in den vorausgehenden Kapiteln dargestellten Wahrnehmung der Programme durch die Akteure, greift Kapitel 7 nun wenige beispielhafte Konfliktlinien innerhalb der Programme auf und betrachtet diese vor dem Hintergrund von Vertrauen und strukturellen Unsicherheiten. Die Analyse der Funktionen von Vertrauen erfolgt dabei in enger Anlehnung an das Konzept von MISZTAL (1996, 2000).

1.4 Frankfurt und Mailand: Auswahl der Fallstudien

Es ist das Ziel dieser Arbeit, sich der Wirkungsweise und den Regelmäßigkeiten, den Vorteilen aber auch den Risiken eines überwiegend auf Vertrauen basierenden Planungsinstrumentariums anzunähern. Dabei geht es um den Zusammenhalt der beteiligten Akteure und um jene Aspekte und Prozesse, die ihr erfolgreiches Arbeiten innerhalb neuer Konstellationen ermöglichen. Das Forschungsinteresse konzentriert sich auf die Akteurskonstellationen, die sich auf der lokalen Ebene in dem oben gezeichneten Spannungsfeld gesellschaftlicher Problemlagen konstituieren und fragt nach Koordinationsmechanismen, die sich hier ausbilden.

Zu diesem Zwecke wurden die integrierten Entwicklungsprogramme zweier Städte ausgewählt, um über die Gegenüberstellung und vergleichende Betrachtung Regelmäßigkeiten der Wirkungsweise von Vertrauen im Kontext von Governance identifizieren zu können. Wenngleich beide Städte durchaus manche strukturelle Gemeinsamkeit aufweisen, die nicht zuletzt auf politischer Ebene beide Metropolen als Partnerstädte zusammenbrachte, so stellen sie sich zunächst bezogen auf die Hintergründe und lokalen Strukturen als verschieden dar (siehe Kapitel 5 und 6). Die Auswahl beider Fallstudien orientierte sich damit nicht an jenen strukturellen Merkmalen, zu denen unter anderem zählt, dass sowohl Mailand als auch Frankfurt als weit fortgeschritten innerhalb des ökonomischen Tertiärisierungsprozesses gelten oder beide Städte eine industrielle Vergangenheit aufweisen und daher ihre Quartiersstruktur noch jene alten „Arbeiterquartiere" aufweist, denen heute im Spannungsfeld von sozialer Exklusion und Immigration eine erhöhte politische Aufmerksamkeit zufällt. Auch die politischen Strukturen beider Städte, die jeweils eine lange sozialdemokratische Vergangenheit aufweisen, in der vergangenen Dekade aber von einem Mitte-Rechts Bündnis respektive einer konservativen Koalition regiert wurden, kann kaum als gemeinsamer Nenner einer Gegenüberstellung der Programme herhalten. Der Nenner muss vielmehr in den Programmen selbst gefunden werden.

Unterscheidet man zwischen einem materiellen und einem prozeduralen Zielbereich integrierter Entwicklungsprogramme (GÜNTHER 2007; JACQUIER 2005, vgl. Kapitel 2) so fällt auf, dass der größte Unterschied beider Programme in ihren materiellen Zielbereichen zu finden ist und mit den Zielen verknüpft ist, die sich aus der direkten lokalen Intervention des Programms ergeben. Während das Mailänder Programm ein nationales

Förderprogramm ist, das seinen Schwerpunkt vor allem im Bereich der investiven Maßnahmen entfaltet (siehe Kapitel 6), konzentriert sich das kommunale Entwicklungsprogramm in Frankfurt ausschließlich auf einen nicht-investiven Förderbereich. Als Leitlinie der komparativen Gegenüberstellung (vgl. KNEERS 2004) können daher weder die Hülle „Stadt", noch die strukturellen, organisatorischen Eckdaten der Programme gelten. Die Auswahl gerade dieser beiden Untersuchungsprogramme basiert auf der Unterscheidung eines zweiten, prozeduralen Zielbereichs integrierter Entwicklungsprogramme, der anders als der zuvor angesprochene materielle Zielbereich auf die Art und Weise des Zusammenkommens unterschiedlicher Akteure und damit auf Kooperation und Koordination abzielt. Hier erscheinen beide Programme ohne eine ausgeprägte Kooperation als nicht durchführbar und setzen als politische Programme auf die Intensivierung des fachpolitikübergreifenden Arbeitens und auf die Einbindung lokaler, zivilgesellschaftlicher Akteure. In den Worten von JACQUIER verkörpern beide Programme somit das „desire for coordination" (JACQUIER 2005, S. 364). Es schien gerade interessant, diese Sehnsucht nach Kooperation in zwei unterschiedlichen, räumlichen Kontexten und vor dem Hintergrund unterschiedlicher materieller Zielbereiche zu untersuchen.

In Frankfurt am Main wurde daher das kommunale Entwicklungsprogramm „Soziale Stadt – Neue Nachbarschaft" gewählt, welches gegen Ende des Untersuchungszeitraums in „Frankfurter Programm – Aktive Nachbarschaft" umbenannt wurde. In Mailand stellen die „Contratti di Quartiere" in ihrer zweiten Förderungsphase die bislang wichtigsten integrierten Programme auf dem Stadtgebiet dar.

2 Integrierte Entwicklungsprogramme zur Vermeidung sozialer Exklusion

2.1 Warum integrierte Handlungsansätze?

Nicht nur in Deutschland oder Italien greifen aktuelle Stadtpolitiken integrierte Handlungsansätze auf. Auf eine viel längere Tradition dieses Politikansatzes blicken Länder wie etwa Frankreich (vgl. DONZELOT 2007), England (vgl. PARKINSON 1998, 2007) oder die Niederlande (vgl. MUSTERD & OSTENDORF 2008). Auf europäischer Ebene wurden spätestens seit den frühen 1990er Jahren Politikansätze gefordert und entwickelt, die sich durch eine „Kombination von räumlich-integrierter Herangehensweise und neuen Formen der politischen Steuerung" (FÜRST et al. 2004, S. 21) auszeichnen. Erst kürzlich wurde erneut auf die Relevanz dieser Politik durch die Europäische Union hingewiesen. So wird in der sog. Leipzig-Charta, die unter deutscher EU-Ratspräsidentschaft während eines informellen Ministertreffens im Mai 2007 von den Verantwortlichen unterzeichnet wurde, gefordert, „das Instrument der integrierten Stadtentwicklung voranzubringen, die Governance-Strukturen für deren Umsetzung zu unterstützen und die hierfür erforderlichen Rahmenbedingungen […] zu schaffen" (BMVBS 2007a).

Nicht nur über die Leipzig-Charta werden somit integrierte Handlungskonzepte als fester Bestandteil einer europäischen, nationalen und kommunalen Stadtentwicklungspolitik verankert. Auch von wissenschaftlicher Seite aus scheint die Relevanz dieses Ansatzes unbestritten (vgl. AEHNELT 2007; FÜRST et al. 2004; GÜNTHER 2007; STEGEN 2006; VICARI HADDOCK 2004). Integrierte Entwicklungsprogramme werden hier als geeignetes Instrumentarium angesehen, eine nachhaltige Stadtentwicklung in Europa umzusetzen. Da sie dadurch aber überwiegend in einem normativ-positiven Licht erscheinen, wirft Fragen nach den Wirkungsmechanismen und Möglichkeiten eines solchen Ansatzes auf, die eine empirisch-kritische Herangehensweise an die Thematik nahelegen. Im Zentrum der wissenschaftlichen Auseinandersetzung sollte daher nicht mehr allein die Frage stehen, wie sich das Ergebnis eines integrierten Planungsprozesses darstellt, sondern es müssen, wie im vorliegenden Falle, auch Fragen zum Prozess des „Governance-Machens" eines integrierten Ansatzes aufgeworfen werden.

Wodurch unterscheidet sich eine integrierte Stadtentwicklungspolitik von bisherigen Ansätzen? Welches sind die Anwendungsbereiche innerhalb der Stadtpolitik, für die sich integrierte Ansätze besonders zu eignen scheinen? Welche Konsequenzen ergeben sich für Strukturen und Prozesse der Stadtpolitik aus der Umsetzung eines integrierten Ansatzes? Und in welchem Verhältnis stehen die Ausbildung von Governance-Strukturen und eine neue quartiersbezogene Politik, die in der Leipzig-Charta so scheinbar selbstverständlich miteinander verknüpft werden?

2.2 Merkmale und definitorische Eingrenzung integrierter Entwicklungsprogramme

Integrierte Handlungskonzepte beziehen sich grundsätzlich auf zwei Politikebenen. Zum einen werden sie auf die Politikumsetzung, zum anderen auf spezifische, sachpolitische Vorgaben und Inhalte bezogen. Der Weg der Zielumsetzung integrierter Stadtentwicklungsprogramme umfasst die Integration verschiedener Fachpolitiken und beinhaltet damit nicht nur organisatorische Neuerungen im Verfahrensablauf, sondern auch eine neue inhaltliche Ausrichtung der Aufgabengebiete einzelner Fachpolitiken. Die Integration verschiedener Fachpolitiken erfordert die Ausbildung spezifischer Entscheidungsstrukturen und damit anders gearteter Beteiligungs- und Akteursstrukturen, über welche die Zielvorgaben der Programme möglichst erfolgreich umgesetzt werden können. So unterscheiden sich integrierte Programme über die Begriffe der Integration und der Partizipation von anderen, früheren Programmen. Dabei steht Integration für ein Abweichen von traditionellen, etablierten Wegen der Stadtentwicklung und Partizipation für neue Wege der Kommunikation und des Informationsflusses (VICARI HADDOCK 2004, S. 120). Darüber wird integrierten Handlungsansätzen grundsätzlich das Potential zugeschrieben, städtische Politiken nachhaltig zu beeinflussen und zu verändern, obgleich sie inhaltlich in der Regel auf territorial und zeitlich begrenzte Räume und Projekte bezogen werden (vgl. MÖSSNER 2009). Dieser Aspekt stützt sich insbesondere auf HEALEYs These (HEALEY 2007), dass einzelne planerische Episoden (also zum Beispiel Entwicklungsprogramme), in die sowohl Visionen als auch Strategien politischer Akteure einfließen (vgl. BALDUCCI 2008), in der Lage sind, über den Prozess ihrer Institutionalisierung die vorherrschende politische Kultur nachhaltig zu beeinflussen.

Integrierte Entwicklungsprogramme, also die institutionalisierte Umsetzungsform eines integrieren Handlungsansatzes, gelten als Ausdruck und Versuch eines (Neu-)Beginns einer raum- und zeitgebundenen Stadtpolitik. In den Städten finden sich vor allem zwei Anwendungsbereiche für integrierte Handlungsansätze: Zum einen sind dies großskalige Revitalisierungs- und Konversionsprojekte (vgl. SIMONS 2003), deren programmartige Umsetzungsstruktur eine Vielzahl staatlicher und privater Akteure über den Zeitraum der Projektlaufzeit und für die Entwicklung eines bestimmten Gebietes vereint. Diesen städtebaulichen Großprojekten stehen zum anderen soziale Entwicklungsprogramme für sog. benachteiligte Stadtquartiere gegenüber, die auf die Aufwertung dieser Stadtviertel abzielen und unter dem Begriff der sozialen Stadtpolitik (GÜNTHER 2007) zusammengefasst werden können.

Auf den ersten Blick handelt es sich scheinbar um ganz unterschiedliche Handlungsfelder urbaner Entwicklungspolitik – die Entwicklung von städtebaulichen Großprojekten und sozialen Entwicklungsprogrammen –, dennoch scheinen sich die Prinzipien integrierter Stadtpolitik trotz aller Unterschiedlichkeit zumindest auf der Ebene des Prozesses der

Politikumsetzung zu ähneln, so dass es in beiden Fällen zu einer Etikettierung der Initiativen als integrierte Politiken kommt (VICARI HADDOCK 2004, S. 121). Ein sich daraus ableitender gegenseitiger Einfluss beider Handlungsfelder kann in Ermangelung wissenschaftlicher Untersuchungen zunächst nur vermutet werden. Diese Vermutung wird aber durch deutliche Anzeichen einer gegenseitigen Beeinflussung in den beiden Fallstudien gestützt, so dass eine Abhängigkeit beider Politiken begründet scheint. Für die positive Beantwortung dieser interessanten Frage konnten in den Gesprächen mit politischen Vertretern im Rahmen der vorliegenden Untersuchung recht häufig Indizien gefunden werden, wenngleich dieser Fragestellung letztlich nicht weiter nachgegangen wurde, da sich die vorliegende Studie allein auf das Handlungsfeld der sozialen Stadtpolitik beschränkt. Über diese beiden stadtpolitischen Handlungsfelder hinaus wird aktuell in Studien untersucht, inwieweit sich integrierte Stadtentwicklungspolitiken auch in einem regionalen Kontext verankern und realisieren lassen (vgl. FRANKE & STRAUSS 2008).

Die Umsetzung eines integrierten Handlungskonzeptes erfordert nicht nur die intersektorale Zusammenarbeit innerhalb der Verwaltungen und die integrierte Betrachtung einer spezifischen Problemlage durch die verschiedenen Fachpolitiken. Ein integriertes Handlungskonzept bezieht noch weitere, auch außerhalb der Verwaltungen stehende Akteure in den Planungsprozess ein und vermittelt dabei zwischen allen beteiligten Akteuren dieses planerischen Systems; also idealtypisch zwischen Akteuren des Marktes, des Staates und der Zivilgesellschaft. Entwicklungsprogramme, die eine solch konzeptionelle Umsetzung verfolgen, setzen auf die Koordinierung unterschiedlicher Akteure und Akteursgruppen. In Ermangelung klar strukturierter Handlungsanleitungen, wie bestenfalls eine solche Koordinierung unterschiedlicher Akteure zu erfolgen hat, ist für integrierte Entwicklungsprogramme ein eher experimentelles und exploratives Vorgehen charakteristisch (vgl. IFS 2004). Die Programmbeschreibungen vermeiden so bewusst die Doktrin geregelter Vorgehensweisen zugunsten einer fall- bzw. quartiersspezifischen Erprobung des geeigneten Planungsweges. Das sachbezogene Aushandeln von zunächst scheinbar widersprüchlichen Interessenslagen und die Koordination eines gemeinsamen Vorgehens sind hier die entscheidenden Stichworte. Damit wird zwar die Vergleichbarkeit der einzelnen Programmansätze über die Quartiers-, Stadt- und Landesgrenzen hinaus erschwert – entwickelt doch jedes Programm eigene Charakteristika –, jedoch verfügt man heute dadurch über eine Vielzahl von ganz unterschiedlichen Strategien zur Umsetzung integrierter Handlungskonzepte.

FROESSLER (1994) grenzt integrierte Handlungskonzepte im Rahmen der Stadtpolitik weiter definitorisch ein, indem er im Zusammenhang mit integrierten Entwicklungsprogrammen der sozialen Stadtpolitik auf vier besondere Eigenschaften verweist: Integrierte Entwicklungsprogramme setzen (i) an Problemlagen an, die sich über eine hohe Komplexität eines meist negativen Entwicklungsprozesses auszeichnen, der mit bisherigen politischen Mitteln nicht gelöst werden konnte. Zur Lösung dieser erfolgt (ii) die partnerschaftliche Koordinierung der an der neuen Strategie beteiligten Akteure, durch die nach Möglichkeit versucht wird, Synergieeffekte positiv zu nutzen. Die Handlungsstrategien werden dabei (iii) auf ein bestimmtes, territorial abgrenzbares Gebiet fokussiert, damit die „individuellen, familiären, institutionellen und [...] organisatorischen Potentiale zielgerichtet entfaltet [werden können]" (FROESSLER 1994, S. 14). Darüber hinaus entfalten integrierte Entwicklungsprogramme (iv) einen direkten Projektbezug und beinhalten konkrete Vorhaben. An dieser Stelle kann die Aufzählung um den experimentellen Charakter während der Umsetzung integrierter Entwicklungsstrategien ergänzt werden.

2.3 Integrierte Entwicklungsprogramme und soziale Exklusion

Ausgehend von dieser definitorischen Annäherung wird deutlich, dass integrierte Entwicklungsprogramme stets vor dem Hintergrund ihres spezifischen Handlungsfeldes betrachtet werden müssen, also jenem, was FROESSLER als komplexen und problembehafteten Entwicklungsprozesses bezeichnet (s. o.). Es zeigt sich, dass insbesondere die Problemlagen in sog. benachteiligten Stadtquartieren bzw. überforderten Nachbarschaften (zur Diskussion und Abgrenzung beider Begriffe siehe BMVBS & BBR 2007) ein Umdenken in der Wahl des geeigneten politischen Instrumentariums erfordern und in diesem Zusammenhang ein integrierter Handlungsansatz als besonders vielversprechend angesehen wird. Integrierte Handlungsansätze und ihre politische Institutionalisierung im Rahmen von integrierten Entwicklungsprogrammen kommen mittlerweile in Europa als geeignetes Instrument zur Vermeidung von sozialer Exklusion in benachteiligten Stadtquartieren zur Anwendung.

Hinsichtlich des Auftretens solch relativ neuer politischer Ansätze und der gleichzeitigen Ablehnung traditioneller Planungsinstrumentarien sehen HÄUSSERMANN et al. (2008, S. 248) „für die Stadtentwicklung ein Entwicklungsmodell unwiederbringlich verlorengegangen, das auf staatlicher Steuerung und Finanzierung beruhte" und sich im wesentlichen auf zwei Pfeiler der staatliche Regulierung stützte: einen städtischen Arbeitsmarkt, dessen integrative Wirkung genutzt werden konnte, und die Erbringung staatlicher Fürsorgeleistungen, ohne dass hierfür außerhalb steuerlicher Belastungen weitere Gegenleistungen vom Bürger gefordert wurden. Dieses typisch fordistische und moderne Stadtpolitikmodell verliert sich im Postfordismus (HÄUSSERMANN et al. 2008) und so gerät die Problematik der sozialen Exklusion und der Versuch, mithilfe von integrierten Handlungsansätzen und kooperativen Beteiligungsverfahren auf dieses Problem zu reagieren, zum Spiegelbild postmoderner städtischer Emergenzen und Strategien.

Auf die spezifischen und umfassenden gesellschaftlichen Problematiken, zu denen die soziale Ausgrenzung von Bevölkerungsteilen zweifelsfrei zählt, in geeigneter Weise zu reagieren, gehört zu den grundsätzlichen Erwartungen, welche die Gesellschaft an soziale und urbane Politiken stellt. Da insbesondere seit Ende der 1990er Jahre die gesellschaftspolitische Debatte über Armut in der Gesellschaft neu entflammte (vgl. MAC-GREGOR 2001), in deren Mittelpunkt nun nicht mehr ein eher distinguierender Armutsbegriff, sondern vielmehr ein dynamisches Konzept der Ausgrenzung steht, musste sich die Politik infolge der Re-Formulierung dieses nicht neuen Problems mittels veränderter Strategien und Handlungsansätze erneut zuwenden. Wenngleich sich also die Problemlage selbst – die Benachteiligung von Menschen innerhalb der Gesellschaft und ihre sozialräumliche Verdrängung – nicht grundlegend verändert hatte, so findet sich heute eine gewandelte gesellschaftliche Perspektive, die zu einer anderen Politik führt, die wiederum mit neuen Ansätzen auf das Problem zu reagieren versucht. Im Mittelpunkt dieser neuen Perspektive steht dabei die Zusammenführung von fachpolitischen und raumbezogenen Ansätzen durch integrierte Entwicklungsprogramme, wie sie derzeit in vielen Quartieren umgesetzt werden. Die besondere Bedeutung für eine neue Politik erwächst also weniger aus der Tatsache sich tatsächlich verändernder „realer" Bedingungen in den Städten, als vielmehr aus dem diskursiven Wandel einer öffentlichen und wissenschaftlichen geführten Diskussion über die Bedeutung und die normativen Anforderungen an soziale Stadtpolitiken. Im Rahmen dieses Diskurses werden integrierte Handlungskonzepte als nahezu einzige politische Lösung erwogen, über sog. Mainstream-Politiken, zu denen etwa auch die einzelnen wohlfahrtsstaatliche Sicherungspolitiken zählen, hinaus auf diese gesellschaftliche Situation in geeigneter Weise reagieren zu können.

Stellt der Bereich der integrierten Politik also ein zunächst ein breites Feld dar, so lässt sich dieses durchaus weiter eingrenzen. Dafür wurde in einem ersten Schritt (s. o.) zunächst die Perspektive weg von den städtebaulichen Großprojekten und hin zu einer sozialen Stadtpolitik gerichtet. In einem zweiten Schritt wird nun das Feld der sozialen Stadtpolitik auf jene Programme begrenzt, die einen quartiersbezogenen Ansatz zur Linderung und Lösung des sozialräumlichen Ausschlusses „benachteiligter" Bevölkerungsgruppen verfolgen.

Integrierte Entwicklungsprogramme, die auf die Reduzierung von sozialer Ausgrenzung in sog. benachteiligten Stadtvierteln abzielen, entwickeln zwei Zielbereiche, an denen sich ihr Erfolg messen lässt (vgl. JACQUIER 2005). Auf der einen Seite findet sich die Realisierung von konkreten, meist sichtbaren, manchmal unsichtbaren Maßnahmen im Quartier. Diese können sowohl materiell-investiven Charakter haben, als auch soziale Interventionen im Stadtviertel umfassen. Die beiden Fallstudien der vorliegenden Arbeit unterscheiden sich hinsichtlich dieses Zielbereiches grundsätzlich, da, wie an späterer Stelle gezeigt werden wird, die Politiken in Mailand und Frankfurt ganz unterschiedliche Schwerpunkte setzen. Bezogen auf einen zweiten Zielbereich steht im Mittelpunkt des Interesses der Politik die Ausbildung von neuen Akteurskonstellationen und damit einhergehend die Etablierung von neuen Governance-Strukturen, also neuen Formen und Prozessen der institutionellen Regelung (vgl. MAYNTZ 2006). Dieser zweite Zielbereich erscheint zunächst in beiden Fallstudien ähnlich komplex ausgebildet, so dass sich die vorliegende Arbeit hierauf konzentriert. In beiden Fällen vollzieht sich die Ausbildung der Zielbereiche vor dem Hintergrund der gesellschaftlichen Problematik der sozialen Exklusion, deren Komplexität mit der Bildung neuer Akteurskonstellationen und der Ausbildung formeller wie informeller Koordinationsmechanismen begegnet wird.

2.4 Soziale Exklusion

Der Begriff der sozialen Exklusion wird häufig mit jenen Menschen unserer Gesellschaft in Verbindung gebracht, die an ihrem existenziellen Rande leben und dort als „Überflüssige" (BUDE & WILLISCH 2008) marginalisiert und als „wahrhaft Benachteiligte" (vgl. WILSON 1987) aus dem sozial-integrativen Blickfeld der Gesellschaft gerückt sind. Der Begriff der Exklusion ist zugleich umstritten und weder konzeptionell noch definitorisch eindeutig zu fassen. Zudem wird durch die Verwendung des Begriffes sowohl ein Zustand, als auch ein Prozess und – beides vereinend – eine spezifische Gesellschaftsgruppe bezeichnet. Gleich zu Beginn seiner dreiteiligen Abhandlung zum Thema Exklusion, die in der Zeitschrift „Progress in Human Geography" zwischen den Jahren 2005 und 2007 veröffentlicht wurde, drückt CAMERON außerdem seine großen Bedenken gegenüber der inhaltlichen, begrifflichen Ambivalenz aus: „[…] I have been troubled by its profound ambiguity – on the one hand a powerful means of describing the lived experiences of poor and marginal people and communities […], and on the other hand a normative category, a way of rebranding and even pathologizing poverty for a postwelfarist world […]" (CAMERON 2005, S. 194).

Der Begriff der Exklusion leitet sich zunächst vom lateinischen Verb excludere ab, das in seiner direkten Bedeutung einen physischen Ausschluss beschreibt: „eine Person aus dem Haus ausschließen", „von der Türe abweisen", „aus den Mauern [der Stadt] ausweisen" oder „von den Mauern [der Stadt] abweisen" (vgl. STOWASSER et al. 1991). Bereits im Lateinischen wird der Begriff der Exklusion allerdings in einem größeren Bedeutungszusammenhang verwendet: Neben seiner weiterhin eher physischen Bedeutung erhält er zusätzlich eine soziale Konnotation, die ihn dann vor allem in Bezug zu Strafen und einem damit einhergehenden sozialen Stellungsverlust setzt. Der Begriff bedeutet dann beispielsweise auch „vom väterlichen Erbe ausschließen" oder eine Person bei Fehlverhalten „Verdienste und Ehren aberkennen" (STOWASSER et al. 1991). Das Auftreten des Begriffes als sozialwissenschaftliches Konzept ist eng an Politikdiskurse gebunden, die in Frankreich zu Beginn der 1960er Jahre, mit verstärkter Zuspitzung der ökonomischen Krise besonders zwischen den 1970er und 1980er Jahren, aufkamen (SILVER 1994, S. 531) und sich von dort aus auf die europäische Politikebene ausbreiteten. Ausgangspunkt für die Aufnahme einer an sich nicht neuen Debatte unter der nun aber neuen Begrifflichkeit waren sich verändernde sozioökonomische Rahmenbedingungen, die im Übergang nationaler wohlfahrtsstaatlicher Sicherungssysteme in Rahmen des Postfordismus begründet lagen (MURIE 2005) – CAMERON (2005, S. 194) beschreibt dies als „postwelfarist world". Der Exklusionsdiskurs erscheint in der wissenschaftlichen Literatur als etwas Europäisches (oder konkreter: kontinentaleuropäisches) und unterscheidet sich damit gegenüber der angloamerikanisch geführten Debatte (MURIE 2005). Im französischen Politikkontext, so zitiert SILVER den damaligen französischen Staatssekretär René Lenoir, zählten bereits Mitte der 1970er Jahre zu les exclus „the mentally and the physically handicapped, suicide people, aged invalids, abused children, drug addicts, delinquents, single parents, multi-problem households, marginal, asocial persons, and other 'social misfits'" (SILVER 1994, S. 532) – nach damaliger Einschätzung wohl ein Zehntel der französischen Bevölkerung.

Soziale Exklusion wird durch den Verlust der persönlichen Kontrolle über die Anknüpfung an die „Normgesellschaft" identifiziert, wodurch die Auflösung von sozialen Klassenunterschieden zugunsten einer neuen Form des sozialen Risikos vollzogen wird: dem individuellen Risiko, dem jedes Mitglied der Gesellschaft gleichermaßen ausgesetzt zu sein scheint (SILVER 1994, S. 532). Dieses Risiko drückt sich im Verlust der materiellen und symbolischen Anknüpfung an die Gesellschaft, dem damit einhergehenden Ausschluss aus dem Kollektiv und wiederum dem Verlust an reziproker Solidarität (ENGELS 2006) aus. Die Verbindung mit dem Kollektiv, dem gesellschaftlichen *mainstream*, wird für die chancenreiche Entfaltung des Einzelnen als Grundvoraussetzung angesehen und eine Abkoppelung von *mainstream* führt zwangsläufig zur Verschlechterung der individuellen Lebenslage. Exklusion bezieht sich, anders als der eher distinguierende Begriff der Armut, auf eine interaktive Komponente, über die das einzelne Individuum mit der Gesellschaft verbunden ist. Während es zuvor noch um das materielle „Oben" oder „Unten" ging, dominiert jetzt die Frage nach dem sozialen „Drinnen" oder „Draußen" (BUDE & WILLISCH 2006, S. 8; HÄUSSERMANN et al. 2004, S. 8), doch man meint damit mehr als nur eine neue „geometrische" Strukturierung innerhalb der Gesellschaft. Ein zu kurz gesehenes Verständnis von „drinnen" und „draußen" stellt nämlich eine der Gefahren dar, welche die leichtfertige Verwendung des Exklusionsbegriffs mit sich bringt: ihn auf eine schematische Distinktion zwischen „einem Innen und einem Außen der Gesellschaft" (KRONAUER 2008, S. 150) zu reduzieren und damit den Ausschluss allein als Angelegenheit der Ausgeschlossenen zu betrachten.

Es lassen sich prinzipiell zwei große Gesellschaftstheorien nennen, mit deren Hilfe das Phänomen der Exklusion konzeptionell über unterschiedliche Herangehensweisen erklärt werden kann. Neben Anknüpfungen an systemtheoretische Überlegungen (vgl. NASSEHI 2006), sind es vor allem Überlegungen zur Verteilung von sozialem und kulturellem Kapital (vgl. DANGSCHAT 2008). In LUHMANNS Systemtheorie stellt sich Exklusion als Nichtteilhabe an unterschiedlichen gesellschaftlichen Teilbereichen dar, die sich im Ausschluss von Kommunikationszusammenhängen widerspiegelt (NASSEHI 2006). Exklusion ist gemäß dieser Auffassung kein absoluter Zustand, sondern er variiert hinsichtlich

Zeit und gesellschaftlichen Teilsystemen (ENGELS 2006). Eine vollständige, totale Exklusion läge, folgt man LUHMANN, erst dann vor, wenn man gegenüber allen Teilsystemen als ausgeschlossen gälte. Zwar schließt die Nichtteilnahme an einem Funktionssystem faktisch die Mitwirkung an einem anderen aus (LUHMANN 2005, S. 80), denn gesellschaftliche Funktionssysteme stehen in gegenseitiger Abhängigkeit – so kann man etwa in der Regel ohne einen regulären Aufenthaltsstatus auch nicht am Wohlfahrtssystem eines Staates partizipieren oder man erhält ohne festen Wohnsitz oftmals keine Arbeitsstelle –, ein Ausschluss gegenüber allen Teilsystemen muss allerdings als „praktisch unmöglich" (BARALDI et al. 1997, S. 79) angesehen werden. Wenngleich theoretisch jede Person dem Risiko ausgesetzt ist, von Exklusion betroffen zu sein, so ist dieses Risiko de facto ungleich auf die Gesellschaft verteilt (KRONAUER 2008, S. 149). Die Tatsache der ungleichen Verteilung des Risikos auf Teile der Gesellschaft stellt die theoretische Legitimation für eine politische Interventionen zur Vermeidung von sozialer Exklusion dar. Dieser ungleichen Verteilung trägt die Systemtheorie aber keine Rechnung.

Als alternative Herangehensweise, die in der Lage ist, auch die Verteilungsmuster der Exklusion zu berücksichtigen, bietet sich daher der konzeptionelle Rückgriff auf den Kapitalansatz an. Hier wird das Vorhandensein von Sozialkapital sowie kulturellem Kapital als wesentliche Faktoren dafür begriffen, dass aufgrund des Mangels beider Kapitalarten Personen einem stärkeren Risiko ausgesetzt zu sein scheinen, in die gesellschaftliche Exklusion abgedrängt zu werden. Als wohl wichtigster Bestandteil der sozialen Organisation stellt Sozialkapital einen Faktor für den Aufbau von sozialen Netzwerken dar (PUTNAM 1993). In einem späteren Werk definierte PUTNAM Sozialkapital selbst als die Verbindung zwischen den Individuen, die auf gegenseitige Vertrautheit, Zuverlässigkeit und Vertrauenswürdigkeit basiert (PUTNAM 2000). Für PUTNAM drückt sich das Vorhandensein sozialen Kapitals in der Zugehörigkeit zu einer stabilen, sozialen Gemeinschaft aus, deren Basis u. a. das Vertrauen in die Mitglieder dieser Gemeinschaft ist (PUTNAM 1993). Im Unterschied zu anderen Herangehensweisen stellt Putnam am Beispiel Italiens dar, dass das Vorhandensein von Sozialkapital auch an Orte und Regionen gebunden ist, was er auf das Interaktionsgefüge zwischen der Zivilgesellschaft und staatlichen Institutionen zurückführt. Der Bourdieusche Kapitalansatz unterscheidet sich von der Coleman-Putnamschen Tradition vor allem dadurch, dass er nuancenreicher auf die Problematik der sozialen Exklusion angewendet werden kann, wenngleich er häufig als zu statisch kritisiert wird, da er kaum die bestehende Möglichkeit der individuellen Re-Positionierung innerhalb der Gesellschaft berücksichtigt (SULLIVAN 2009, S. 222). Die große Stärke aber des Bourdieuschen Ansatzes liegt in der Betonung der Existenz von weiteren Kapitalarten neben dem Sozialkapital und das Erklären ihres Zusammenwirkens. Im Kontext der sozialen Exklusion fällt insbesondere dem kulturellen Kapital der Menschen eine besondere Rolle zu: „Cultural capital can exist in various forms: institutional cultural capital (that is, academic qualifications); embodied cultural capital (particular styles, modes of presentation, including use of language, forms of social etiquette and competence, as well as a degree of confidence and self-assurance [...]"[3] (MORROW 2001, S. 41). Hinzu kommt objektiviertes kulturelles Kapital, zu welchem Bilder, Schriften und Malereien gezählt werden können, also all jene Dinge, die auf irgendeine Art und Weise „Spuren hinterlassen oder sich verwirklicht haben" (BOURDIEU 1983, S. 185).

Geht man davon aus, dass Exklusion auch auf fehlendes kulturelles Kapital zurückzuführen ist, dann lässt sich dieser Umstand nicht etwa kurzfristig ändern, sondern benötigt Zeit, was zugleich den eingangs angesprochenen Prozesscharakter der sozialen Exklusion unterstreicht. BOURDIEU vergleicht den Erwerb von inkorporiertem kulturellen Kapital sehr plastisch mit dem Aufbau des menschlichen Muskelapparates oder dem Hautbräunungsprozess (BOURDIEU 1983, S. 187). Auch die Weitergabe kulturellen Kapitals, darauf weist BOURDIEU hin, ist ungleich weniger transparent als beispielsweise die Vererbung von ökonomischem Kapital. Dass aber auch kulturelles Kapital von den Eltern (und anderen Personen) an die Kinder (und andere Personen) weitergegeben wird, legitimiert aber gerade die stadtpolitische Intervention, über politische Programme auf der Quartiersebene den Aufbau von sozialem und kulturellem Kapitals zu fördern.

Trotz aller offenen Fragen und Kritik scheint der Exklusionsbegriff auch Stärken zu haben, die ihn für die wissenschaftliche Verwendung als besonders attraktiv erscheinen lassen. Eine dieser Stärken mag in seiner Flexibilität liegen, denn eine umfassende, eindeutige und dann auch wiederum eingrenzende Definition liegt in der Literatur bislang nicht vor (SILVER 1994), obgleich der Begriff im Zusammenhang mit urbanen Politiken bereits wie selbstverständlich aufgegriffen wird und infolgedessen bereits in das tägliche Vokabular der Planern und Politiker Einkehr gehalten hat. In diesem Zusammenhang hat sich vor allem die von CASTEL dargelegte definitorische Eingrenzung als praktikabel erwiesen (KRONAUER 2008): „Demnach zeichnet sich Exklusion durch eine Doppelbestimmung aus: *non-integration* am Arbeitsmarkt und *non-insertion* in die sozialen (Nah-) Beziehungen" (KRONAUER 2008, S. 146; kursiv im Original). Im Spannungsfeld zwischen negativer und positiver Diskriminierung definiert CASTEL zwei Bevölkerungsgruppen, denen nach außen hin stigmatisierende Eigenschaften benachteiligend zuteil werden. Während im Rahmen von positiver Diskriminierung die Benachteiligten gerade wegen dieser benachteiligenden Faktoren von der Gesellschaft bevorzugt behandelt werden (CASTEL 2009, S. 13), werden andere Gruppen – und dann spricht CASTEL von negativer Diskriminierung (CASTEL 2009) – gerade aufgrund dieser Faktoren von der Restgesellschaft ausgeschlossen. Auf diese letzte Gruppe bezieht sich demnach das Konzept der sozialen Exklusion.

---

3 im Deutschen als verinnerlichter, inkorporierter Zustand beschrieben, s. BOURDIEU (1983, S. 185)

Die Ausgrenzung der negativ Benachteiligten in unserer heutigen Gesellschaft unterscheidet sich wesentlich von früheren Prozessen. Von zentraler Bedeutung des Exklusions- oder Integrationsprozesses ist zwar noch immer die Erwerbsarbeit, wobei es aber jetzt nicht mehr um die ungleiche „Verteilung des gesellschaftlichen Reichtums zwischen Kapital und Arbeit [...], der Früchte der Arbeit" (HÄUSSERMANN et al. 2004, S. 8) geht – und so um die vor allem im Fordismus relevante Ressourcenverteilung –, sondern um den ungleichen Zugang zum Arbeitsmarkt und damit um eine Diskriminierung bezüglich des Ressourcenzugangs (DANGSCHAT 2008). Soziale Exklusion stellt kein „gesellschaftliches Randphänomen [dar], sondern verweist auf die Auswirkungen von grundlegenden Veränderungen, die die entwickelten kapitalistischen Gesellschaften insgesamt betreffen" (KRONAUER 2008, S. 149). Wenngleich dem Arbeitsmarkt noch immer als „Integrationsmaschine" eine große Bedeutung zufällt, so hat sich die Perspektive zugunsten weiterer Faktoren verschoben. Nun kommt hinzu, dass die von Exklusion betroffenen und gefährdeten sozialen Gruppen nicht nur gegenüber dem Arbeitsmarkt, sondern auch auf anderen sozialen Feldern als ausgeschlossen gelten, zum Beispiel im Bereich der Bildung oder dem Wohnungsmarkt. Da sich das Vorhandensein oder Fehlen von kulturellem Kapital auch auf nachfolgende Generationen auswirken kann (s. u.), stellt sich die soziale Ausgrenzung als generationenübergreifendes Phänomen dar. Eine besondere Entwicklung, die vor allem in west- und nordeuropäischen Ländern die prekäre Lage der Exkludierten verstärkt, ist zudem die „Ethnisierung sozialer Ungleichheit" (HÄUSSERMANN et al. 2004, S. 9). CASTEL spricht in diesem Zusammenhang von einer dreifachen Benachteiligung, die sich aus dem Zusammenspiel der drei Faktoren „Geschlecht", „soziale Herkunft" und „ethnische Zugehörigkeit" zusammensetzt (CASTEL 2009, S. 9). Anknüpfend an die soziale Herkunft wird der Exklusionsbegriff durch eine räumliche Komponente ergänzt. Im Gegensatz zur ökonomischen Armut, in deren Mittelpunkt finanzielle Aspekte liegen, dreht es sich beim Exklusionsbegriff daher nicht mehr nur um das „Wie wenig?" oder „Wie viel?", sondern zusätzlich noch um das räumliche „Wo?".

An zentraler Stelle des Exklusionsbegriffs steht die Überlegung, es existiere ein „mainstream of society" (KÄHRIK 2006, S. 10; vgl. auch MALOUTAS & PANTELIDOU MALOUTA 2004), bzw. ein „ordinary lifestyle in society" (HALLERÖD & LARSSON 2008). Und nur die Anbindung an diese „Normgesellschaft", also das „gesellschaftlich Normale", führe zu einer Verbesserung der eigenen Lebensbedingungen – die Absonderung jedoch zu multipler Benachteiligung. Armut ist nicht länger ein hinzunehmendes Phänomen, das aus der hierarchischen, sozialen Schichtung in der Nachkriegszeit resultiert, sondern gilt als Prozess, der das Auseinanderdriften, die Polarisierung beider Enden der gesellschaftlichen Schichtung umfasst (HÄUSSERMANN et al. 2004) und damit die gesamte Gesellschaft zugleich berührt. Der gesellschaftliche Blick richtet sich damit weg von der Fokussierung auf die soziale Schichtung und hin auf die Entwicklung der extremen Enden der Gesellschaft, wobei stets ein gesellschaftlicher Mittelteil als normgebend vorausgesetzt wird.

Dieses Verständnis liegt vielen Abhandlungen zur Exklusion implizit zugrunde. Es ist jedoch fraglich, inwieweit sich tatsächlich von einer Normgesellschaft sprechen lässt, von der Teile der Gesellschaft ausgeschlossen sind. Mit dem Gebrauch des Begriffs der sozialen Exklusion scheint die Gefahr verbunden, allein von einem normativen Verständnis auszugehen, welches die Gesellschaft in einen „normalen" und in einen „anormalen" Part unterteilt, und wodurch die von CAMERON bezeichnete „Pathologisierung von Armut" vollzogen wird. Zugleich lässt sich dieser Gedanke auch mit den Überlegungen zu einer fragmentierten (Stadt-)Gesellschaft nur schwer vereinen, in deren Vordergrund die zunehmende Pluralität der Gesellschaft steht und sich „die Zugehörigkeit zu [...] Gruppen relativ leicht auflösen" lässt (RICHTER 2005, S. 9). Greift man diese berechtigte Kritik auf, lässt sich Exklusion vielleicht besser als Prozess verstehen, innerhalb dessen „Personen(-gruppen) systematisch stärker daran gehindert werden, ein umfangreiches Kapital zu akkumulieren oder angemessen zu transformieren" (DANGSCHAT 2008, S. 138-9). Damit richtet DANGSCHAT den Blick weg von der Frage, ob bestimmte soziale Gruppen der Normalität einer Gesellschaft entsprechen und daher integriert oder ausgeschlossen sind, sondern fragt im Zusammenhang mit dem Ausschluss von Personen, „warum Kapital bestimmter Personen(-gruppen) entwertet, inflationiert oder diskriminiert wird" (2008, S. 138-139).

2.5 Soziale Exklusion in städtischen Quartieren

Quartiere und Nachbarschaften sind die Ebenen, auf denen sich Ausgrenzung als soziales und territoriales Phänomen überlagern. Es handelt sich dabei vor allem um jene innerstädtischen und peripheren Quartiere, deren Entstehung und jetziger Zustand den Übergang vom fordistischen zum postfordistischen Gesellschaftssystem widerspiegeln, sog. Arbeiterquartiere und Großwohnsiedlungen der 1960er und 1970er Jahre (vgl. KELLER 2005). Diese Quartiere gelten nicht nur bezogen auf ihre physisch-architektonische sondern auch bezogen auf die soziale und ökonomische Situation ihrer Bewohner gegenüber anderen städtischen Quartieren als benachteiligt (MURIE 2005). Gleich zu Beginn der Exklusionsdebatte in Frankreich wurde auf die *banlieue*, die „Bannmeilen" der städtischen Peripherien Frankreichs, als Orte der Exkludierten verwiesen und ca. 30 Jahre später wird infolge der Ausschreitungen von Oktober 2005 bis Mitte 2006 über jene Peripherien geschrieben, dass sich dort verglichen mit den 1980er Jahren bis heute eine Zunahme der Segregation vollzogen habe und die Situation prekärer geworden sei (LAGRANGE & OBERTI 2006, S. 32). Nach einem Zusammenhang zwischen Quartier und sozialem Ausschluss fragen auch KRONAUER & VOGEL (2004, S. 45): „Es sind dies zweifelsohne die Orte der Ausgegrenzten, aber sind es damit auch ausgrenzende Orte?"

Einen Zusammenhang zwischen äußeren Einflüssen und der individuellen Kapitalakkumulation drückt auch BOURDIEU aus, indem er explizit Bezug auf die Wohnorte der Menschen nimmt: Die Kapitallosen sind dazu „verdammt, mit den am wenigsten begehrten

Menschen und Gütern Tür an Tür zu leben" (BOURDIEU 1997, S. 164). Der Mangel an Kapital verstärke die Begrenztheit und kette noch stärker an den Ort. Soziale Exklusion bekommt hier endgültig eine räumliche Komponente zugeschrieben. Vor dem Hintergrund weltweiter ökonomischer Restrukturierungen zeichnete sich besonders in den Großstädten und den Stadtquartieren eine neue Dimension sozialer Benachteiligungen ab (O'BRIEN & PENNA 2008; SILVER 1996). In Europa steht dieses nicht nur im Zusammenhang mit sich verstärkenden Segregationstendenzen, sondern wurde auch im Zusammenhang mit der Ausstattung benachteiligter Gruppen mit sozialen Rechten innerhalb der Gesellschaft diskutiert (MURIE 2005). Der Ausschluss aus der Gesellschaft stellt sich vor allem für jene Gruppen als dramatisch dar, deren Zugang zu den Arbeitsmärkten, dem Wohnungsmarkt und dem politischen Beteiligungswesen deutlich erschwert ist und die durch weniger selbstsicheres Auftreten und Handeln gegenüber den öffentlichen Verwaltungen benachteiligt sind (KÄHRIK 2006). Ihre Chancen auf persönliche Entfaltung sind damit von Beginn an eingeschränkt. Der Ausschluss aus diesen zentralen Bereichen des gesellschaftlichen Lebens führt dazu, dass von Exklusion Betroffene sich zurückziehen und so „largely inhabit different social worlds" (ATKINSON & KINTREA 2000, S. 104). Es zeigt sich im Vergleich zu nicht von Exklusion Betroffenen, dass ausgegrenzte Menschen vergleichsweise selten ihren Wohnort verlassen, sich selbst viel weniger einer Gemeinschaft zugehörig fühlen und damit über ein eher lokales und schwächer ausgeprägtes soziales Netzwerk verfügen (ATKINSON & KINTREA 2000, S. 104). Als Indikatoren sozialer Exklusion gelten neben individuellen, psychologischen Faktoren wie Gesundheit, Vereinsamung und psychischem Leiden (HALLERÖD & LARSSON 2008, S. 18) und externen Faktoren wie Arbeitslosigkeit oder das Fehlen einer politischen Repräsentation auch Einflüsse durch die nachbarschaftliche (Wohn-)Umgebung. Denn im komplexen Zusammenspiel von Aspekten der Makro- und Mikroebene – also von psychologischen Aspekten, der individuell unterschiedlichen Anbindung an soziale Netzwerke und der Ausstattung an kulturellem und sozialem Kapital, dem damit einhergehenden Zugang zu Arbeitsmarkt und Bildung – fällt dem Wohnquartier die Rolle eines „Kondensators" zu, der beide Ebenen zu verknüpfen in der Lage ist. Vielmehr noch als der Begriff der Armut stellt sich daher das Konzept der sozialen Exklusion als lokaler Prozess dar (CAMERON 2005, 2006), der die sozio-psychischen Befindlichkeiten von Menschen im Hinblick auf ihre Gemeinschaft, Nachbarschaft, Gruppen und – eingrenzend auf die räumliche Dimension der Exklusion – auf Straßenzüge, Häuser und Wohnungen begrenzt. Zugleich beschreibt der Begriff der Exklusion einen entorteten Raum, „einen Ort außerhalb der Gesellschaft" (HÄUSSERMANN et al. 2004, S. 21). Im Zusammenhang mit dem Phänomen der sozialen Exklusion finden sich also mindestens zwei Raumkonzepte wieder: Auf der einen Seite beschreibt das Quartier einen metrisch-territorialen Raum im Sinne eines kartographisch und politisch zu umgrenzenden Gebietes und auf der anderen Seite einen Sozialraum.

Es lassen sich mindestens drei Dimensionen unterscheiden, in denen dem Quartier eine spezifische Rolle im Prozess der Ausgrenzung seiner Bewohner zufällt (vgl. HÄUSSER-

MANN et al. 2004). Zunächst kann durch den gegenseitigen sozialen Einfluss der Bewohner festgestellt werden, dass innerhalb eines homogenen Milieus sich gemeinsame Wertvorstellungen und Denkweisen entwickeln, die sich eventuell nachteilig auf die Entwicklung von Chancen auswirken können: „Es entsteht also ein bestimmtes Milieu, das Sozialisationseffekte hat" (HÄUSSERMANN et al. 2004, S. 29). Überdies benachteiligt das Quartier selbst die Handlungsmöglichkeiten seiner Bewohner, beispielsweise durch physisch-infrastrukturelle Defizite und institutionelle Benachteiligungen. Beide vorangegangenen Dimensionen werden zuletzt durch ein negatives Innen- und Außenimage ergänzt, was wiederum den Teufelskreis der Abwärtsspirale der Ausgrenzung verstärkt. Auf diese erste Dimension zielen Ansätze des Quartiersmanagement und des Empowerment (vgl. LYONS et al. 2001) ab, die nachfolgend erläutert werden sollen. Die zweite Dimension stellt das traditionell-klassische Handlungsfeld der Stadtplanung dar. Der dritten Dimension wird zwar gegenwärtig eine große Bedeutung zugeschrieben, aber es gibt nur wenige erfolgversprechende Ansätze, die tatsächlich und nachhaltig das Image eines Stadtteils zu wandeln in der Lage sind, ohne die Verdrängung der ursprünglichen Bewohnerschaft zu riskieren.

Welche Funktion spielt das Quartier aber als Raum im Zusammenhang mit Exklusion? Auf der einen Seite kann das Quartier als Schutzraum verstanden werden, den es zu erhalten gilt, auf der anderen Seite kann dem Quartier aber auch eine die Exklusion verstärkende Komponente zugeschrieben werden, die die prekäre Situation der Bewohner weiter verschärft. KRONAUER & VOGEL (2004, S. 250 ff.) zeigen dies anhand des Beispiels zweier Hamburger Stadtquartiere, in denen sich dieser doppelte Charakter des Quartiers erahnen lässt. So zeigen sie, dass auf der einen Seite die weitere Perspektivlosigkeit der Bewohner durch die räumliche Nähe gestärkt wird, indem den Bewohnern ständig ihre eigene angespannte Situation im Spiegelbild des Gegenüber vor Augen gehalten wird. Im gleichen Moment aber kann auf der anderen Seite eine starke Identifizierung mit dem Stadtteil auch als Schutz fungieren, der eine stärkere Belastung der Bewohner mindert und so als Voraussetzung für Integration angesehen werden kann. Die Autoren verstehen das Quartier daher sowohl als Ressource als auch als Erfahrungsraum. Ein ähnlicher Effekt lässt sich häufig auch im Zusammenhang mit Migration und Integration erkennen. CAPPAI (1997) berichtet am Beispiel sardischer Migranten in Deutschland, dass der psychische Druck, der durch das Andersartige in der Fremde ausgelöst wird, dadurch gelindert werden konnte, dass sie sich zunächst räumlich stark konzentrierten und sich durch die Reproduktion der heimatlichen, sozialen Umgebung gegenseitig unterstützten. Das Quartier kann also Schutzraum und Falle zugleich sein, wobei es in beiden Fällen als Ressource angesehen wird: einmal fehlt sie und ein anderes Mal ist sie vorhanden.

In der Literatur werden verschiedene Modelle diskutiert, welche versuchen, diese Nachbarschaftseffekte oder „Orteffekte" (vgl. KRONAUER & VOGEL 2004) der sozialen Exklusion näher aufzulösen und besser zu erläutern. Diese u. a. von BUCK (2001) vorgestellten Modelle gehen dabei von der Prämisse aus, Exklusion sei ein Prozess, der im benachteiligten Viertel selbst stattfände und dessen Ursachen daher auch dort zu finden sein müssen. Bezugnehmend auf JENCKS & MAYER (1990, zitiert in BUCK 2001, S. 2254) wird das „epidemische Modell" vorgestellt, „in which behaviour is assumed to be contagious and effects are based primarily on the power of peer influences to spread problem behaviour" (BUCK 2001, S. 2254). In diesem Modell werden die Ursachen für Armut und Exklusion in der räumlichen Nähe der Bewohner gesehen, wodurch die Betroffenen sich immer tiefer in die Perspektivlosigkeit ihrer prekären Situation drängen. Die entscheidenden Faktoren hierbei sind die Ausbildung gemeinsam geteilter lokaler Werte und Vorstellungen. Spätestens durch das epidemische Modell wird wohl die eingangs von CAMERON (2005) kritisierte Pathologisierung von Armut und Exklusion vollzogen und soziale Exklusion als Prozess verstanden, der von den Betroffenen alleinverantwortlich umzukehren wäre. Das in selbiger Quelle vorgestellte „institutionelle Modell" verweist auf das eingeschränkte Vorhandensein von (öffentlichen) Dienstleistungen bzw. Serviceeinrichtungen und geeigneten, fähigen Akteuren. Es knüpft damit an die *spatial missmatch theory* von WILSON (s. u.) an. Auch das „relative deprivation"-Modell (BUCK 2001, S. 2255) bezieht sich auf die gegenseitige Beeinflussung durch das vis-à-vis der Bewohner. Nun wird aber erst durch das Erkennen der Situation des anderen eine Sensibilisierung für die eigene Situation geschaffen, wodurch sich gegenteilige Effekte als im epidemischen Modell ergeben. Das „competition modell" fokussiert auf den Wettbewerb um die sehr beschränkten Ressourcen in benachteiligten Vierteln und daraus resultierende negative Implikationen (BUCK 2001, S. 2254f.). Das von BUCK vorgestellte „Netzwerk-Modell" scheint auf den ersten Blick auch für die vorliegende Untersuchung als geeignet. Hier wird Inklusion im Quartier als Resultat der Anknüpfung an „more advantaged, mainstream groups" (BUCK 2001, S. 2255) verstanden – die Exklusion resultiert damit aus der (aktiven oder passiven) Abspaltung gegenüber den bevorzugten gesellschaftlichen Gruppen, die in der Terminologie der einschlägigen Literatur als *mainstream society* bezeichnet werden. Allerdings bleibt auch hier unklar, welcher Zusammenhang nachweislich zwischen der individuellen Anbindung der Bewohner weniger bevorzugter Quartiere und dem Quartier selbst besteht. Die Modelle scheinen allein deshalb nicht weiterzuführen, weil sie alle das „ausgeschlossene" oder „benachteiligte" Quartier alleine betrachten und es nicht in den Kontext gesamtstädtischer Entwicklung setzen.

Der Zusammenhang zwischen Quartier und Exklusion resultiert aus einer ungleichen Verteilung von Menschen in den Städten. „Die ökonomisch und kulturell hergestellten sozialen Ungleichheiten konstituieren die Stadtlandschaft [...] aus einer globalisierten Raumwahrnehmung heraus" (OMAHNA 2006, S. 79). Die Entstehung von „excluded spaces" (ATKINSON & CARMICHAEL 2007, S. 43) in Großstädten ist auf eine wachsende globale Ungleichheit zurückzuführen. Diese zunehmende soziale Polarisierung, die quantitative wie qualitative Differenzierung und ungleiche Verteilung von Kapital im städtischen Raum, ist nicht allein ein städtisches Problem, dennoch sind es aber die Städte, in denen sich das Phänomen am stärksten zeigt (SOJA 1995, HÄUSSERMANN et al. 2004, KRONAUER & VOGEL 2004).

Bezug nehmend auf die Ansätze von WILSON (1987) und SASSEN (1994) entwickeln BURGERS & MUSTERD (2002) ihr Modell zur Erklärung sozialer Ungleichheiten in der Stadt. Während sich SASSEN diesem Problem u. a. von Seiten der internationalen Migration annähert und hier vor allem die Polarisierung der Stadtgesellschaft durch einen sich neu ausrichtenden, zu Polarisierung führenden Arbeitsmarkt thematisiert, argumentiert WILSON über die Formulierung der „spatial mismatch theory" (BURGERS & MUSTERD 2002, WILSON 1987). Die „wirklich Benachteiligten", so WILSON, sind Opfer einer doppelten Fehlanpassung: Zum einen sind sie räumlich von jenen Orten distanziert, die ihnen einen sozialen Aufstieg ermöglichen könnten, zum anderen sind sie aufgrund ihrer geringen Ausbildung vom allgemeinen gesellschaftlichen Wohlstand ausgeschlossen. WILSON bezieht sich dabei auf die wachsende Distanz zwischen den Wohnorten der Benachteiligten und den sich von diesen weg verlagernden Arbeitsplätzen. Wenngleich WILSONS Studie an einem Extremfall sozialer Benachteiligung in den USA orientiert ist (HÄUSSERMANN et al. 2004), so lassen sich durchaus Parallelen zu europäischen Städten ziehen. Denn der Ansatz, Distanz und Exklusion zu einem Ungleichheitsansatz zu vermengen, scheint insbesondere bezogen auf europäische Städte geeignet, die urbanen Realitäten zu greifen (BURGERS & MUSTERD 2002). Obgleich WILSON es vermeidet, einen überzeugenden Zusammenhang zwischen sozialer Benachteiligung und dem Einfluss des Quartiers darzustellen, hat er bezogen auf die Beschreibung städtischer Ungleichheiten ein Konzept vorgestellt, indem er auf einen Zusammenhang von Wohnen und Arbeiten als Ursachen für Ausgrenzung verweist – und hat damit dem Wohnort sowohl eine wesentliche Bedeutung zugeschoben als ihn auch in das gesellschaftliche Gesamtsystem integriert. WILSON betrachtet nicht mehr alleine das Quartier als absoluten Punkt in der Stadt, sondern versteht dessen Position als relativ gegenüber anderen Stadtquartieren.

BURGERS & MUSTERD schlagen daher ein Modell vor, welches neben der Berücksichtigung des Zugangs zu ökonomischen Möglichkeiten, die der Arbeitsmarkt bietet, auch die Einbettung in (ethnische) Netzwerke, das institutionelle Arrangement und ortsspezifische, historische Zusammenhänge berücksichtigt (BURGERS & MUSTERD 2002, S. 411). Urbane Ungleichheit, so dokumentierten sie am Beispiel Rotterdams und Amsterdams, sei dann nicht nur von individuellen Faktoren abhängig, wie zum Beispiel der Bildung, der Ethnizität und dem Wohnort, sondern zu einem großen Maße auch auf das Funktionieren nationaler sozialer Sicherungssysteme und damit quartiersexterne Einflüsse zurückzuführen. Während SASSEN also grundlegend auf internationale Migration und den Zugang zum Arbeitsmarkt und WILSON auf den Wohnort und die Distanz zum Arbeitsmarkt verweisen, berücksichtigen BURGERS & MUSTERD darüber hinaus den Einfluss nationaler Welfare-Regime, soziale Netzwerke sowie pfadspezifische Abhängigkeiten und legen somit das detailliertere Erklärungsmodell für soziale Ungleichheit im städtischen Gefüge vor.

Bezogen auf das Quartier lassen sich nun auf Seiten der Ortseffekte zum einen die Distanz zum Arbeitsmarkt, das Vorhandensein sozialer Netze, der ortsspezifische Zugang zum nationalen Wohlfahrtssystem und die Ausbildung einer stabilen Gemeinschaft als Gründe für eine ungleiche soziale Entwicklung innerhalb eines großstädtischen Raumes verweisen. Soziale Polarisierungen stehen damit im Spannungsfeld interner und externer, individueller und gesamtgesellschaftlicher Faktoren.

Die Interaktionsprozesse von Bewohnern und Quartier stellen die eigentlichen sog. Quartierseffekte dar. Darunter kann „the net change in the contribution to life-chances made by living in one area rather than another" (ATKINSON & KINTREA 2001, S. 2278) verstanden werden. Der abstrakte Begriff der „life chances" (vgl. BUCK 2001) lässt sich mit konkreten Inhalten füllen. So kann beispielsweise der Zugang zu einem funktionierenden Bildungssystem dazu gezählt werden. Diese Lebenschancen orientieren sich dabei an den Vorstellungen, Werten und Erwartungen der einen *mainstream*-Gesellschaft (vgl. HÄUSSERMANN et al. 2004). Hier nehmen vor allem die Bildungspolitiken und Arbeitsmarktpolitiken in den aktuellen Debatten, also der politischen Ausgestaltung dieser Vorstellungen über den Inhalt der Lebenschancen, einen hohen Stellenwert ein. Es bleibt die Frage, wie sich physischer Ort und Lebenschancen gegenseitig bedingen?

Diese Frage geht davon aus, dass ein physisch-metrischer Quartiersraum eine relationale Ergänzung erfährt, indem sozialer und physischer Raum miteinander in Verbindung stehen. Entsprechend dieser Überlegung gelten als exkludierte Personen all jene, die sowohl bezogen auf ihr Quartier, also der materiellen Verortung, als auch bezogen auf den Zugang zu sozialen Feldern und damit im Zusammenhang mit einem Sozialraum als benachteiligt gelten können. Die Benachteiligung scheint dann das Ergebnis beider Prozesse zu sein. Personen und Objekte sind zum einen lokalisiert. Lokalisierung versteht BOURDIEU als Ortsgebundenheit: „Der *Ort* kann absolut als der Punkt im physischen Raum definiert werden, an dem sich ein Akteur oder ein Ding platziert findet, stattfindet, sich wiederfindet" (BOURDIEU 1997, S. 160, kursiv im Original). Zum anderen sind Personen und Objekte nicht nur über ihre Position innerhalb des physischen Raumes definiert sondern positionieren sich innerhalb komplexer Relationen eines Sozialraumes. Erst das Zusammenwirken aus beidem ermöglicht die Identifizierung eines Raumes. Die Exklusion kann also zum einen aus der absoluten Position innerhalb des Stadtraumes erfolgen, zum anderen vollzieht sich parallel die Positionierung durch die Bewohner selbst, indem sie in einer Wechselwirkung von eigenen Handlungen und den umgebenden Strukturen stehen, diese Umwelt akzeptieren und damit ihr Quartier identifizieren – dort wohnen. Der nun entstandene Raum zeichnet sich durch eine Verknüpfung von Dingen und Menschengruppen aus (LÖW 2005). LÖW stellt die Konstitution eines (relationalen) Raumes als einen sich über zwei Schritte vollziehenden Prozess dar: „Räume entstehen also nur erstens dadurch, daß sie *aktiv durch Menschen verknüpft werden*. Dabei verknüpfen Menschen nicht nur Dinge, sondern auch (selbst aktiv in das Geschehen eingreifende) andere Menschen oder Menschengruppen. Somit gehen zweitens mit der Entstehung von Räumen meistens Plazierungen einher" (LÖW 2005, S. 158, kursiv im Original). Platzierungen werden bewusst oder unbewusst gemacht, müssen aber als solche feststellbar sein. Ein Straßenschild, das den Anfang oder Ende einer Siedlung symbolisiert, muss gelesen und verstanden werden können, nur dann erfüllt es seinen Zweck. Politische Programme spielen in diesem Sinne eine wichtige Rolle, da sie sowohl symbolisch als auch territorial konkret die Platzierung eines Raumes vornehmen. Die Bezeichnung „Soziale Stadt" kann für viele Bewohner eine Stigmatisierung ihres Quartiers bedeuten (vgl. NEEF & KEIM 2007), was den Einfluss politischer Programme auf die Konstitution des Raumes verdeutlicht.

2.6 Anforderungen und Umsetzungsstrategien politischer Programme

ROOM beschreibt soziale Exklusion zusammenfassend als ein „vocabulary of disadvantages" (zitiert in O'BRIEN & PENNA 2008, S. 85) und unterstreicht damit den Charakter des Exklusions-Begriffes als Überbegriff einer multidimensionalen Benachteiligung. Aus der vorangehenden Unterkapitel wird deutlich, dass diese Benachteiligungen sowohl aus lokalen wie nationalen Ursachen resultieren. Ergänzt man diese um einen personenbezogenen Ursachenansatz für die Betroffenheit von Exklusion, so ergeben sich drei Ebenen, auf denen eine politische Intervention ansetzen kann: die Ebene des Individuums, der sich die lokale Sozialpolitik auch über eine fallbezogene Hilfe zuwendet und die Ebene nationalstaatlicher Wohlfahrtssysteme. Im Rahmen der Gemeinwesenarbeit rückte in der Vergangenheit das Quartier als wichtigste Handlungsebene in der Vordergrund (vgl. HINTE 2002; KARAS & HINTE 1978). Heute werden auf dieser Ebene selbst weitere Ansätze nebeneinander implementiert, aber auch unterschiedliche Ebenen (vor allem Quartier und Individuum) im einzelnen Ansatz vermischt: So entsteht ein oftmals nicht unproblematisches Nebeneinander von quartiersbezogenen, fall- und ressortübergreifenden Ansätzen der sozialen Unterstützung auf der einen Seite und der ressort- und fallbezogene Einzelhilfe auf der anderen Seite. Hier leisteten insbesondere die Reformen des deutschen wohlfahrtsstaatlichen Sicherungssystems einen erheblichen Beitrag zur Verwirrung, da durch sie das gleichzeitige Nebeneinander zweier unterschiedlicher politischer Ansätze realisiert wird (vgl. REIS 2007). Im Zusammenhang mit integrierten Entwicklungsprogrammen, die eine ressortübergreifende Entwicklungspolitik in den Stadtquartieren verfolgen, ist durch die Zusammenlegung der Arbeitslosen- und Sozialhilfe und der Einführung der konsequenten Einzelfallhilfe ein wichtiger Partner auf der Quartiersebene verloren gegangen. Diese grundsätzliche Problematik zweier parallel existierender aber vom Prinzip her unterschiedlicher politischer Ansätze im Quartier ist empirisch bislang nicht umfassend genug untersucht, als dass sich hier eine abschließende Bewertung vornehmen ließe (vgl. KRONAUER & VOGEL 2004), grundsätzlich fanden sich aber für diese Entwicklung in der deutschen Fallstudie kaum positive Verfechter.

Wie oben ausgeführt bezieht sich soziale Exklusion nicht allein auf die Lage einer Person, so dass individualisierte Ansätze nicht alleine weiterführen können. Dass sich dennoch wenigstens in Deutschland soziale Politiken zurückorientieren zu fallbezogenen Handlungskonzepten, wie etwa durch das im Rahmen der Umsetzungen der sog. Hartz-Reformen neu eingeführte *case manangement* (vgl. REIS 2007, S. 179), erscheint in diesem Zusammenhang zunächst als unlogisch. Dennoch macht gerade diese Reform der Sozialpolitiken deutlich, wie unterschiedlich aktivierende Ansätze interpretiert und umgesetzt werden können. Wird im Rahmen der „Hartz"-Reformen die Aktivierung und damit die „Hilfe zur Selbsthilfe" über individualisierte Konzepte realisiert, so antworten deutsche und italienische integrierte Entwicklungsprogramme in sog. benachteiligten Stadtquartieren unter dem gleichen Leitthema der „Hilfe zur Selbsthilfe" mittels quartiersbezogener Ansätze.

Ausgehend von der definitorischen Eingrenzung des Phänomens der sozialen Ausgrenzung müssen integrierte Entwicklungsprogramme auf verschiedenen Ebenen ansetzen. Zum Zwecke der Vermeidung eines Circulus-vitiosus-Effektes des weiteren sozialen Abrutschens der Bewohner (HÄUSSERMANN & SIEBEL 2001, S. 72) geht es in den Programmen zunächst auch um die baulich-architektonische Aufwertung und damit einhergehend nicht nur um die reelle Verbesserung der Wohnsituation und des Wohnumfeldes, sondern auch um die Symbolisierung öffentlichen Interesses und – damit verbunden – um die Motivation und Aktivierung der Bewohner. In Anlehnung an die im Bericht zur Zwischenevaluierung des deutschen Bund-Länder-Programms „die Soziale Stadt" (IFS 2004) dargelegte konzeptionelle Eingrenzung, lassen sich drei theoretische Ansätze unterscheiden, die auf das Zusammenwirken von politischem Entwicklungsprogramm und dem Handlungsfeld der sozialen Ausgrenzung in Stadtvierteln abzielen (vgl. IFS 2004, S. 37).

Die sog. Containertheorie unterstreicht die enge Verflechtung von baulichen und sozialen Missständen und stellt dar, dass die Behebung baulicher Mängel und die Verbesserung baulicher Zustände automatisch eine bessere soziale Situation generiere. Die Sozialgruppentheorie hingegen hebt die Bedeutung der sozialen Lage der Quartiersbewohner hervor, deren Ursachen nicht im Quartier zu finden und zu lösen sind, sondern außerhalb des Interventionsraumes liegen. Hier sind in erster Linie strukturelle Merkmale des Arbeitsmarktes zu nennen, das Auseinanderdriften von Arm und Reich oder der ungleiche Zugang zu Bildungsmärkten: „Erst wenn es allen besser geht, geht es auch dem Quartier besser" (IFS 2004, S. 37) bzw., um es auf eine Formel angelehnt an den Exklusionsansatz anzulehnen: das Risiko des Verlustes der materiellen und symbolischen Anknüpfung an die Gesellschaft und der damit einhergehende Ausschluss aus dem Kollektiv (vgl. ENGELS 2006) entspringen aus der Mitte der Gesellschaft (BUDE & WILLISCH 2008; SCHROER 2008; SILVER 1994). Zuletzt unterstreicht die Kontexttheorie den engen Zusammenhang zwischen sozialer Lage und dem raumgebundenen, territorial verankerten Milieu. Als Kontexteffekte werden die gegenseitige Beeinflussung und die ständige Konfrontation mit anderen Betroffenen bezeichnet, die sich negativ auf die individuelle Prägung und der sich daraus entwickelnden Motivation und Veränderungsbereitschaft auswirken. Die derzeit in Italien und Deutschland durchgeführten Entwicklungsprogramme berücksichtigen in ihrer Umsetzung Aspekte aller drei theoretischen Ansätze.

Allen in Europa lancierten integrierten Entwicklungsprogrammen ist darüber hinaus gemein, dass sie partizipative Elemente in ihren Umsetzungen berücksichtigen und damit den Weg zu einer kommunikativen Planung eingeschlagen haben (vgl. BISCHOFF et al. 2007). Über die so geschaffenen Beteiligungsstrukturen soll nicht nur die Akzeptanz der Planungen auf Seiten der Bewohner gefestigt werden, sondern ihnen zugleich ein Weg zurück in die Beteiligungsstrukturen der Gesellschaft aufgezeigt werden. Als dritter Effekt dieser partizipativen Stadtentwicklung erhofft man sich Einblicke in die „wahren" Probleme des Viertels aus Sicht der Bevölkerung. Als zentrales Instrumentarium wird in diesem Zusammenhang auf das Quartiersmanagement verwiesen.

Ein zentrales Instrument integrierter Entwicklungsprogramme stellt das Quartiersmanagement dar. Unter Quartiersmanagement kann zunächst allgemein ein politisches Instrument verstanden werden, über welches die lokalräumliche Umsetzung eines integrierten Politikansatzes realisiert wird (FRANKE 2007). Quartiersmanagement setzt dabei die Gedanken einer nachhaltigen Entwicklung auf der nachbarschaftlichen Ebene um (vgl. ALISCH 1998, S. 12), indem insbesondere die Strukturen und Ressourcen im Quartier nachhaltig gestärkt und deren weitere Ausbildung gefördert werden sollen. Damit distanziert sich das Quartiersmanagement von einer zentralen Steuerungsfunktion auf der nachbarschaftlichen Ebene, die der Begriff des Managements zunächst implizieren mag. Ziel des Quartiersmanagements ist es vielmehr, die Ausbildung selbsttragender Strukturen nachbarschaftlicher Zusammenarbeit zu fördern (DIFU 2003).

Das Quartiersmanagement, in Deutschland vor allem bekannt geworden durch das Bund-Länder-Programm Soziale Stadt (vgl. FRANKE 2007), wird als geeignetes Instrumentarium angesehen, die Zielsetzungen eines integrierten Entwicklungsprogramms umsetzen zu können. Da es sich hierbei um ein „weiches Instrumentarium" handelt, dessen inhaltliche Funktion als kaum dokumentiert gilt (vgl. BECKER et al. 2002), ruft dies zunächst Erstaunen hervor. Das Deutsche Institut für Urbanistik (DIFU) definiert Quartiersmanagement als strategischen Ansatz, die finanziellen Ausgaben auf der lokalen Ebene zu bündeln, lokale Aktivitäten zu implementieren und mit einer stadtweiten Strategie zu koppeln, um zuletzt fachübergreifendes Arbeiten und Kooperationen innerhalb des administrativen Mehrebenensystems zu stimulieren und die unterschiedlichen Akteure dabei zu unterstützten (BECKER et al. 2002). Die letzte Evaluierung des Bund-Länder-Programms brachte vor allem bestehende Defizite im Bereich der horizontalen und vertikalen Kooperationsbemühungen zu Tage (IFS 2004). Auch im Frankfurter Entwicklungsprogramm finden sich nur bruchstückhaft inhaltliche Anleitungen zum Quartiersmanagement.

Im Unterschied zu einem eher territorialen Bezug der Begriffe der Stadtteilarbeit und des Quartiersmanagements grenzt sich die Gemeinwesenarbeit (GWA) eher funktional davon ab und beschreibt „[...] eine Methode, die einen Komplex von Initiativen auslöst, durch die die Bevölkerung einer räumlichen Einheit gemeinsame Probleme erkennt, alte Ohnmachtserfahrungen überwindet und eigene Kräfte entwickelt, um sich zu solidarisieren und Betroffenheit konstruktiv anzugehen. Menschen lernen dabei, persönliche Defizite aufzuarbeiten und individuelle Stabilität zu entwickeln und arbeiten gleichzeitig an der Beseitigung akuter Notstände (kurzfristig) und an der Beseitigung von Ursachen von Benachteiligung und Unterdrückung." (KARAS & HINTE 1978, S.30 f.). Und „[s]tadtteilbezogene Arbeit in der Tradition von GWA bezeichnet einen projekt- und themenunspezifischen Prozess einer (in der Regel) mehrjährigen Aktivierung der Wohnbevölkerung, der zwar einzelne Leuchtturm-Projekte nicht ausschließt, sich jedoch vornehmlich über eine Vielzahl von Aktivierungsaktionen darauf richtet, anhand direkt geäußerter und häufig wechselnder Interessen der Wohnbevölkerung gleichsam eine „Grundmobilisierung" eines Wohnquartiers zu bewirken [...]" (HINTE 2002, S. 543).

Obgleich die Methode der Gemeinwesenarbeit stark kritisiert wird (vgl. HINTE 2007), war es „ein bis heute wirkendes Verdienst der GWA [...], den Blick für sozialräumliche und lebensweltliche Dimensionen sozialer Benachteiligung geschärft und entsprechende methodische Konsequenzen daraus gezogen zu haben" (HINTE 2002, S. 536). Die in den 1970er Jahren eingeführte Bezeichnung der Sozialraumanalyse knüpft inhaltlich eng an die Gemeinwesenarbeit an. Die Unterschiede stellt HINTE wie folgt dar:

„Die Profilierung des Konzepts ‚Stadtteilbezogene Soziale Arbeit' entsprang sowohl dem Wissen um die Defizite der GWA, aber auch strategischen Überlegungen, die sich aus der jahrelangen Zusammenarbeit mit kommunalen Trägern der Jugendhilfe ergaben. GWA war dort eher verrufen als kooperationsunwillige, überhebliche, undurchsichtige und lästige Instanz, die irgendwie immer Geld forderte, aber nicht bereit war, sich in die ‚kommunale Familie' einzuordnen. Mit GWA assoziierte man dogmatische Linke aus der 68er-Zeit, unbelehrbare Besserwisser auf Seiten sozialhilfemissbrauchender Betroffener oder schlichtweg Gutmenschen ohne Bodenhaftung. ‚Sozialraumorientierung' war dagegen relativ unverbraucht. Darüber konnte man sich wieder mehr auf Inhalte konzentrieren, konnte Berührungspunkte insbesondere zu InnovationsträgerInnen innerhalb der Institutionen aufspüren und nach Möglichkeiten der Verankerung gemeinwesenarbeiterischen Gedankenguts im Alltagshandeln der Institutionen suchen" (HINTE 2002, S. 539).

Der Begriff des Quartiersmanagement erscheint im Vergleich dazu als wesentlich komplexer. Wiederum ist es HINTE (2002), der Quartiersmanagement als einen Prozess beschreibt, der auf drei Ebenen abläuft: So bezieht sich der Begriff auf der einen Seite auf die „Stadtteilarbeit vor Ort" (ebenda, S. 543), die die Begleitung von Gruppen, die formelle und informelle Vernetzung der Akteure und ihrer Ressourcen und die Leitung eines Quartiersbüros umfasst. Zudem zielt das Quartiersmanagement auch auf die verbindende Funktion ab, zwischen der bürokratischen Instanz der Verwaltung und der „Lebenswelt im Stadtteil" (ebenda, S. 543) zu vermitteln. Gerade diese funktionale Ebene wird auch durch den Begriff der Governance angesprochen, hier vermischen sich die Begrifflichkeiten. Zuletzt geht es beim Quartiersmanagement auch um die Bündelung verwaltungsinterner Ressourcen und damit um die intersektorielle Kooperation. Diese drei Ebene werden auch im Rahmen des kommunalen Entwicklungsprogramms „Soziale Stadt, Neue Nachbarschaft" zum Aufgabenfeld des Quartiersmanagements.

2.7 Integrierte Entwicklungsprogramme in Deutschland und Italien

2.7.1 Deutschland

Die zunehmende sozialräumliche Polarisierung in den Großstädten der Bundesrepublik resultiert aus veränderten Rahmenbedingungen auf unterschiedlichen Skalen (KRUMMACHER et al. 2003, S. 19). Hier sind zum einen globale Einflussfaktoren zu nennen, wie etwa der globale Strukturwandel und sich dadurch gewandelte neue und globalisierte Lebensstile, zum anderen aber beeinflussen lokale Faktoren, zu denen etwa die Liberalisierung des Wohnungsmarktes oder die Deregulierung staatlicher Steuerung zu zählen sind. Insbesondere diese beiden letzten Punkte erfolgen vor allem vor dem Hintergrund eines zunehmend eingeschränkten kommunalen Finanzhaushaltes. In einer vom Deutschen Institut für Urbanistik (DIFU) seit den 1980er Jahren jährlich in Auftrag gegebenen Erhebung werden ausgewählte Kommunen zu ihren primären Handlungsfeldern befragt. Im Jahre 2001 stellten die Bereiche Haushaltskonsolidierung, kommunale Wirtschaftsförderung, Transport und Innenstadtentwicklung sowie der demographische Wandel, die zunehmende Suburbanisierung und der Bereich Wohnen die wichtigsten Handlungsfelder deutscher Kommunen dar (DIFU 2002b). Damit gilt der in den 1990er Jahren noch häufig geäußerte Punkt der Verwaltungsmodernisierung nun als aus der Liste der Prioritäten verdrängt, was als das markanteste Zeichen für eine geänderte Problemsituation deutscher Städte zu Beginn des neuen Jahrtausend angesehen werden kann (BRETSCHNEIDER 2004). Die Haushaltskonsolidierung bleibt in den nachfolgenden Jahren an der Spitze dieser Prioritätenliste. Auch KUNZMANN (2007) sieht die Situation kommunaler Finanzhaushalte als das derzeit wichtigste Problem deutscher Gemeinden an. Die Orientierung urbaner Politiken in Richtung Integration von Verwaltungssektoren und Fachpolitiken im Rahmen integrierter Entwicklungsprogramme kann daher nur vor dem Hintergrund der Suche nach finanziellen Einsparungsmöglichkeiten, sowohl im Bereich von Ressourcen als auch von Personal, verstanden werden.

Die Anfänge integrierter Stadtentwicklungspolitik in Deutschland liegen zunächst auf der Länderebene. Hier waren es insbesondere die Bundesländer Hamburg und Nordrhein-Westfalen, die als eine der ersten integrierte Handlungskonzepte zur Vermeidung und – wie es damaliger Sprachgebrauch war – zur „Bekämpfung" von Armut und Ausgrenzung etablierten. So orientierte sich der Hamburger Senat spätestens seit Beginn des Jahres 1992 an einer Politik, die sich „nicht als Teil einer Sozialpolitik versteht, sondern unter dem Titel ‚Soziale Stadtentwicklung' versucht, die räumlichen Auswirkungen gesellschaftlicher Prozesse zu erreichen" (ALISCH 1999, S. 153). Es war überparteilicher Konsens, eine sog. „Großstadtstrategie" für Hamburg zu entwickeln und über eine „ganzheitliche Betrachtung von Wohngebieten" (ebenda, S. 154) die Probleme der sozialen Ausgrenzung, der Segregation und der problematischen Situationen der Bewohner dieser Quartiere, insbesondere hinsichtlich der Wohnungen, des Wohnumfeldes, der materiellen, Bildungs- und Arbeitssituation und also ihrer Lebensumstände, zu verbessern (ALISCH 1999, S. 154).

Diese ersten Schritte integrierter Maßnahmen verliefen den Kritiken zufolge allerdings weniger positiv als damals erhofft. Insbesondere ALISCH (1999, S. 155) betont kritisch die damalige Fokussierung der politischen Maßnahmen auf bauliche und sozial-administrative Maßnahmen. Dabei stellt sie heraus, dass den Maßnahmen größtenteils eine langfristige Perspektive, ein begleitendes Instrumentarium der Erfolgskontrolle und ein in das Quartier eingebettetes Quartiersmanagement fehlten. Drei Faktoren für eine erfolgreiche Quartierspolitik (ALISCH 1999, S. 157), die in Folge durch Hamburger Programme entwickelt werden sollten und noch heute als wesentliche Elemente der sozialen Stadtpolitik geltens. Im Jahr 1994 stimmte der Hamburger Senat einem weiteren Programm zu, das unter dem Titel „Armutsbekämpfung – Zusätzliche Maßnahmen gegen Armut als Bestandteil sozialer Stadtentwicklung" in acht Quartieren lanciert wurde (vgl. ALISCH 1999). Erneut wurden hier „neue Verfahrensansätze erprobt" (DIFU 2000), worunter insbesondere Aspekte der Behördenkooperation, Bürgerbeteiligung und Förderung der lokalen Wirtschaft fielen.

Auch im größten Bundesland Deutschlands Nordrhein-Westfalen wurde verhältnismäßig früh mit neuen, integrierten Entwicklungsansätzen für sog. „benachteiligte Quartiere" (vgl. DIFU 2002a; KRUMMACHER et al. 2003) experimentiert. Seit dem Jahr 1993 lief hier das Programm „Stadtteile mit besonderem Erneuerungsbedarf", über das „gezielt und ressortübergreifend ein integrierter Politikansatz umgesetzt werden soll[te]" (JASPER 2001, S. 9) und welches einen „Umdenkprozess in der Sozialpolitik" einläutete (MURBÖCK 2001). Ziel dieses Programms war die Stabilisierung der sozialen Gruppen in den Stadtteile und die Verbesserung der Lebensbedingungen der dort lebenden Bevölkerungen.

Neben diesen beiden Länder-Programmen waren es die im Rahmen der europäischen Gemeinschaftsinitiative URBAN (später URBAN II) entwickelten Handlungsansätze, die in ausgewählten Quartieren finanziert wurden und durch die in einzelnen Städten Deutschlands früh integrierte Handlungsansätze etabliert wurden. Hier sind in erster Linie die Programmquartiere Duisburg-Marxloh, Hannover-Linden und Leipzig-Grünau zu nennen (vgl. KRUMMACHER et al. 2003, S. 57). Auch in anderen Bundesländern wie Berlin oder Hessen wurden zu dieser Zeit, Mitte der 1990er Jahre, erste Erfahrungen mit integrierten Entwicklungsprogrammen gemacht (IFS 2004). Inhaltlich knüpften die neuen integrierten Entwicklungsprogramme an die Erfahrungen aus der jahrzehntelang praktizierten Städtebauförderung an (vgl. dazu STEGEN 2006) und entwickelten diese weiter.

Während in anderen Ländern der Europäischen Union ein integrierter Politikansatz seit Beginn der 1980er Jahre auch auf nationaler Ebene etabliert wurden (vgl. KRUMMACHER et al. 2003), setzt dieser große Schritt unabhängig von lokalen und regionalen Initiativen in Deutschland verhältnismäßig spät ein, nämlich erst ab dem Jahr 1996 und vor allem auf Initiative des Landes Nordrhein-Westfalen (IFS 2004). Das zunächst als Anregung der ArgeBau, der Arbeitsgemeinschaft der in der Bundesrepublik für Städtebau, Bau- und Wohnungswesen zuständigen Minister und Senatoren der Bundesländer, vorgeschlagene Aktionsprogramm „Soziale Stadt" (KRUMMACHER et al. 2003, S. 57) wurde im Jahr 1999 unter dem Namen „Stadtteile mit besonderem Entwicklungsbedarf – Die soziale Stadt"[4] in 123 Städten und Gemeinden gestartet. Hintergrund für diese politische Umsetzung stellte nicht zuletzt ein Wechsel in der nationalen Regierung dar, als nach langjähriger Amtszeit des damaligen CDU-Kanzlers Helmut Kohl wieder eine SPD geführte Koalition unter Kanzler Gerhard Schröder die Regierung übernahm. Infolge wurde das Programm Teil der Koalitionsvereinbarung zwischen der SPD und dem Koalitionspartner Bündnis 90/die Grünen (vgl. DIFU 2002a).

Die Vorlage für das nationale Programm entsprang – wie oben erläutert – verschiedenen Landesinitiativen, zudem flossen erste Erfahrungen aus der Europäischen Gemeinschaftsinitiative URBAN in die Ausgestaltung des nationalen Förderprogramms mit ein. Die auf der Länderebene gewonnenen Erfahrungen orientierten sich eng an dem damals neuen Konzept der sozialen Exklusion, demzufolge Ausgrenzung als Prozess der nicht-Integration in den (lokalen und geregelten) Arbeitsmarkt, nicht-Eingliederung in stabile, soziale Beziehungen und Ausgrenzung gegenüber politischen Beteiligungsstrukturen verstanden wird. Dieser Ansatz hat sich bis heute im Bund-Länder-Programm gehalten. Dies liest sich in der Zwischenevaluierung des Bund-Länder-Programms so, dass „der Gebietsansatz des Programms [...] zu begründen [ist] mit der Grundannahme, dass die Summe der Probleme in einem Stadtteil mehr ist als die Addition der individuellen Problemlagen" (IFS 2004, S. 37). Anders als individualisierte Ansätze der Ausgrenzung wird die Entwicklung des Quartiers dabei als ein Ganzes betrachtet, „das einen spezifischen Kontext darstellt, der aus der Überlagerung von sozialen, baulichen und infrastrukturellen Proble-

---

[4] Infolge verkürzt als Soziale Stadt bezeichnet. Das Frankfurter Programm, von dem später die Rede ist, wird aufgrund der bewusst gewählten Ähnlichkeit der Benennung als „Soziale Stadt – Neue Nachbarschaft" bezeichnet.

men gebildet wird. Diese Komplexität macht [...] einen integrierten Handlungsansatz notwendig" (IFS 2004, S. 37).

Derzeit werden bundesweit in über 300 Gemeinden mehr als 440 Gebiete über Bundes- und Ländermittel gefördert (FRANKE & STRAUSS 2008). Die Finanzierungssumme belief sich im Jahr 2007 zuletzt auf 105 Mio. EUR (BMVBS 2007b). Als eigenständiger Budgetposten der Bundesregierung ist es mittlerweile auch im Baugesetzbuch (BauGB) der Bundesrepublik verankert. Dort wird es allerdings im Rahmen der Fördermöglichkeiten der Bundesrepublik mit dem im Gesetz verankerten expliziten Ziel verbunden, ökonomische Disparitäten zu mindern. Zu Beginn des Bund-Länder-Programms „Soziale Stadt" wurde ein Mix aus investiven und nicht-investiven Maßnahmen definiert. Während es auf der einen Seite darum ging, die vergleichsweise hohe Jugend- und Langzeitarbeitslosigkeit in den Quartieren zu verringern, die soziale Ausgrenzung vor allem älterer Bewohner zu lindern und die Integration ethnischer Minderheiten voranzutreiben, sollten auf der anderen Seite physische Mängel der Quartiere behoben werden, die in erster Linie das Wohnumfeld und den Zustand der Wohnungen betrafen (vgl. BECKER et al. 2002). Als wichtiges Handlungsfeld wurde zudem ein oftmals negatives Außen- wie Innenimage identifiziert, das als Begleiterscheinung der sozialen Probleme und physischen Mängel der innerstädtischen Quartiere, bzw. Großwohnsiedlungen am Stadtrand, die in das Programm aufgenommen wurden, verstanden wurde. Neben „weichen", nicht-investiven Maßnahmen zielt das Bund-Länder-Programm damit auch auf investive Maßnahmen im Quartier ab, so werden beispielsweise sowohl Sanierungen im Wohnungsbestand als auch Wohnumfeldverbesserungen und infrastrukturelle Defizite finanziert (BECKER et al. 2002), zugleich stehen aber auch partizipativer Ansätze im Zentrum des Programms, die die „Hilfe zur Selbsthilfe" der betroffenen Anwohner (DIFU 2003) stimulieren möchten.

Für die Umsetzung eines solch ganzheitlichen Politikansatzes werden im Rahmen des Bund-Länder-Programm unterschiedliche Fachpolitiken der Bereiche Jugend- und Sozialpolitik sowie Wohnungsbaupolitik integriert. Mit der Umsetzung des Bund-Länder-Programms „Soziale Stadt" manifestierte sich damit die lang eingeforderte Diffusion integrierter Handlungsansätze in der Politik, insbesondere auf der nationalen Verwaltungsebene (WALTHER & GÜNTHER 2005). Zugleich erhebt sich das Programm zu einem wesentlichen Baustein einer ansonsten in Deutschland eher schwach ausgeprägten nationalen Stadtpolitik (vgl. KUNZMANN 2007).

Die im Bund-Länder-Programm erprobten konzeptionellen Vorgaben beeinflussten wiederum grundlegend andere, darunter kommunale Programme, wie das in der vorliegenden Untersuchung analysierte Frankfurter Entwicklungsprogramm „Soziale Stadt – neue Nachbarschaft", welches sich bis auf wenige Unterschiede konzeptionell und praktisch in die obigen Überlegungen eingliedert und diese stellenweise wörtlich übernimmt. Dieses Frankfurter kommunale Programm wurde am 16.12.1999 von der Frankfurter Stadtverordnetenversammlung beschlossen und läuft heute unter dem Namen „Soziale Stadt – Aktive Nachbarschaft". Nach fünfjähriger Laufzeit wurden weitere Quartiere in die Förderung mit aufgenommen und damit die zweite Programmgeneration eingeläutet. Das kommunale Programm versteht sich – nicht nur verdeutlicht durch die Namensgebung – als inhaltliche Erweiterung und Ableger des Bund-Länder-Programms und zeigt damit insbesondere auf, wie auch auf kommunaler Ebene ein integriertes Stadtentwicklungsprogramm erarbeitet und umgesetzt werden kann. Die Zielsetzungen dieses Ablegers des sowohl in personeller wie finanzieller Hinsicht großen Bruders vermeidet die Betonung investiver Maßnahmen zugunsten sozialintegrativer Projekte. Damit sind die Zielprioritäten zunächst nur grob umrissen. Ungleich weniger greifbar steht es allerdings auch hier um die Benennung eines konkreten Instrumentariums und der Gestaltung eines Lösungsweges, der zur Umsetzung des hohen sozialen Anspruchs an die Vermeidung von sozialer Exklusion führt (vgl. IFS 2004). Die im Jahr 2003 durchgeführte Zwischenevaluierung des Bund-Länder-Programms bezeugt zwar große Erfolge auf Seiten der lokalen Aktivitäten im Quartier und der Richtigkeit der Ziele des Programms, kritisiert jedoch die immer noch schwierige Realisierung einer ressortübergreifenden, unterschiedliche Fachpolitiken unierende Koordination der beteiligten Akteure (IFS 2004). Damit wird der zweite Zielbereich integrierter Entwicklungspolitiken angesprochen, der die nachhaltige Bildung von neuen Akteurskonstellationen umfasst und Fragen nach der persönlichen und institutionellen Steuerung, der Governance, dieser Programme aufwirft.

Im Europäischen Vergleich erscheint die Orientierung bundesdeutscher, nationaler Politik zu einer integrierten, quartiersbezogenen Politik als relativ spät. Daher ist es umso überraschender, dass erst sehr spät mit der Vorlage des ersten Armutsberichts durch die Bundesregierung im Jahr 2001 (BUHR 2005) die Ausgrenzung von Bevölkerungsteilen als gesellschaftlich relevante Realität festgehalten wurde. Während nach der Veröffentlichung dieses ersten Armutsbericht die Existenz von „Ausgeschlossenen" in unserer Gesellschaft noch vielerorts überraschend aufgenommen wurde, bestätigte der zweite Armutsbericht eine zunehmende Verschlechterung der sozialen Zustände. Erst kürzlich, Ende Mai 2008, wurde die dritte Auflage dieses Berichtes, nun unter der Bezeichnung „Armuts- und Reichtumsbericht" der Öffentlichkeit vorgestellt. Zwarsind grundsätzlich Verbesserungen ersichtlich, die dem Reformpaket „Agenda 2010" zugeschrieben werden, dennoch stellen sich noch immer viele „Lebenslagen in Deutschland", so der Untertitel des Berichts, als prekär dar. Angesichts dieser Berichte scheint der Erfolg eines fast zehnjährigen politischen Wirkens integrierter Programme in Deutschland als frag- oder doch wenigstens diskussionswürdig.

2.7.2 Italien

Die Anfänge integrierter Entwicklungsprogramme in Italien verliefen weit weniger linear als in den benachbarten Ländern und wurden auf den einzelnen Verwaltungsebenen mit unterschiedlicher Akzentuierung umgesetzt (vgl. MINGIONE et al. 2001). Ab etwa den 1990er Jahren gewinnt aber auch in Italien die programmorientierte und zeitlich begrenzte politische Intervention in Stadtquartieren zunehmend an Bedeutung (SALVIA & TERESI 2002, S. 167). Heute finden sich mehrere Programme, die den Anspruch auf Umsetzung eines integrierten Handlungskonzeptes weitestgehend erfüllen bzw. beanspruchen. Allerdings scheinen die Anwendungsbereiche der Programme sich oftmals zu überlappen und infolge dessen ist die Transparenz bürokratischer Programmlogik für die Bewohner, die Akteure und externen Beobachter stellenweise nur schwer nachzuvollziehen.

Das Auftreten einer integrierten Politik in Italien ist auf eine Reihe von Veränderungen zurückzuführen, die sich vor allem auf periphere Stadtquartiere in den Großstädten auswirkten. Die Gründe liegen hierfür sowohl in historischen Entwicklungen, die sich von anderen Ländern wie Deutschland unterscheiden. Für die Stadt Mailand verweist RANCI (2005, S. 265-266) insbesondere auf zwei Phasen, die allerdings nicht nur lokalspezifisch waren, sondern auch in anderen Großstädten in ähnlicher Weise abliefen. Als eine erste schwierige Phase identifiziert RANCI die Zeit des italienischen Wirtschaftswunders, welches sich als Resultat eines spezifisch norditalienischen Wirtschaftswachstums darstellte und das zu einer starken Massenmigration aus süditalienischen Regionen nach Norditalien führte. Infolgedessen entwickelten sich in den Peripherien der Stadt Mailand Wohnquartiere, deren süditalienische Bewohner nur zögerlich integriert wurden. Diese Quartiere waren dabei nicht nur Schlafstädte oder reine Wohnquartiere, wie häufig angenommen, sondern stellen bis heute einen eigenen Lebensraum dar, dessen sich die öffentlichen Politiken nur zögerlich zuwandten und der infolge vom Staat vernachlässigt worden ist (vgl. GRANA 2009). Während der von RANCI beschriebenen zweiten Phase vollzog sich die Deindustrialisierung der vor allem in den norditalienschen Industriezentren. Diese globale Phase wirkte sich insbesondere auf die Bewohner peripherer Quartiere aus, haben diese doch häufig Beschäftigung in den Großindustrien am Rande der Stadt gefunden (vgl. FOOT 2001, 2006). Während dieser zweiten Phase der strukturellen Deindustrialisierung, die seit den 1980er Jahre bis heute andauert, ist insgesamt eine für Bewohner und Quartiere eintretende Verschlechterung der sozialen Situation feststellbar, die gesamtstädtisch gesehen zu einer massiven Ausweitung von Ungleichheit und Marginalisierung von Bevölkerungsgruppen führt (RANCI 2005, S. 266). Diese bereits aufgrund der ökonomischen Rahmenbedingungen problematische Phase findet in Mailand eine spezifische Verschlechterung, da sich die ausgeschlossenen Personen zugleich einem stark liberalisierten Wohnungsmarkt gegenübersehen, der notwendige Investitionen zunächst nur in das überwiegend von Mittel- und Oberschicht bewohnte Zentrum leitet und dessen Preisentwicklung nur unzureichend durch die Politik auf einem bezahlbaren Niveau gehalten wird. Die italienischen Peripherien der ehemaligen Arbeitervorstädte scheinen so gleich doppelt benachteiligt. Erfordert die Situation in den Peripherien, die bisweilen dramatische Ausmaße annimmt, zwar ein sofortiges politisches Eingreifen, so stellt sich die Lage Italiens insgesamt und verglichen mit dem Nachbarn Frankreich als weitaus weniger bedrohlich dar. Als wesentlicher stabilisierender Faktor werden im Unterschied zu Frankreich vor allem noch immer starke soziale Netzwerke genannt, deren Funktionieren auf den traditionellen Familienzusammenhalt zurückzuführen ist (CREMASCHI 2008, S. 86). Als weiterer Unterschied wird auf eine weniger stark ausgeprägte Polarisierung des Zentrum-Peripherie-Gegensatzes in italienischen Städten verwiesen. Doch gerade durch sich neuerdings problematisch entwickelnde negative Außen- wie Innenimages (vgl. BORLINI & MEMO 2008; ZAJCZYK et al. 2008) der peripheren Stadtteile gewinnt hier eine symbolische Polarisierung an Bedeutung, die eine stärkere Trennung zwischen Zentrum und Peripherie der Städte suggeriert, ohne dass diese Situation vielleicht durch Sozialdaten zu belegen wäre. Diese belegen für Italien eine Armut, die horizontal eher gleichmäßig verteilt erscheint, als auf wenige Stadtteile konzentriert (CREMASCHI 2008).

Dennoch und vielleicht gerade weil die Situation in Deutschland und Italien noch nicht jene Dimensionen angenommen haben, die die mediale, öffentliche Aufmerksamkeit mit nordamerikanischen und nun auch französischen Städten in Verbindung bringt, ist ein politisches Eingreifen erforderlich. Ein solches politisches Eingreifen erfordert allerdings einen Richtungswechsel innerhalb der italienischen lokalen Politik, die sich von ihrer traditionellen Position gegenüber den städtischen Peripherien wegbewegen müsste. An dieser Stelle wird bereits deutlich, dass es im Zusammenhang mit integrierten Programmen vor allem in Italien nicht allein um die Aufwertung der Quartierssituation geht, sondern um die Entwicklung neuer politischer Richtungen und neuer politischer Kulturen (BALDUCCI 2008, S. 8).

CREMASCHI betont, dass die von strukturellen und individuellen Problemen der Quartiere ganz oft nicht in direktem Zusammenhang mit der reellen Situation der „lokalen Bevölkerung" (CREMASCHI 2008, S. 100), sondern sich in den Quartieren der Peripherie „Nicht-Orte" entstehen, die von Bevölkerungsteilen erlebt werden, die nur schwer der eigentlichen Bevölkerung zuzuordnen sind. Diese Personen sind Adressaten einer sozial ausschließenden Politik, etwa weil ihnen nur unvollständige Bürgerrechte zuerkannt werden, ihnen kein regulärer Wohnraum zuteil wird oder, ein wesentlicher Faktor im Kontext italienischer Peripherien, ihnen aufgrund ihres kulturellen Hintergrunds eine politisch-soziale Integration die Gesellschaft verwehrt bleibt. Die Anwesenheit dieser „Entorteten" (CREMASCHI 2008, S. 100) realisiert sich in den Quartieren der Peripherien. Neben der vor allem in Mailand drängenden Frage der sozialen Integration der Rom, steht hier die Frage der Integration neuer Migranten an, deren Lösung ob der allzu schnellen Transformation Italiens vom Emigrations- zum Integrationsland aktuell zu scheitern droht (vgl. HILLMANN 2000). In beiden Fällen handelt es sich um Fragen, die zu nicht geringen Teilen auf einer anderen politischen Ebene beantwortet werden müssen als der lokalen, hier aber zur Situation der Quartiere beitragen. Der Ort des Regierens und der Ort des Erlebens sind in diesen Fragen besonders diskrepant und so tragen die Bewohner der urbanen Peripherien diese besondere Integrationslast, deren sich der italienische Staat nur zögerlich zuwendet. Noch immer sind Italiens Integrationspolitiken von einem transitorischen Charakter der Migration bestimmt und verkennen dabei die strukturellen Komponenten der internationalen Migration in den Städten (FERRARI & ROSSO 2008, S. 8).

Mit Beginn der 1990er Jahre konzentrierte sich daher die öffentliche und wissenschaftliche Diskussion auf die Situationen in den städtischen Peripherien der großen Metropolen. Erneut sind es die nun großflächigen Quartiere des öffentlich geförderten Wohnungsbaus, die nach ihrer Boom-Phase in den 1960er und 1970er Jahren (OLIVA 2002) erneut in das öffentlich-politische Bewusstsein der Städte treten (vgl. PALERMO 2004). Als gesellschaftliches Erbe, das es zu bewahren gilt, werden die Quartiere des Sozialwohnungsbaus nun verstanden und gefordert, die funktionale, soziale und ökonomische Aufwertung dieser Stadtteile zu fördern. Mit der neu erstarkenden gesellschaftlichen Aufmerksamkeit, die den Peripherien ab etwa Mitte der 1990er Jahren zuteil wird, wird von politisch-administrativer Seite etwa zeitgleich ein weiteres Argument in die Diskussion gebracht. Zusammen mit einer Serie an politischen Programmen, die ab Mitte der 1990er Jahren lanciert wurden, verbindet sich nun auch das politische Ziel, die bestehende und häufig kritisierte Abstraktion der italienischen Stadtplanung und die Starrheit bestehender Regulationspläne als Planungsinstrumentarium (vgl. OLIVA 2002) zu umgehen. Die neue Generation politischer Entwicklungsprogramme umfasst die Beteiligung unterschiedlicher Akteure und weist so Grundgedanken einer integrierten Planung auf. Zeitgleich mit dem Aufkommen dieses neuen Planungsgedankens und sich gegenseitig beeinflussend, stehen die Versuche zur Durchsetzung einer Föderalismusreform in Italien (vgl. MINGIONE et al. 2001, vgl. Kapitel 7). Die Zielsetzung dieser Reform konzentrierte sich zum einen auf die Verlagerung von Planungskompetenz und -macht auf die unteren Verwaltungsebenen – die Regionen und Kommunen[5]. Unter anderem konnte durch die Einführung der Direktwahl der Bürgermeister der Einfluss der lokalen Ebene erheblich gestärkt werden (vgl. MINGIONE et al. 2001). Zum anderen wurde der politische Weg für Programme bereitet, die einen stärkeren Schwerpunkt auf das kooperative und gegenseitige Aushandeln von Entscheidungen legen (SALVIA & TERESI 2002, BARGIGGA & BRICOCOLI 2005). Zusammen mit der neuen Frage der italienischen Sozialwohnungsquartieren in der Stadtpolitik wird – eher weniger direkt – die Frage nach neuen

---

5 Der italienische Nationalstaat ist in drei Verwaltungsebenen gegliedert. Über den Städten und Gemeinden, den Kommunen, finden sich die Provinzen, die wiederum in Regionen zusammengeschlossen sind. Einige Provinzen und Regionen Italiens haben einen besonderen Autonomiestatus, der ihnen weiterführende Rechte einräumt. Weder die Provinz Mailand, noch die Region Lombardei zählen dazu, so dass sich dieser Aspekt hier nicht weiter ausgeführt findet. Für ein ausführliche Darstellung des italienischen Verwaltungsapparats und seiner Struktur vgl. einführend BRÜTTING 1997. Für eine detaillierte Darstellung unter Berücksichtigung des norditalienischen Regionalismus vgl. insbesondere JUNG 1999, S. 67 ff.

Steuerungsmodellen in der Planungspolitik diskutiert. Besonders schwierig ist dabei zu bewerten, dass den Programmen zur Aufwertung sog. benachteiligter Stadtquartiere auf der einen Seite zwar das Potenzial zugeschrieben wird, politische Kulturen zu verändern (BALDUCCI 2008), sie dadurch aber auch als Machtinstrument erscheinen und von den politischen Institutionen ge- und vielleicht auch missbraucht werden können.

Insgesamt verräumlichen sich die Probleme innerhalb der Städte in den urbanen Randgebieten und verfestigen so einen in Italien historisch gewachsenen Dualismus zwischen Zentrum und Peripherie (vgl. GUIDUCCI 1993). Dieser ist nicht nur quantitativ feststellbar, etwa anhand von Immobilienpreisen, Einkommensverhältnissen und anderen sozioökonomischen Daten, sondern auch qualitativ dokumentiert durch das Erscheinungsbild der Wohnquartiere, denen lange Jahre die öffentliche Aufmerksamkeit vorenthalten wurde. Das Problem der sozialen Exklusion verdichtet sich im italienischen Kontext vor allem in den Quartieren des öffentlichen Wohnungsbaus an den Rändern der Metropolen (CREMASCHI 2008).

Diese spezielle Problemlage führt zu einer Notwendigkeit, alternative, neue Planungsstrategien einzuführen. Während erste Ansätze einer kooperativen und programmorientierten Politik bereits verschiedentlich etabliert waren, folgte letztlich mit Beginn der 1990er Jahre der nächste Schritt, den integrierten Gedanken auf die Durchführung von lokalen Entwicklungsprogrammen in benachteiligten Stadtquartieren und überwiegend in den Peripherien zu übertragen. Ab dem Jahr 1992 kam es so zu einer Reihe von neuen Programmen, die zwar auf ganz unterschiedliche Sektoren und Bereiche abzielen, denen aber ein integrativer und partizipativer Programmansatz gemeinsam ist. Es lassen sich drei Gruppen identifizieren, eine erste zielt auf eine eher allgemeine lokale Entwicklung ab, darunter Programme zur Entwicklung des ländlichen Raumes, die an europäische Initiativen angelehnt sind, als auch Programme, die auf die Beschäftigungsstrukturen abzielen (GHETTI & PASQUINELLI 2003). Daneben existiert eine zweite Gruppe, die spezifisch auf die Regenerierung und Aufwertung von Stadtquartieren abzielt. Eine dritte Gruppe, die eher in den letzten Jahren aktuell geworden ist, vereint beide Logiken, einen partizipativen, auf Menschen bezogenen Ansatz auf der einen Seite und die Aufwertung von Infrastrukturen auf der anderen Seite (GHETTI & PASQUINELLI 2003).

Auf Seiten der zweiten Gruppe von Programmen, die mit der Aufwertung von Stadtquartieren befasst sind, stellen die Quartiersverträge, die Contratti di Quartiere, wohl die effektivsten dar (BRICOCOLI 2007). Zunächst aber wurden vor den Contratti di Quartiere im Jahr 1992 auf Basis des Artikel 16 des nationalen Gesetzes 179/1992 und auf Initiative des nationalen Ministeriums für Öffentliche Arbeiten die integrierten Programme, programmi integrati di intervento (PII), gestartet und – darauf aufbauend – ein Jahr später die programmi di recupero urbano lanciert. Die integrierten Programme, programmi integrati di intervento, stellen ein vielseitiges Planungsinstrumentarium dar, welches das Ziel verfolgt, andere, kleinteiligere Planungen zu integrieren und besser aufeinander abzustimmen (SALVIA & TERESI 2002, S. 182f.). Um zwischen den einzelnen, kleinteiligen Planungen vermitteln zu können, müssen die programmi integrati eine so große Dimension haben, dass sie die Komplexität einer urbanen Reorganisation umfassen können. Im Zentrum der programmi integrati stehen somit die Koordination unterschiedlicher Planungssubjekt sowie die Verschneidung unterschiedlicher finanzieller Mittel. Wörtlich heißt es dazu im Gesetz:

„Mit dem Ziel verbunden, das urbane, bauliche und Umweltgefüge aufzuwerten, schlagen die Städte und Gemeinden die Bildung von integrierten Programmen vor. Ein integriertes Programm charakterisiert sich durch einen multifunktionalen Ansatz, der sich von der Integration unterschiedlicher, einzelner Interventionstypen, darunter etwa auch baulicher Umgestaltungen, bis hin zur kompletten urbanen Restrukturierung erstreckt und dabei den Wettbewerb sowohl öffentlicher als auch privater Akteure sowie finanzieller Ressourcen ermöglicht." (Gesetzestext 179/1992, zitiert in SCLAVI et al. 2002, S. 232, Übersetzung d. Autors)

Diese weit reichende Formulierung geriet zur Grundlage einer Serie weiterer Programme und setzte damit einen ersten frühen Akzent in Richtung einer kommunikativen Planungskultur in Italien (vgl. SCLAVI et al. 2002).

Nur ein Jahr später wurden mit dem nationalen Gesetz 493/1993 die programmi di recupero urbano (PRU) präsentiert, die auf die Aufwertung benachteiligter Quartiere mit überwiegend öffentlich finanziertem Wohnungsbau abzielten. Die hierüber getätigten Interventionen umfassen sog. primäre und sekundäre urbane Bereiche (SALVIA & TERESI 2002, S. 183). Zu den primären urbanen Interventionen zählen die technische und physische Infrastruktur der Quartiere, wie beispielsweise Gemeindestraßen, Erholungs- und Parkflächen, Beleuchtungen, die Strom- und Gasversorgung und Grünflächen im Wohnumfeld. Zu den sekundären Bereichen werden hingegen soziale und gesellschaftliche Infrastrukturen gezählt, wie Kindergärten, Schulen, Kirchen und Kulturzentren, Sozialzentren und Sportanlagen und Stadtteilmärkte zur Nahversorgung. Damit zielen die PRU eindeutig auf die teils desaströse infrastrukturelle Lage in den öffentlich finanzierten Wohngebieten ab und können als erste politische Zuwendung dieses Problembereiches gewertet werden. Allerdings verstehen sich die programmi di recupero urbano nicht als Instrumente einer nachhaltigen, sozialen Entwicklung oder als Instrumente gegen die fortschreitende soziale Exklusion in den Quartieren. Wenngleich diese Programme in Bezug auf die beteiligten Akteure und die intersektorale Abstimmung innerhalb der Verwaltungen zwar als integriert gelten können, so handelt es sich aber dennoch nicht um soziale Entwicklungsprogramme im engeren Sinne. Solche Programme, die neben den technischen und physischen Aspekten einer Sanierung und Aufwertung auch gezielt die Vermeidung von sozialer Exklusion adressieren (SCLAVI et al. 2002), stellen erst die 1997 lancierten Contratti di Quartiere (CdQ) dar (BARGIGGA & BRICOCOLI 2005), die als „programmi innovativi in ambito urbano" (Innovative Programme im städtischen Zusammenhang) eine neue Programmgeneration repräsentieren. Im Jahre 1997 wurden diese auf die finanzielle Initiative des Ministeriums für Öffentliche Arbeiten ins Leben gerufen, damals mit dem Ziel, einen integrierten Aufwertungsprozess in den benachteiligten Stadtquartieren zu initialisieren. Neben architektonisch-baulichen Aspekten sollte dieser Aufwertungsprozess auch soziale und ökonomische Aspekte im Quartier aufgreifen. Erst die Contratti di Quartiere können daher als integrierte Entwicklungsprogramme im engeren Sinne gelten und sind somit vergleichbar mit dem deutschen Programm „Soziale Stadt".

Aufgrund des ministeriellen Dekrets DM 22/10/1997 vom 22. Oktober 1997 handelt es sich bei den Contratti di Quartiere um ein Instrument, mit dessen Hilfe auf Quartiersebene Ansätze gegen das Fortschreiten der sozialen Exklusion entwickelt werden sollen. Damit weisen sie zum einen von Beginn an einen ähnlich experimentellen Charakter auf wie das deutsche Pendant „die Soziale Stadt", zum anderen werden in ihnen zum einen baulich-architektonische sowie soziale Ansätze vereint (vgl. SCLAVI et al. 2002). Dieser Ansatz macht es erforderlich, dass sowohl eine Vielzahl an öffentlichen Akteuren unterschiedlicher Ebenen an den Planungen beteiligt werden muss, darüber hinaus aber auch private Akteure in die Planungen mit einbezogen werden. Im Kern dieses Programms steht zudem die Beteiligung der Anwohner an den Entscheidungen, um sowohl Akzeptanz wie auch Durchführbarkeit der Planungen zu erhöhen als auch die soziale Struktur innerhalb der Viertel zu stärken. Mittlerweile wird in ganz Italien bereits die zweite Generation der Contratti di Quartiere finanziert und der Beteiligungsgrad lässt dieses Programm als Erfolg erscheinen. Alle drei Programme dokumentieren eine Entwicklung, infolge derer der italienische Staat endgültig den quantitativen Umgang mit sozialem Wohnungsbau aufgegeben hat zugunsten eines qualitativen Umgangs. Während also zuvor vor allem auf die Ausdehnung von bestehenden und den Neubau von Quartieren des öffentlich finanzierten Wohnungsbaus Wert gelegt wurde, wendet sich der italienische Staat über diese Programme wieder den bestehenden Quartieren zu, um hier in marode Strukturen zu investieren (vgl. RONDA 2005, S. 67).

2.8 Materielle und prozedurale Zielbereiche quartiersbezogener Politik

Bezogen auf die vorliegende Untersuchung lassen sich die oben genannten Merkmale integrierter Entwicklungsprogramme wie folgt zusammenfassen: Die hohe Komplexität eines negativen Entwicklungsprozesses ergibt sich aus einer multidimensionalen Problemlage, die in Verbindung mit Prozessen der sozialen Exklusion, dem Aufkommen neuer urbaner Armut und einem baulichen Verfall von Stadtquartieren des sozialen Wohnungsbaus für die Betroffenen entsteht. Die Durchführung sowohl des Frankfurter als auch des Mailänder Programms verfolgt eine sektorenübergreifende Zusammenarbeit, über die unterschiedliche Fachpolitiken zusammengeführt werden sollen. Mithilfe des Instrumentariums des Quartiersmanagements (vgl. KRUMMACHER 2003) fließen in beiden Fallstudien partizipative Planungsmethoden in die Programme mit ein. Zuletzt werden beide Entwicklungsprogramme in bestimmten, abzugrenzenden Stadtquartieren realisiert, wodurch den spezifischen „Ortseffekten" der sozialen Ausgrenzung Rechnung getragen wird.

Politik und Verwaltungen, nicht nur in Deutschland sondern auch in Italien, sind dabei geprägt von einem ständigen Prozess der „Lernens" (AEHNELT 2007). Dieser Lernprozess, für den integrierte Entwicklungsprogramme die Plattform darstellen, setzt sich aus individuellen und institutionellen Einzelprozessen zusammen. So erweitern sich die Sichtweisen sowohl einzelner Akteure als auch ganzer Akteursgruppen, wodurch sich der strukturgebende Rahmen des Programms ständig erweitert. Der Lernprozess unterliegt so einer individuellen wie strukturellen Regelung, die in gegenseitiger Abhängigkeit stehen (vgl. GIDDENS 1980/1996).

Sowohl in Italien als auch in Deutschland werden in den Programmbeschreibungen die Wichtigkeit neuer Akteurskonstellationen und die Bedeutung neuer Prinzipien der Kooperation bzw. Koordination betont (vgl. DIFU 2003; MANCA 2006). Unter dem Begriff Governance werden neue Konstellationen und institutionellen Regelungen quartiersbezogener Prozesse behandelt, die sowohl Voraussetzung wie auch Ziel – und damit Prozess – der erfolgreichen Umsetzung eines integrierten Entwicklungsprogramms darstellen (vgl. JACQUIER 2005). Koordination und Kooperation erklären sich aus einer Uneindeutigkeit des Handelns des Akteurs (vgl. METTLER-VON MEIBOM 2000), weshalb die Einführung geeigneter Kommunikationswege und -formen erforderlich ist. Die Akteure haben ansonsten zu viele Möglichkeiten zu handeln, da die hierarchische Vorgabe nicht mehr die alleinige Relevanz hat; die Möglichkeiten der Akteure in integrierten Entwicklungsprogrammen sind zunächst uneindeutig.

Die koordinative Absprache und die kooperative Zusammenarbeit ergeben sich in der Praxis des Programmalltags also zunächst über Kommunikationen und formellen wie informellen Regelungen, die dort einspringen, wo früher hierarchisch geregelte Vorgaben und Anweisungen allein das Handeln der einzelnen Akteure lenkten. Auf der einen Seite bedeutet Governance eine neue Freiheit des Handelns bezogen auf neue, alternative Handlungswege, zum anderen bedeutet es aber auch die Notwendigkeit der Anpassung des eigenen Handelns an das Handeln der anderen. Damit stellen nicht nur die neue Handlungsfreiheit sondern auch eine neue Begrenzung des Handelns die unterschiedlichen Facetten von Governance dar. Zwischen diesen beiden Seiten vermitteln die Akteure sowohl über persönliche Abstimmungen als auch durch die Ausbildung eines institutionellen, regelnden Arrangements (vgl. Kapitel 3).

Innerhalb der Entwicklungsprogramme erfolgt das Handeln der neu zusammengesetzten Akteure allerdings nicht etwa „auf weißem Papier" (GÜNTHER 2007). Die Programme stellen keinen wirklichen Neubeginn dar, sondern leiten sich aus einem alten institutionellen Arrangement her. Die Programme weisen daher eine starke Pfadabhängigkeit auf und knüpfen an Gegebenem an. Auch die beteiligten Akteure beider untersuchter Programme sind seit langem in diesem politischen Umfeld tätig. Neue Politiken können daher nicht wirklich als neue Politiken, sondern bestenfalls als veränderte alte Politiken bezeichnet werden. Integrierte Entwicklungsprogramme sind ein Fortsetzungsprozess, der sich zwischen der Bildung von Institutionen und der Zusammensetzung von Akteuren vollzieht und dessen selbstreferenzielle Erhaltung sich überwiegend über die Formulierung von prozeduralen Zielsetzungen ergibt.

Eine solche soziale Stadtpolitik, die in beiden Fallstudien den politischen Rahmen für die untersuchten integrierten Entwicklungsprogramme bildet, ist immer auch eine staatliche Politik und als solche zielorientiert. In den Augen der befragten Akteure beider Entwicklungsprogramme ergeben sich, wie nachfolgend dargelegt, zwei unterschiedliche Zielbereiche, die sich erstaunlich eng an die theoretischen Überlegungen orientieren. In der Literatur werden diese Zielbereiche gewöhnlich in „materiell" und „prozedural" unterschieden (GÜNTHER 2007, S. 10), beziehungsweise als „primär" und „sekundär" bezeichnet (JACQUIER 2005).

Der materiell-primäre Zielbereich einer integrierten Politik zielt auf „materielle Objekte" ab. In erster Linie handelt es sich hierbei um investive Maßnahmen, die für gewöhnlich im Gebäudebestand des Viertels, in den städtischen Infrastrukturen oder in Einrichtungen getätigt werden. Allerdings können hierzu auch nicht-investive Maßnahmen gezählt werden, wenngleich es zunächst verwirrend erscheint, diese unter dem Begriff „materiell" zu subsumieren. Hierzu wären dann auch soziale Aktivitäten zu zählen, wie etwa Partizipationsprozesse, die Etablierung von Arbeitskreisen, Selbsthilfegruppen etc.

Dagegen zielt der prozedurale Zielbereich auf all jene Prozesse ab, die eng mit der Fortführung des Entwicklungsprogramms verbunden sind. Es handelt sich also in erster Linie um Koordination und Kooperationen von Akteuren, die während der Entscheidungsfindungsprozesse innerhalb des Programms neu entstehen und Governance ausmachen. Auch hier werden Strukturen geschaffen, die über die Förderungsdauer des Programms hinaus bestehen. Die Unterscheidung gegenüber den materiellen Zielen ergibt sich daraus, dass prozedurale Ziele sehr viel stärker das Programm insgesamt beeinflussen und charakterisieren. Ein drittes Merkmal knüpft an Argumente an, die zu Beginn in der Einleitung erläutert wurden. Während bezogen auf einen materiellen Zielbereich integrierte Entwicklungsprogramme als territorial verankert und raumzeitlich begrenzte „Interventionen" verstanden werden können, entbettet der prozedurale Zielbereich das Programm aus dem nachbarschaftlichen Kontext und setzt ihn in einen Kontext von politischen Relationen.

Es lassen sich die Ziele integrierter Entwicklungsprogramme daher wie folgt zusammenfassen: Über den Aufbau und die Entwicklung von Kooperationen und sozialen Netzwerken soll die Problemwahrnehmung und -lösungskompetenz der lokalen Akteure geschult und verbessert werden. Dieser Prozess soll dabei durch Beteiligungs- und Mitwirkungsmöglichkeiten der Bewohnerschaft bei Fragen zu den Planungen, die das Quartier betreffen, ergänzt werden. Darüber werden zwei Ziele verbunden: zum einen sollen die Vertrauensbeziehungen der Bewohner in die Verwaltung gestärkt, zum anderen sollen die Kommunikationswege innerhalb der Verwaltungen effektiver und wirkungsvoller gestaltet werden. So ist die Lancierung von integrierten Entwicklungsprogrammen eng verbunden mit neuen kooperativen Steuerungsprozessen, die in der Wissenschaft derzeit unter dem Begriff der Governance gehandelt werden.

3 Governance und Vertrauen

3.1 Governance

3.3.1 Hintergrund

> „Where does it come from, this vast blank of things – coffeepots and laptops, window fittings, lamps and fence finials, cars, hat pins, and hand trucks – that make up economies, mobilize desire, and so stir up controversy? The question leads to others because nothing stands alone – to understand any one thing you have to learn how it fits into larger arrays of physical objects, social sentiments, and ways of being. In the world of goods [...] each element is just one interdependent fragment of a larger whole. Like a toaster." (MOLOTCH 2005, S. 1)

Der Argumentation von MOLOTCH (2005) folgend, sind Gegenstände und Prozesse stets in einem gesamtgesellschaftlichen Kontext verankert, und nur aus diesem Kontext heraus ist ihre Entstehung verständlich: „Wenn diese Gesellschaft den Toaster hervorgebracht hat, dann sagt dieser Toaster etwas über die Gesellschaft aus"[6], so MOLOTCH am 22.11.2005 während der Präsentation seines neuen Buches in dem Mailänder Architekturmuseum „Triennale". Die gleiche Aussage ließe sich auch im Zusammenhang mit Governance treffen, denn mit dem Auftreten von neuen, unter der Begrifflichkeit der Governance zusammengefassten Steuerungsmodi werden nicht nur unterschiedliche Steuerungsmechanismen und Konstellationen bezeichnet, die Einzug in die tägliche Politikumsetzung halten und damit das Handeln der politischen Akteure neu strukturieren. Der Begriff beschreibt vielmehr eine veränderte gesellschaftlichen Vorstellung über den Inhalt und die Umsetzung von politischer Steuerung, in deren Zentrum nicht länger der Staat als hoheitlicher Akteur auftritt.

Das Auftreten neuer Steuerungsprozesse, die in der vorliegenden Untersuchung am Beispiel zweier integrierter Entwicklungsprogramme in den europäischen Metropolen Frankfurt und Mailand untersucht werden, kann daher nicht als zufällige Entwicklung bzw. als Entscheidung einzelner Akteure verstanden werden, wie auch die Erfindungen des Toasters oder der Glühbirne nicht allein aufgrund der Initiative Einzelner ihren Weg hinaus in die Welt fanden (MOLOTCH 2005). Vielmehr verkörpert das Auftreten neuer Steuerungsprozesse ein komplexes Zusammenspiel singulärer Ereignisse: So wird eine allgemeine Notwendigkeit für eine neue Steuerungsform gesehen, durch die etablierte, traditionelle Planungs- und Steuerungsprozesse als überkommen und nicht mehr Erfolg versprechend akzeptiert werden. Dies geschieht in den Kommunen im Zusammenhang

---

[6] Mit diesem Satz antwortete Harvey Molotch bei der Präsentation seines Buches in Mailand auf eine Frage aus dem Publikum (Übers. d. Autors).

mit neuen rahmengebenden Strukturen, die entweder tatsächlich veränderte Handlungsbedingungen schaffen oder wenigstens insofern den etablierte Planungsprozess zu bedrohlich scheinen, als dass ohne konkreten Hintergrund von den Verantwortlichen eine erhebliche Notwendigkeit gesehen wird, auf einen solchen zu reagieren. So erklären sich die Akteure aus Politik, Markt und Zivilgesellschaft oftmals allzu schnell bereit, neue Steuerungsformen umzusetzen, ohne dass im konkreten Fall vielleicht eine reelle Notwendigkeit für ein Umdenken gegeben wäre. Hier spielen Planungsmoden eine wesentliche Rolle, zu der Governance in der praktischen Umsetzung sicherlich zu zählen ist. Abschließend werden vor allem in der Stadtplanung geeignete Programme entwickelt, innerhalb derer jene neuen Formen erprobt und schließlich angewandt werden.

Die sich daraus ergebende neue Idee von Steuerung wird von vielen Akteuren getragen, darunter auch von der Wissenschaft, was nicht zuletzt die hohe Zahl an Beschäftigungen, Studien und Berichten zu diesem Thema erklärt. Auch im Bereich der Wissenschaft ist die Beschäftigung mit Governance in einem größeren Kontext zu verstehen, der sich über den wissenschaftlichen Zwiespalt erstreckt, zwischen Handlungstheorien und strukturellen Ansätzen wählen, sie besser verbinden zu müssen. So geht es in jedem Fall um ein gesamtgesellschaftliches Umdenken, das MAYNTZ als Akzentverschiebung innerhalb der Planung ausdrückt (MAYNTZ 2004, o. S.). Dieses basiert auf vielen singulären Prozessen, deren Auftreten sich vermutlich über eine viel längere zeitliche Spanne erstreckt, als jene ein bis zwei Dekaden, die mit dem Begriff der Governance gewöhnlich in Verbindung gebracht werden. Wenn also im weiteren von neuen Prozessen und einer neuen Governance gesprochen wird, so ist dies nicht unbedingt auf jenen kurzen Zeitraum begrenzt, der in der Literatur oftmals angegeben wird und damit nur eingrenzend zeitlich zu verstehen, vielmehr verkörpern die Attribute neu und alt eine begrifflichen Orientierung und Abgrenzung und können sich zeitlich sehr wohl überschneiden.

Die mit dem Begriff der Governance ausgedrückte Akzentverschiebung innerhalb der Planung generiert sich aus einem Spannungsfeld gegenläufiger gesellschaftlicher Kräfte, wie KOOIMAN (2006) ausführt. Zu diesen Kräften zählen insbesondere Globalisierung und Lokalisierung, Zentralisierung und Dezentralisierung sowie Kohäsion und Fragmentierung (vgl. BACHE & FLINDERS 2004; ROSENAU 2004). Integrierte Stadtentwicklungsprogramme, als anwendungsbezogene Umsetzungen von Governance, sind damit exogenen (globale Migrationsprozesse, globale Restrukturierungen, Einflüsse bedingt durch veränderte Wohlfahrtspolitiken etc.) wie endogenen (alle quartiersbezogenen Faktoren) soziopolitischen Einflüssen ausgesetzt, welche die Programme beeinflussen und auf die sie zu reagieren versuchen.

Die Akzentverschiebung, die sich vor dem Hintergrund dieser komplexen Beeinflussungen ergibt, stellt, so verdeutlicht es MAYNTZ (2004, o. S.), „jetzt nicht mehr das Machen, das – polyzentrische, keine Einheit mehr bildende – Steuerungshandeln" in das

Zentrum des wissenschaftlichen Interesses, „sondern die mehr oder weniger fragmentierte oder integrierte, nach unterschiedlichen Prinzipien gestaltete Regelstruktur".

3.1.2 Zum Begriff der Governance

Die Verwendung des aus dem Angloamerikanischen stammenden Begriffs Governance lässt eine Evolution erkennen, deren Abfolge mit der Entwicklung verwaltungs- und organisationspolitischer Leitbilder kongruent scheint (JANN & WEGRICH 2004). BENZ weist darauf hin, dass der Begriff in Frankreich und England bereits im 13. und 14. Jh. auftauchte, wo er auf die Art und Weise des Regierens bezogen wurde (BENZ 2004, S. 15) und ergo mit dem Begriff des zentralisierten, hierarchischen Regierens verknüpft war. Jene Art der Steuerung also, die später durch die Begrifflichkeit des Government ausgedrückt wird und ihrerseits ihre Etablierung u. a. durch Webers Begriffe der Bürokratie, Macht, Herrschaft, Charisma, Autorität und Legitimität findet (vgl. KORTE 1998; SENGE 2007). Es sind dies zugleich auch die zentralen Begriffe, welche die Grundlage des Neo-Institutionalismus bilden (SCOTT 2006; SENGE 2007; SENGE & HELLMANN 2006), der als konzeptioneller Hintergrund im Kontext von Governance Verwendung findet (JANN & WEGRICH 2004). Die scheinbar gegensätzlichen Steuerungslogiken, Government und Governance, weisen historisch gesehen die gleichen Wurzeln auf und ihre Unterschiede scheinen in der Vergangenheit nicht weiter differenziert worden zu sein.

Im Sinne eines heute in der Wissenschaft etablierten Verständnisses wurde Governance zunächst im Rahmen der ökonomischen Transaktionskostentheorie entwickelt (vgl. NORTH 1986). So schreibt etwa WILLIAMSON im Jahr 1979, dass Governance-Strukturen zu begreifen sind als „the institutional framework within which the integrity of a transaction is decided" (WILLIAMSON 1979, S. 235). Und weiter: „Markets and hierarchies are two of the main alternatives" (WILLIAMSON 1979, S. 235). Bereits zu Beginn der 1980er Jahre steht Governance in den Wirtschaftswissenschaften somit als Begriff für Strukturen (Markt und Hierarchie) eines institutionellen Gefüges (institutional framework).

In den Sozialwissenschaften wurde anfangs der Begriff gleichbedeutend mit dem deutschen Wort der Steuerung gebraucht (resp. v.v.), so dass das Interesse der Forschung zunächst noch der Entwicklung von Steuerungstheorien galt. Etwa erst ab Mitte der 1990er Jahre wurde dann dringlicher eine erweiterte Sicht eingefordert und mit dieser letztlich die lang „angemahnte institutionalistische Wende" (Schuppert 2006, S. 377) vollzogen. Infolge dessen wurde der Begriff Governance im Deutschen als „institutionelle Steuerung" übersetzt oder schlicht als „Regelung" bezeichnet (Mayntz 2004). Darüber sollte sich nun die inhaltliche Erweiterung ausdrücken (vgl. Mayntz 2004) , die der Begriff im Vergleich zur alten, traditionellen Steuerungstheorie aufweist. Die inhaltliche Ausgestaltung dieser zunächst rein begrifflichen Erweiterung erfolgte dabei nur langsam und dauert als Prozess bis heute an. Trotz aller unterschiedlichen Ansatzpunkte, die sich bei der inhaltlichen Ausgestaltung zeigen, zeichnen sich aber auch Gemeinsamkeiten ab, die einen gemeinsamen Nenner innerhalb der Governanceforschung herausstellen. Insbesondere Verknüpfungen zu den Ansätzen der neuen Institutionentheorie scheinen die Beschäftigung mit Governance sinnvoll zu erweitern. Der Bezug zur Steuerung resultiert bereits aus der etymologischen Bedeutung des Wortes. „Gubernare", so der lateinische Wortstamm, bezieht sich in Anlehnung an sein altgriechisches Äquivalent „kybernein" auf die Tätigkeit des Steuermanns ein Schiff zu steuern (vgl. JESSOP 1998). Erhöht sitzend sorgte der Steuermann für die Sicherheit der Besatzung, des Schiffes und seiner Passagiere und trifft Entscheidungen zum gleichen Wohle aller. Daraus leitet sich eine Sichtweise zentralisierter, hierarchischer und vertikal geordneter Politik ab (LANGE & BRAUN 2000, S. 19). Definitorisch bezieht sich Steuerung auf ein „zielgerichtetes Handeln, das von der Wirkung des Handelns analytisch zu unterscheiden ist; Steuerungshandeln bemisst sich nicht am Steuerungserfolg" (MAYNTZ 2004, o. S.). Der Prozess der traditionellen Steuerung lässt zunächst noch relativ genau zwischen Steuerungsobjekten und -subjekten unterscheiden: Da gibt es jenen, der steuert und andere, die von diesem Steuerungshandeln „betroffen" sind. In einem solchen System stehen sich üblicherweise das Handeln Weniger und das davon abhängige Schicksal Vieler gegenüber, weshalb es nahe liegt, hier ein hierarchisches Ordnungsprinzip zugrunde zu legen. Diese Sichtweise findet sich sodann auch im Sprachgebrauch formeller Stadtplanungsprozesse, in denen die Anwohner als von der Planung „Betroffene" bezeichnet werden. Dieses traditionelle Planungsverständnis wird heute, wie oben angedeutet, oftmals durch den Begriff des Government ausgedrückt. Wiederum bezogen auf städtebauliche Entwicklungsprogramme sind dann auf Seiten der Steuerungssubjekte staatliche Akteure zu finden, die als gesetzlich legitimierte Vertreter das jeweilige Stadtentwicklungsprogramm ausgestalten. Allerdings zählen hierzu auch freie Planer, Architekten und Ingenieure, die alle eigentlich nicht-staatliche Akteure sich, aber durch einen offiziellen Auftrag von Seiten der Stadt (oder anderer staatlicher Akteure) mit der Umsetzung eines konkreten Aufgabenbereichs betraut werden. So wird auch diesen Akteuren ein Stück weit Staatlichkeit zuteil, durch das speziell dieser Akteursgruppe eine gesellschaftliche Verantwortung ihres Handelns entsteht. Denn Government (im Gegensatz zu Governance) beinhaltet das staatliche Monopol auf zentral legitimierte Macht und deren Ausübung (STOKER 1998) und beruht auf traditionellen, hierarchischen Steuerungskonstellationen und -prozessen für eher formelle politische und staatlich-exekutive, zentrierte Aufgaben (HEALEY et al. 2002; SELLE 2005).

Das traditionelle Government wird heute immer öfter als ungeeigneter Modus angesehen, um komplexe gesellschaftliche Aufgaben bewältigen zu können (PIERRE 2000, S. 4). Manche Autoren sprechen gar von einem Versagen traditioneller Steuerung (vgl. MAYNTZ 1993). Betrachtet man aktuelle Steuerungsprozesse, so fällt auf, dass sich eine strikte Unterscheidung in Government (als traditionellem Steuerungshandeln) und Governance (als die jetzt mehr umfassende Form der Regelung) kaum zu treffen ist. Vielmehr beinhaltet die inhaltliche Erweiterung, welches das Konzept Governance in der Praxis ausdrückt, stets auch Teile des traditionellen, formellen, hierarchischen Steuerungshandelns. Daher kann es nicht mehr lauten: Government oder Governance, sondern unter der Bezeichnung Governance finden sich alle Formen der Steuerung wieder und führen zu einer zeitgleichen Realisierung unterschiedlicher Steuerungsmodi unter Beteiligung einer Vielzahl von Akteuren (vgl. MÖSSNER & WEHRHAHN 2006).

Governance wird im Kontext der Ausbildung von Strukturen gesehen, die in ein verändertes institutionelles Gefüge münden. Anders als etwa die Ansätze der akteurszentrierten Steuerungstheorie (vgl. MAYNTZ & SCHARPF 1995) wird im Neo-Institutionalismus die Bedeutung der institutionellen Regelung hervorgehoben (ROSENAU 2004; SCHIMANK 2007; SCHUPPERT 2006; SENGE 2006). Die damit einhergehende Fokussierung auf Regelsysteme („systems of rules", ROSENAU 2004), Steuerungsstrukturen und -institutionen geht u.a. zurück auf die Systemtheorie PARSONS bzw. LUHMANNS Theorie sozialer Systeme (SENGE 2007). Institutionen, die eher allgemein als soziale Strukturen verstanden werden können (SCOTT 2001, S. 48), dienen im Kontext von Governance als analytisches Raster für eine konzeptionelle Annäherung.

Neben diesem strukturalistischen Verständnis von Governance halten allerdings zunehmend handlungszentrierte Ansätze Einzug in die wissenschaftliche Governance-Literatur (vgl. STEGEN 2006). Über die Identifizierung von Steuerungsakteuren und -prozessen (PETERS & PIERRE 2004, S. 77), etwa im Rahmen der akteurszentrierten, empirischen Policy-Forschung (MAYNTZ 2004; MAYNTZ & SCHARPF 1995), wird die Konzeptualisierung von Governance durch Akteursansätze um einen Handlungsbezug erweitert. Diese damit vollzogene Rückbesinnung auf akteurszentrierte Ansätze wird teilweise auch von Seiten der Neo-Institutionalisten gefordert und scheint zugleich das größte Kritikfeld am Neo-Institutionalismus auszumachen (V. HEFFEN & KLOK 2000). Insbesondere in Untersuchungen zu politischen Stadtentwicklungsprozessen wird bevorzugt eine handlungsbezogene Sichtweise eingenommen (vgl. STEGEN 2006).

3.1.3 Definitorische Eingrenzungen

Von MAYNTZ stammt die viel zitierte und breit anwendbare Definition des Begriffs Governance als „das Gesamt aller nebeneinander bestehenden Formen der kollektiven Regelung gesellschaftlicher Sachverhalte: von der institutionalisierten zivilgesellschaftlichen Selbstregelung über verschiedene Formen des Zusammenwirkens staatlicher und privater Akteure bis hin zu hoheitlichem Wandel staatlicher Akteure" (MAYNTZ 2004, o. S.). RHODES definiert Governance als „a *change* in the meaning of government, referring to a *new* process of governing; or a *changed* condition of ordered rule; or the new method by which society is governed" (1996, zitiert nach PETERS & PIERRE 2004, S. 77, kursiv im Original). Beide Definitionen zielen auf das „Neue" und das „Erweiterte" der Regelung und Selbstregelung ab, an deren Ausgestaltung sowohl der Staat als auch die Gesellschaft beteiligt sind. Beide Definitionen stellen überdies den prozessualen Charakter von Governance heraus. DIGAETANO & STROM (2003) beziehen den Begriff Governance auf Veränderungen institutioneller Rahmenbedingungen innerhalb urbaner Politiken. Aus kulturgeographischer Sicht wird Governance als „mode of co-ordination in which the aim is to control, guide or facilitate economic and social activities distributed across the landscape, including activities involved in transforming nature" verstanden (JONAS & WHILE 2005, S. 73).

Die letzten beiden Definitionen drücken damit explizit einen Raumbezug aus. Diesen greift auch KÖTTER auf, wobei er allerdings ein eher traditionelles Containerraumverständnis zugrunde legt. So schreibt er explizit über den „Governance-Raum als Analysefaktor" und weist auf die Wichtigkeit hin, „das Gebiet zu beschreiben, auf dem die Leistungen erbracht (Leistungsort) und/oder empfangen (Erfolgsort) werden" (KÖTTER 2007, S. 10). Governance wird hier als räumlicher Prozess gesehen, dem spezifische Regelungsstrukturen zugrunde liegen (KÖTTER 2007, S. 7). KÖTTER distanziert sich allerdings ausdrücklich von einem normativen Gehalt des Governance-Begriffs, den er als „normative bias" bezeichnet und der vor allem eine von internationalen Organisationen (hier zitiert er explizit die Weltbank) propagierte Sichtweise widerspiegelt. Er selbst schlägt einen „weniger gegenstandsbezogenen und eher beobachterbezogenen Governance-Begriff" vor (KÖTTER 2007, S. 6).

Allen Definitionen scheinen maßgeblich zwei Punkte gemein zu sein: Auf der einen Seite wird durch den Begriff Governance ein Politik- und Verwaltungsstil ausgedrückt, der ein integriertes Denken erfordert und nur über das Zusammenführen, die Koordination und Kooperation unterschiedlicher Akteure realisiert werden kann. Auf der anderen Seite steht der Begriff auch für einen institutionellen Umbruch, der ihm eine starke normative Aufladung verleiht. Der institutionelle Wandel und die neue Orientierung der Politik kommen in Wissenschaft und Praxis gleichermaßen oft zum Ausdruck (DSTGB 2001; RHODES 1996).

Während zu Beginn der Governance-Forschung zunächst eine Veränderung innerhalb traditioneller Government-Prozesse betrachtet wurde (vgl. RHODES 1996; STOKER 1998), wird der Begriff heute auch mit Reformen innerhalb der öffentlichen Verwaltung in Verbindung gebracht (KJAER 2009) und hier speziell auf die Einführung moderner Managementprozesse bezogen. Als eher normativ zu verstehendes Leitbild forderte es eine flexiblere Organisation innerhalb der Administration ein. Tendenzen der Entbürokratisierung, die Einführung moderner Managementprozesse, Profitorientierung und das Eingeständnis, dass auch die öffentliche Hand sich gegenüber Marktmechanismen nicht verschließen sollte, werden oft auch unter dem Begriff des „New Public Management" subsumiert (RHODES 2000, S. 56) und in einer kritischen Literatur unter der Bezeichnung der Neoliberalisierung von Stadtpolitik skeptisch betrachtet (vgl. BRENNER & THEODORE 2002).

Governance und Vertrauen 51

In der Literatur findet sich häufig zudem eine Perspektive, die lokale Governance-Prozesse fast ausschließlich mit Prozessen des New Public Management gleichsetzt (vgl. HOLTKAMP 2007). Dass diese Perspektive dem Begriff Governance nicht genügt, macht eine Betrachtung dessen, was mit New Public Management ausgedrückt wird, deutlich. Denn grundsätzlich wird der Begriff des New Public Management auf vier Positionen bezogen (HOOD 1991, S. 3):

- den Versuch, öffentliche Verwaltungen zu reduzieren (Verschlankung des Verwaltungsapparats),
- eine stärkere Fokussierung auf die Privatisierung und Quasi-Privatisierung vormals öffentlicher Dienstleistungen (Privatisierung),
- die Einführung automatisierter Prozesse mit Rückgriff auf moderne Informationstechnologien (E-Governance) und
- die Integration und Ausrichtung auch lokaler Belange auf eine internationale Agenda (Internationalisierung).

Gerade im Rahmen der Privatisierung von vormals kommunalen Wohnungsbaugenossenschaften spielen die Aspekte des New Public Management eine große Rolle. Dennoch, die radikale Umstrukturierung ehemals städtischer Organisationen führt wohl eher zu einem Austausch der Akteure und nicht – wie es Governance impliziert – zu einer stärkeren Koordinierung unterschiedlicher gesellschaftlicher Positionen. Die Wohnungsbaugenossenschaften – und das ist der Grund, warum New Public Management in der vorliegenden Arbeit nur am Rande Betrachtung findet – halten heute als privatrechtliche und eben nicht mehr staatliche Akteure Einzug in Governance-Prozesse. Die Tatsache, dass sie aus ehemals öffentlichen Formen hervorgegangen sind, spielt dabei eine eher nebensächliche Rolle. Ein weiterer Punkt, durch den New Public Management für diese Untersuchung zwar untergeordnet, aber dennoch von Relevanz scheint, ist die Tatsache, dass die öffentlichen Verwaltungen selbst das Managementprinzip ihrer Tätigkeit befürworten und umzusetzen versuchen. Dabei tritt ihr historisch legitimierter, hoheitlicher Anspruch oftmals in den Hintergrund. Dieser Platz, der durch das Zurücktreten des Staates frei geräumt wird, stellt einen wichtigen Impuls für die Integration neuer Akteure dar, die diesen neuen Raum zu füllen versuchen. Aber Governance auf New Public Management zu limitieren, würde weder dem Komplex des Untersuchungsfeldes gerecht werden, noch als geeignet erscheinen, die empirischen Prozesse in dieser Arbeit umfassend zu erklären. Dass im Rahmen von Studien zur urbanen Governance der Rolle der Privatwirtschaft ein solch großes Gewicht beigemessen wird, liegt wohl darin begründet, dass Governance auch auf die Umsetzung großskaliger, urbaner Entwicklungsprojekte bezogen wird, mit denen in der Literatur die neoliberale Wende in der (Stadt)Politik verdeutlicht wird (SWYNGEDOUW et al. 2002). Es bleibt zu vermuten, dass in der Realisierung integrierter sozialer Entwicklungsprogramme und der Projektierung urbaner Großprojekte ähnliche Koordinationsmechanismen greifen. Ein Vergleich beider Programmarten steht bislang jedoch noch aus.

Vor allem definitorisch sind die Begriffe New Public Management und Governance auseinander zu halten, denn Governance, so KICKERT & HAKVOORT (2000, S. 224, Hervorhebung im Original), „has a broader meaning than the restricted business-like, marketoriented interpretation of the term 'management'". New Public Management liegt damit auch nicht dem heute vorherrschenden verwaltungspolitischen Leitbild Governance zugrunde, sondern wird eher mit dem älteren Leitbild des Schlanken Staates in Verbindung gebracht, welches ab Ende der 1970er Jahre die Debatte um Reformen der öffentlichen Hand dominierte (JANN & WEGRICH 2004).

Einer Vereinheitlichung des Begriffs Governance ist mit Vorsicht zu begegnen und es ist fraglich, ob eine disziplinübergreifende Angleichung von Konzepten und Definitionen wirklich ein erstrebenswertes Ziel der Governance-Forschung darstellt. Steckt doch in der Tatsache, dass der Begriff definitorisch nicht eindeutig zu fassen und hingegen eher „notoriously slippery" (PETERS und PIERRE, zitiert in BENZ 2004, S. 12) ist, auch zugleich seine analytische Stärke. Durch die Popularität, die der Begriff in den unterschiedlichen Disziplinen erlangte, wurde er zum einen äußerst kontrovers diskutiert, zum anderen bildet er den Boden für ein ausgesprochen interdisziplinäres Forschungsfeld. Zwar birgt dies durchaus die Gefahr, dass damit ein wissenschaftliches Konzept als Modebegriff missbraucht wird und sich die Literaturlage als überaus „konfus" darstellt (PIERRE 2000), doch offeriert diese Tatsache in gewisser Weise auch Vorteile. Denn die Funktion von Governance als „Brückenbegriff" bzw. als „Verbundbegriff" (TRUTE, zitiert in SCHUPPERT 2006, S. 373) intensiviert den „Dialog zwischen den Disziplinen" (ebenda, S. 373) und trägt somit zur realen Umsetzung streng interdisziplinären Arbeitens bei. Dieser Effekt basiert wohl vor allem auf der großen Popularität des Konzeptes innerhalb der gesellschaftswissenschaftlichen Forschungsdisziplinen. SCHUPPERT betont, dass „interdisziplinäres Arbeiten, [...] bekanntlich besonders anspruchsvoll" sei (2006, S. 373), wobei sich in Bezug auf Governance das Schwierige vor allem aus der Vielzahl unterschiedlicher Ansatzpunkte und Sichtweisen ergibt, welche die einzelnen (Sub-)Disziplinen auf den Forschungsgegenstand projizieren. Einen Überblick über die wichtigsten sozio-politischen und rechtswissenschaftlichen Ansätze gibt SCHUPPERT selbst (2006), allerdings finden auch in seiner ausführlichen Übersicht beispielsweise geographische Ansätze keinen Eingang.

Es lässt sich zusammenfassend festhalten, dass sich eine klare, einheitliche Definition von Governance bislang nicht hat durchsetzen können. Auf zwei Ebenen macht sich vielmehr eine Pluralität von Definitionen bemerkbar. Auf der einen Seite setzen sich innerhalb des interdisziplinären Forschungsbereichs unterschiedliche Disziplinperspektiven durch, auf der anderen Seite wird disziplinübergreifend eine Bereichsperspektive vertreten (SCHUPPERT 2006).

Für das hier untersuchte Phänomen, die Aufwertung von Stadtteilen durch integrierte Entwicklungsprogramme im Kontext von sozialer Ausgrenzung, kann der Begriff Governance nun dahingehend konkretisiert werden, dass er das Auftreten von Steuerungsprinzipien in Politik und Gesellschaft zwischen, durch und für unterschiedliche Akteure beschreibt. Nicht mehr, dass die Akteure ihre Steuerungsformen etwa allein aus demokratisch legitimierter Hoheitlichkeit ableiten können, vielmehr beziehen sich die Steuerungsformen aufeinander und entwickeln sich sogar erst durch das gemeinsame Miteinander – in beiden Untersuchungsräumen zeichnet sich dieser Prozess deutlich ab. Governance wird daher richtig als Modus und Prozess der sozialen Koordinierung verstanden, die mit dem Ziel verbunden ist, „to control, guide or facilitate economic and social activities distributed across the landscape" (JONAS & WHILE 2005, S. 73). Governance ist die „Beschreibung von Koordination kollektiven Handelns", in Zusammenhang mit den diesem Handeln zugrunde liegenden „Mechanismen und ihrer strukturellen Verankerung" (BENZ et al. 2007 S. 14). Governance wird in dieser Arbeit als analytischer Begriff interpretiert, mit dessen Hilfe Interaktionen über räumliche Ebenen nachvollzogen werden.

3.2 Institutionelle Regelung

In einer zeitlichen Klassifizierung verwaltungspolitischer Leitbilder taucht Governance zuletzt unter dem Leitbild des Aktivierenden Staates auf (JANN & WEGRICH 2004, S. 196). Dieses Leitbild tritt erst ab Mitte der 1990er Jahre verstärkt in den Vordergrund und löst ältere ab, wie etwa das des Schlanken Staates oder jenes des Aktiven Staates. Auf theoretischer Seite liegt dem Leitbild des Aktivierenden Staates das Konzept des Neo-Institutionalismus zugrunde (JANN & WEGRICH 2004; SCHIMANK 2007).

Institutionen fällt eine entscheidende Rolle bei der Beobachtung und Beschreibung eines gesellschaftlichen Wandels zu, der sich nach außen hin über die Veränderungen von Normen, Werten und Leitbildern kommuniziert (SENGE & HELLMANN 2006). Im Zusammenhang mit Planungsprozessen wird mit Governance ein solcher Wandel verbunden. In Anlehnung an MAYNTZ (2006, 2004), so wurde eingangs argumentiert, steht Governance für eine Akzentverschiebung innerhalb der urbanen Politik. Gerade in nachbarschaftsbasierten Entwicklungsprogrammen wandeln sich über den durch die Programme initialisierten Veränderungsprozess bestehende Institutionen und es bilden sich neue aus.

3.2.1 Über das Wirken von Institutionen

In seiner Einleitung zur Institutionentheorie unterschiedet ROTHSTEIN (1996) vier unterschiedliche Typen von Institutionen: Zu einer ersten Gruppe fasst er all jene Institutionen zusammen, die sich auf die Reduktion von Konfliktpotentialen beziehen und damit Regeln darstellen, welche die Organisation gemeinschaftlicher Interessen festlegen. Ähnlich wie zu Beginn eines Schachspiels müssen sich beide Mitspieler auf ein allgemeines und allseits zu verstehendes Regelwerk einigen, die internationalen Schachregeln. Nur mit deren Hilfe wird das Spiel konfliktfrei ablaufen können. ROTHSTEIN nennt diese Institutionen daher „rule-making institutions" (ROTHSTEIN 1996, S. 133).

Als eine zweite Gruppe von Institutionen identifiziert er jene, die die Durchsetzung der oben getroffenen Regeln garantieren. Die zu Beginn des Schachspiels festgelegten Regeln müssen überwacht werden, in einem Turnier übernimmt diese Funktion ein Schiedsrichter. Im Verlauf des Spiels werden die Regeln dann umgesetzt und angewandt. Hierbei handelt es sich daher um „rule-applying institutions" (ebenda).

Eine dritte Institutionengruppe bezieht sich auf die Interpretation der Institutionen („rule-adjudicating institutions", ebenda, S. 134). Angenommen zwei Personen träfen sich nicht im Rahmen eines internationalen Schachturniers zum Spiel, dann wird gemeinsam zu klären sein, mit welcher Strenge das internationale Regelwerk umgesetzt werden soll. Gilt bereits die berühmte Regel des „berührt = geführt", die vom Spieler verlangt mit jener Figur zu ziehen, die er berührte, oder mag man eine Ausnahme im konkreten Fall zulassen, so dass der Spieler, obgleich er eine Figur bereits berührt hat, dann doch mit einer anderen ziehen darf? Neben der Tatsache, dass zuvor festgelegte Regeln (die Schachregeln) im Verlaufe des Spiels angewendet werden, tritt nun der Fall auf, dass etwa bei einem falschen Zug auf dem Schachbrett eine Entscheidung getroffen werden muss, wie mit diesem Vergehen umgegangen wird. Hier könnten individuell Ausnahmen zugelassen werden.

Eine letzte, vierte Institutionengruppe „is needed to take care of and punish rule-breakers, whether outsiders or insiders (rule-enforcing institutions)" (ROTHSTEIN 1996, S. 134) und dient dem Schutz der gemeinschaftlichen Organisation. Ein grobes Vergehen gegen die Regeln im Schachspiel, ein Spieler versucht etwa die Figuren zu vertauschen, wird wohl mit dem Ende der Partie geahndet werden und vielleicht mit der Konsequenz, dass man mit diesem Spieler nicht wieder eine Partie wird spielen mögen. Auf internationalem Turnierparkett gibt es andere *rule-enforcing institutions*, wie etwa der Ausschluss aus einem Verein oder die Verhängung einer Geldstrafe.

Jede dieser Institutionengruppen wird durch eine Reihe von Subinstitutionen weiter konkretisiert. Institutionen sind, wie am Beispiel der Schachpartie verdeutlicht werden konnte, also nicht nur formelle Regeln, sondern können auch informeller Natur sein und sich zwischen zwei Menschen in einer konkreten Situation bilden. Diesen vier Konflikt reduzierenden Institutionengruppen stehen Gegenkräfte gegenüber, deren Ziel es ist, den Willen Einzelner möglichst erfolgreich gegen den Gemeinschaftswillen zu etablieren. Gesetzt den Fall ein Schachspieler möchte entgegen der Regeln trotzdem gewinnen, so steht sein Einzelinteresse mit dem Gesamtinteresse der Schach spielenden Gemeinschaft und seines Gegners im Widerspruch. Dieses Spiel gegensätzlicher Kräfte symbolisiert und impliziert, dass der Findung einer Gemeinschaftslösung stets Individualinteressen entgegenstehen. Das Austarieren beider Kräfte erfolgt in einem Aufbau komplexer Regel- und Wertestrukturen, die in einen komplexen Koordinierungsprozess, wie er auch mit dem Begriff der Governance verbunden wird, münden. Auch das Schachspiel stellt eine Plattform dar, auf der sich Governance-Strukturen ausbilden. Neben den formell niedergeschriebenen Regeln, kommt es auch zum Rückgriff auf bestimmte Werte (Ehrlichkeit) im Rahmen mündlicher Absprachen, die zum Gelingen des Koordinationsprozesses (der Schachpartie) beitragen sollen. Während einer Schachpartie herrscht ein Nebeneinander von „bestehenden Formen der kollektiven Regelung gesellschaftlicher Sachverhalte" (MAYNTZ 2006, o.S.)

Allerdings existiert bislang kein allseits verbindlicher Institutionenbegriff in der Literatur, sondern vor dem Hintergrund unterschiedlicher Disziplinen haben sich verschiedene Begriffe etablieren können. Im Zusammenhang mit Governance gilt der Neo-Institutionalismus als richtungsweisender Ansatz. Doch auch dieser setzt sich aus verschiedenen wissenschaftlichen Richtungen zusammen; es gibt nicht den einen Neo-Institutionalismus. Daher macht es Sinn, der Annäherung an eine Definition des Institutionenbegriffs, zunächst die Entwicklung des Neo-Institutionalismus abzuhandeln.

3.2.2 Einführung in den Neo-Institutionalismus

Die unter dem Sammelbegriff des Neo-Institutionalismus zusammengeführten Ansätze stellen eigentlich keine neuen Ideen dar, wie ihr Präfix zunächst implizieren mag. Seit über 30 Jahren bestimmt er vor allem die nordamerikanische Organisationssoziologie (SCOTT 2006; SENGE 2006). Seit relativ kurzer Zeit findet er auch Eingang in andere Disziplinen und wird insbesondere mit der Analyse von Governance-Strukturen verbunden. Institutionen erleben derzeit einen neuen Aufschwung bezogen auf ein stetig wachsendes wissenschaftliches Interesse (HALL & TAYLOR 1996), vor allem in der Soziologie, den politischen Wissenschaften, den Wirtschaftswissenschaften und einzelnen Nachbardisziplinen: „Darlegungen, die unter der Bezeichnung ‚Neo-Institutionalismus' zusammengefasst werden, [scheinen] zu den derzeit wichtigsten theoretischen Konzepten in der Politikwissenschaft gezählt [zu] werden" (GÖHLER & KÜHN 1999, S. 17, Hervorhebung im Original). Der Neo-Institutionalismus scheint – ähnlich wie Governance – zur catchphrase (REICH 2000, S. 501) zu geraten und findet damit Eingang in all jene Wissenschaftszweige, die sich mit Gruppen von Personen und deren Handeln auseinandersetzen. Besondere Popularität erlangte insbesondere der Ansatz der neuen Institutionenökonomik in den Wirtschaftswissenschaften über die Publikationen von NORTH (1986). Es handelt sich hierbei allerdings nur um einen von mindestens drei unterschiedlichen Ansätzen (HALL & TAYLOR 1996).

Diese drei unterschiedlichen Richtungen, die das Phänomen der Institution verschieden formulieren, unterscheiden primär in der Frage des Stellenwertes, der den Institutionen zugesprochen wird (GÖHLER & KÜHN 1999, S. 20). Während die neue Institutionenökonomik, als deren wichtigster Vertreter NORTH zu benennen ist (COLOMY 1998), einen engeren Begriff der Institutionen wählt, der sich vor allem auf Alternativen zu herrschenden rationalen Erklärungsmustern für ökonomisches Handeln konzentriert, entwickelten Vertreter eines soziologischen Neo-Institutionalismus einen eher breiteren Begriff, der auch kulturelle Handlungsregelmäßigkeiten berücksichtigt (GÖHLER & KÜHN 1999; SCOTT 2001). Der soziologische Neo-Institutionalismus, der auf die grundlegenden Arbeiten von ZUCKER (1977), DIMAGGIO & POWELL (1983) und MEYER (1999) zurückgeht, erweitert den Institutionenbegriff daher um kognitive und kulturelle Dimensionen. Eine weitere Richtung wird als historischer Institutionalismus bezeichnet (HALL & TAYLOR 1996, S. 937), durch den u. a. die Pfadabhängigkeit von Institutionen hervorgehoben wird (SCHIMANK 2007). Neben dieser hier wiedergegebenen Gliederung der wichtigsten unter dem Sammelbegriff des Neo-Institutionalismus zusammengeführten Ansätze, finden sich auch alternative, sich teils überschneidende Gliederungen. So schlägt SCOTT (2001) vor, eher einen ökonomischen, einen soziologischen und einen politischen Neo-Institutionalismus zu unterscheiden, wobei der politische Neo-Institutionalismus wiederum in einen rationalen und einen historischen Ansatz unterteilt werden kann. Grundsätzlich gilt, je breiter der Institutionenbegriff definiert wird (s. u.), desto klarer wird seine Wichtigkeit für alle Bereiche sozial- und wirtschaftswissenschaftlichen Forschens. „Die aus einem solch umfassenden Verständnis von Neo-Institutionalismus resultierende neue (institutionelle) Unübersichtlichkeit zieht fast zwangsläufig Einteilungsversuche nach sich, die das Feld der verschiedenen Ansätze ordnen sollen – da aber von jedem Beobachter anders differenziert wird, herrscht mittlerweile auch Unklarheit darüber, in welchem Verhältnis die einzelnen Unterteilungen zueinander stehen" (GÖHLER & KÜHN 1999, S. 21).

Im wirtschaftswissenschaftlichen Institutionenansatz, und hier vor allem in den Arbeiten zu Transaktionskosten, liegt eine erste Verbindung zu Governance begründet: „One branch of neoinstitutionalism economics is concerned with the rule and governance systems that develop to regulate or manage economic exchanges" (SCOTT 2001, S. 29/30). Die durch NORTH personifizierte neue Institutionenökonomik distanziert sich von einem in den Wirtschaftswissenschaften bislang vorherrschenden Modell des „rationalen Nutzenmaximierers" (DALLINGER 2007, S. 67) und lehnt damit den ausschließlichen Rückgriff auf Rational-Choice basierte Erklärungsansätze ab, die sich insbesondere bei Untersuchungen zu Transaktionskosten als nur ungenügend erwiesen. Darüber hinaus argumentiert NORTH, dass ökonomische Institutionen von politischen beeinflusst werden (CARRUTHERS 2007) und deutet damit darauf hin, dass Regeln „das Spiel" negativ limitieren und Handlungsmöglichkeiten eingrenzen. Die in klassischen Ansätzen offen bleibenden Erklärungslücken füllt NORTH durch Institutionen, die er für „die von Menschen erdachten Beschränkungen menschlicher Interaktion" (NORTH 1992, zitiert in DALLINGER 2007, S. 78) hält. NORTHS Ansatz ergänzte damit neo-klassische ökonomische Theorien (DALLINGER 2007, S. 76). Institutionen, als Produkt langfristiger sozialer Evolution, hätten, so NORTH, das Potential, Komplexität zu reduzieren, in dem „geregelte Muster menschlicher Interaktion" (NORTH, zitiert in DALLINGER 2007, S. 79) produziert würden. Interessant ist dabei, dass auch LUHMANN die Reduktion von Komplexität untersucht und insbesondere interpersonellem Vertrauen diese Funktion zuspricht (LUHMANN 1968/2000). Dieses Wirken von Institutionen wird an späterer Stelle daher erneut aufgegriffen, wenn Komplexität in Verbindung mit Governance diskutiert wird.

Die häufig in soziologischen Arbeiten herausgestellte Funktion von Institutionen für die soziale Stabilität fehlt bei NORTH hingegen. Der „Kollektivzweck und das Anliegen einer stabilen Ordnung" (DALLINGER 2007, S. 87) ist wohl das trennende Merkmal zwischen neuerer Institutionenökonomik und dem soziologischen Neo-Institutionalismus.

Der wirtschaftswissenschaftliche Ansatz überschneidet sich zum großen Teil damit, was HALL & TAYLOR als „Rational-Choice Institutionalism" bezeichnen (1996, S. 942, vgl. GÖHLER & KÜHN 1999). Drei Kennzeichen weist dieser Ansatz im Unterschied zu anderen auf: Erstens werden hier Institutionen untersucht, die durch Akteure gebildet werden, denen ein großes Interesse daran zueigen ist, ihre Interessen „in a highly strategic manner that presumes extensive calculation" (HALL & TAYLOR 1996, S. 945) durchzusetzen. Zweitens betrachtet diese Richtung innerhalb des neuen Institutionalismus Politik als „a series of collective dilemmas" (HALL & TAYLOR 1996, S. 945), aufgrund derer sich nur suboptimale Resultate erreichen lassen. Beispielhaft wird hier auf das Gefangenendilemma oder die „tragedy of the commons" (OSTROM 2004) verwiesen. Vor allem im Zusammenhang mit Studien über die Nutzung von natürlichen Ressourcen findet sich der Ansatz der Institutionenökonomik auch in geographischen Arbeiten wieder (SANDNER LE GALL 2007). Und drittens werden Handlungen hier im Sinne des „calculus"-Ansatzes verstanden. Sie lassen sich nicht auf „impersonal historical forces" (HALL & TAYLOR 1996, S. 945) zurückführen, sondern leiten sich aus einem Institutionengefüge ab, innerhalb dessen Institutionen verstanden werden als Mechanismen, dank derer Akteure mit Informationen versorgt werden und so mit einer größeren Sicherheit ausgestattet sind, so dass sie sich erfolgreich gegenüber anderen Akteure behaupten können (HALL & TAYLOR 1996, S. 939). Strategisches Handeln steht sowohl im Mittelpunkt des Rationalen Neo-Institutionalismus als auch der neuen Institutionenökonomik.

Der historische Institutionalismus weist im Unterschied zum soziologischen Neo-Institutionalismus einen ähnlichen engen Institutionenbegriff auf wie die neue Institutionenökonomik. Auch hier werden Institutionen als informelle und formelle Routinen, Normen und Konventionen verstanden, die in einen politischen, gesellschaftlichen Kontext eingebettet sind (HALL & TAYLOR 1996, S. 938). HALL und TAYLOR führen weiter aus, dass im historischen Institutionalismus das Beziehungsgefüge zwischen Institutionen und individuellem Verhalten beleuchtet wird, wobei bei der Bildung von Institutionen eine historische, pfadabhängige Komponente zugrunde gelegt wird, die zu ungewollten Konsequenzen führen kann (ebenda, S. 938). Der historische Institutionalismus ist zwischen der neuen Institutionenökonomik und dem soziologischen Neo-Institutionalismus einzuordnen. Den Untersuchungen dieser Richtung liegen sowohl Ansätze eines strategischen Handelns – wie oben beschrieben – zugrunde, zum anderen werden auch kulturelle Erklärungsmuster berücksichtigt. Hier werden auch die Institutionen umfasst, welche aufgrund ihrer sozialen Etablierung nicht in das Bewusstsein der Handelnden eindringen, als gegeben vorausgesetzt werden und sich damit einer rationalen Überprüfung entziehen (HALL & TAYLOR 1996, S. 940). Diese Form der Institutionen wirken sich auf nicht-intentionales Handeln aus. Sie werden kollektiv gebildet und entspringen daher nicht einem individuellen intentionalen Handlungsstrang. Gerade in letzterem Punkt schließt der historische Institutionalismus an den soziologischen Neo-Institutionalismus an. „Im Rahmen der Governance-Perspektive [betont] der historische Institutionalismus den Tatbestand, dass Vorgänge der gezielten Gestaltung von Institutionen sowohl ‚von hinten' in Pfadabhängigkeit eingebunden sind als auch ‚nach vorn' unüberschaubare Langzeitwirkungen, u. a. wieder Pfadabhängigkeit, entfalten können" (SCHIMANK 2007). Als Konzept ist Pfadabhängigkeit unklar definiert (ACKERMANN 2001). Dennoch lassen sich Eigenschaften darlegen, die verdeutlichen „dass die Geschichte eine Rolle spielt" (ACKERMANN 2001, S. 21). Es geht also um die Historizität eines Prozesses, die als Zeitpfeil auf aktuelle Prozesse deutet. Zugleich weist die Pfadabhängigkeit eines Prozesses in die Zukunft.

Rückgriffe auf den historischen Institutionalismus bieten sich vor allem dort an, wo beim Vergleich der Prozesse (integrierte Entwicklungsprogramme) zweier Metropolen Erklärungsgehalte auch aus dem historischen Umgang mit Governance gewonnen werden können. So ähnlich die politischen und gesellschaftlichen Rahmenbedingungen für die hier analysierten Programme sind, so unterschiedlich gestaltet sich der Umgang der Akteure. Diese Unterschiedlichkeiten können nur aus einer Pfadabhängigkeit der Prozesse erklärt werden.

Auch der soziologische Neo-Institutionalismus lehnt rationale Erklärungsmuster ab (SENGE 2007; V. HEFFEN & KLOK 2000). Der ökonomische und der soziologische Ansatz einigten sich damit auf eine gemeinsame Ausgangsbasis, an deren Stelle die „klassische Soziologie und die neue Institutionenökonomik […] im gemeinsamen Verständnis von Institutionen als soziale Regeln verbunden [sind]" (DALLINGER 2007, S. 67; s. NORTH 1986; SCOTT 2001). Die Grundlagen eines soziologischen Institutionalismus werden gemeinhin auf WEBER, PARSONS (SCOTT 2001; SENGE & HELLMANN 2006) und DURKHEIM zurückgeführt (DALLINGER 2007). Der soziologische Institutionalismus unterstreicht insbesondere die Handlung begrenzende Funktion der Institutionen und stellt damit die Stabilität sozialer Ordnung ins Zentrum des Ansatzes (DALLINGER 2007, S. 87). Hierin unterscheidet sich der Neo-Institutionalismus auch von alten Ansätzen, in denen vielmehr Konflikte thematisiert werden. Daraus erklärt sich das Interesse der soziologischen Neo-

Institutionalisten für kollektive Akteure, denen eine wichtige Rolle bei der Bildung stabiler Strukturen zugesprochen wird (SENGE 2006). Auf Seiten der „old institutionalists" finden sich hingegen die Gedanken der Organisationssoziologie wieder, die vor allem im nordamerikanischen Raum ab etwa den 1950er Jahren dominierten. Von deren Perspektive unterscheidet sich der Neo-Institutionalismus zwar nicht revolutionär und grundlegend, in wesentlichen Punkten bietet er allerdings eine inhaltliche Erweiterung an (MARCH & OLSEN 1984; SELZNICK 1996).

Beiden Ansätzen, dem alten und neuen Institutionalismus, ist zunächst gemein, dass soziale Organisationen als eingebettet in einen gesellschaftlichen Kontext verstanden werden (SELZNICK 1996). Beide unterscheiden sich weiterhin grundlegend in drei Punkten (SENGE & HELLMANN 2006, S. 13 f.): Zum einen fokussiert der Neo-Institutionalismus vermehrt das Wirken von Institutionen auf Beständigkeit und Homogenität, wo hingegen ältere Ansätze eher Konflikte und Interessensunterschiede der Akteure thematisieren. Dafür wurden in Arbeiten zu alten Ansätzen konkrete Akteurskonstellationen untersucht und damit die sog. Mikroperspektive eingenommen. Letztlich beschäftigen sich alte Ansätze eher mit den unvorhergesehenen Konsequenzen sozialen Handelns und weniger mit unreflektiertem sozialen Handeln, das von Akteuren unbewusst und nicht rational vollzogen wird. Diese Form der Handlung ist auf das Wirken der von SCOTT (2001, S. 57) bezeichneten „cultural-cognitive institutions" zurückzuführen, die einen der wesentlichen Unterschiede sowohl zu alten als auch zu anderen neo-institutionalistischen Ansätzen der Nachbardisziplinen markieren.

Das Augenmerk des Neo-Institutionalismus fokussiert hingegen „supra-individual units that cannot [be] reduced to aggregations of direct consequences of individuals' attributes and motives" (DIMAGGIO & POWELL 1991, zitiert in V. HEFFEN & KLOK 2000, S. 153). Akteure werden von einer supra-individuellen Ebene aus betrachtet, der Vorrang der Mikroebene wird ausdrücklich geschwächt (MARCH & OLSEN 1984, S. 78). Wichtiger wird hingegen das Umfeld „politischer Entscheidungen, gesellschaftlicher Werte und integrativer Notwendigkeiten" (SENGE 2007, S. 46) und damit das Wirken von Institutionen auf die politische Zielerreichung, die gemeinschaftliche Funktionalität, die kulturelle Werterhaltung und die Verteilung von (u. a. ökonomischen) Ressourcen.

Zusammenfassend zielt der Neo-Institutionalismus auf die politische, kulturelle, gemeinschaftliche und ökonomische Umwelt von Organisationen ab (SENGE 2007). Dieses umfassende Bild macht den Ansatz besonders interessant für Forschungsfragen, in denen Multikausalitäten einer Fragestellung untersucht werden. Governance und Akteurshandeln in integrierten Stadtentwicklungsprogrammen stellen einen solchen multikausalen und multikontextualen Forschungskontext dar. Im Weiteren sollen die einzelnen Begriffsinhalte untersucht werden und über den Vergleich von Definitionen eine Positionierung für einen Institutionenbegriff erfolgen, der weitere Verwendung in der vorliegenden Arbeit findet.

3.2.3 Institutionen

Eine einheitliche Definition wird es – wie auch beim Governance-Begriff – kaum geben können. Bei aller Heterogenität kristallisiert sich dennoch ein gemeinsames Verständnis heraus, welches es ermöglicht, Institutionen zu begreifen und zu untersuchen, ohne in die Disziplin-Falle geraten zu müssen und sich einer der oben genannten wissenschaftlichen Richtungen zu- oder vielmehr unterzuordnen.

Alle Ansätze verstehen zunächst Institutionen in Abgrenzung zu Organisationen (SELZNICK 1996, S. 271) als soziale Regeln bzw. Strukturen (DALLINGER 2007, S. 66; SCOTT 2001). Organisationen gelten immer als in eine Umwelt integriert (SENGE 2007), die als gesellschaftlicher Kontext zu verstehen ist. Allen Richtungen ist außerdem die Unterscheidung zwischen formellen und informellen Institutionen gemein (DALLINGER 2007).

Zunächst können Institutionen schlicht als geschriebene und ungeschriebene Spielregeln betrachtet werden (ROTHSTEIN 1996, S. 145; NORTH 1986), die über die Ausgestaltung und die Art und Weise des gemeinsam zu spielenden Spiels entscheiden. „The actors come to the institutionalized 'game' with a fixed set of preferences which, moreover, they are able to rank among actors, but the institutions as such do not influence preferences" (ROTHSTEIN 1996, S. 147, Hervorhebung im Original). Zwar ist auch ROTHSTEIN der Institutionenökonomik zuzurechnen, doch besser und konkreter wird der Institutionenbegriff auch hier von anderen definiert: NORTH versteht Institutionen als „regularities in repetitive interactions among individuals. They provide a framework within which people have some confidence as to how outcomes will be determined. They not only limit the range of choice in individual interaction, but they dampen the consequences of relative price changes. Institutions are not persons, they are customs and rules that provide a set of incentives disincentives for individuals. They entail enforcement either of the self-enforcing variety through codes of behaviour, or by third party policing and monitoring. […] Institutions arise and evolve because of the interaction of individuals" (NORTH 1986, S. 231). Zuletzt knüpft OSTROM (2004) mit ihrer Darstellung der „tragedy of the commons" an spieltheoretische Probleme an, erweitert diese und zeigt dabei auf, wie wenig Rational-Choice-Ansätze dazu in der Lage sind, empirische Realitäten zu erklären. Ihren Arbeiten liegt ein Institutionenbegriff zugrunde, der Regeln, Normen und Strategien hervorhebt.

Bezogen auf Governance beschreibt PIERRE (1999, S. 373) Institutionen als „refer[ing] to overarching systems of values, traditions, norms, and practices that shape or constrain political behavior". Und, „Institutionalist", so PIERRE weiter, „make a clear distinction between institutions and organisations. […] The relationship between institutions and organizations is dynamic, one should not expect a continuous harmony to exit between systems of values and norms, on one hand, and the organizational system of government, on the other" (PIERRE 1999, S. 373). Der Verweis auf Traditionen zielt auf den historischen Institutionalismus ab.

Wie viele andere Ansätze auch, so unterscheidet der historische Institutionalismus Institutionen als „both formal structures and informal rules and procedures", die Handlungsweisen strukturieren (THELEN & STEINMO 1992, zitiert in SCOTT 2001, S. 33). Inhalt eines historischen Institutionalismus-Begriffes sind vor allem das Handeln eingrenzende und sich aus der Historie ableitende, in die Zukunft zielende gesellschaftliche Strukturen.

MARCH & OLSON definieren Institutionen als eine „relatively enduring collection of rules and organized practices, embedded in structures of meaning and resources that are relatively invariant in the face of turnover of individuals and relatively resilient to the idiosyncratic preferences and expectations of individuals and changing external circumstances. There are constitutive rules and practices prescribing appropriate behaviour for specific actors in specific situations" (MARCH & OLSEN 2005, S. 4). Demnach schränken Institutionen nicht nur ein, sie ermöglichen bestimmte Verhaltensweisen erst (HASSE & KRÜCKEN 1999). „Sie prägen das Verhalten einzelner Gesellschaftsmitglieder und regulieren hierdurch das gesellschaftliche Miteinander" (ebenda, S. 15). Institutionen garantieren gesellschaftliche Stabilität. Damit unterstreicht der soziologische Neo-Institutionalismus vor allem die lang anhaltenden kulturellen, professionellen, rechtlichen und historischen Charakteristika von Institutionen als solche, die sowohl „räumlich als auch zeitlich von Kräften gebunden" sind (MEYER 1999, S. 9).

SCOTT kommt aus organisationssoziologischer Perspektive zu dem wohl breitesten Verständnis von Institutionen, das deutlich über ein die Handlung strukturierendes und einschränkendes Verständnis von Institutionen hinausgeht. Er unterscheidet in seinem Werk „Institutions and Organizations" drei „pillars of institutions" (SCOTT 2001).

Diese drei Säulen oder Pfeiler unterteilen sich in regulative, normative und kognitive Institutionen (SCOTT 2001, S. 87). Zu den regulativen Institutionen zählt SCOTT jene „that constrain and regularize behavior" (ebenda, S. 51). Als Indikatoren dieser Institutionengruppe identifiziert er Regeln, Gesetze, Verträge, Sanktionen und Verfügungsrechte (SCOTT 2001; SENGE 2006, S. 39). Im Zusammenhang mit integrierten Stadtentwicklungsprogrammen ist diese Säule relativ klar zu identifizieren. Die Programme unterliegen Richtlinien, Gesetzen und Regeln, die bei ihrer Umsetzung zu beachten sind. Die italienische Bezeichnung der Programme als „Contratti di Quartiere", als Quartiersverträge, verdeutlicht die Wichtigkeit dieser Institutionen. Es erscheint gerade hier interessant, die Existenz auch weiterer Institutionen zu untersuchen, die bei der Umsetzung der Programme eine vielleicht entscheidende Rolle spielen.

Die zweite Gruppe von Institutionen werden als normative Institutionen bezeichnet (SCOTT 2001, S. 54). Hierunter fallen vor allem Werte und Normen, die als moralische Verpflichtung und Druck (SENGE 2006, S. 39) das soziale Leben strukturieren. Werte, so SCOTT, „are conceptions of the preferred or the desirable, together with the construction of standards to which existing structures or behaviour can be compared and assessed" (ebenda, S. 54f.). Normen hingegen spezifizieren „how things should be done" (ebenda, S. 55). Sie liegen den Zieldefinitionen der einzelnen Programme zugrunde und unterscheiden sich in den Quartieren am ehesten.

Die letzte Gruppe der kulturell-kognitiven Institutionen, und das scheint die berechtigte Kritik an SCOTTs Modell darzustellen, ist den beiden zuvor genannten Gruppen nicht gleichzustellen, sondern bildet vielmehr einen übergeordneten Rahmen (SENGE 2006). SCOTT subsummiert hierunter all jene Institutionen, die aufgrund ihrer kulturellen Verankerung in der Gesellschaft nicht wahrnehmbar das Handeln strukturieren. Es handelt sich also um Routinen und Rollen, die wie selbstverständlich akzeptiert werden und sich damit einer kritischen Infragestellung entziehen.

SCOTT unterbreitet damit den am weitesten gefassten Institutionenbegriff. Es wird all jenes unter dem Begriff zusammengefasst, „worauf sich relativ dauerhafte Handlungen ableiten lassen: Gesellschaft, Gesetze, Staat, Organisationen, formale Aspekte von Organisationen, Werte, Rollen, Glaubenssysteme etc." (SENGE 2006, S. 40). Für die Analyse von Governance-Strukturen und deren Vergleich in zwei unterschiedlichen kulturellen Umfeldern scheint SCOTTs Ansatz interessante Muster bereitzustellen. Oftmals können Unterschiede im kollektiven Handeln der Akteure nur über die Zuweisung von Rollen und die Befolgung gewisser etablierter Routinen erklärt werden, ohne dass diese selbst den Akteuren bewusst wären.

In der vorliegenden Arbeit werde ich auf einen Institutionenbegriff zurückgreifen, der sich aus allen drei Richtungen bedient und wohl am ehesten mit dem Säulenmodell von SCOTT darzustellen wäre. Institutionen werden ferner nicht nur als beschränkende Regeln verstanden, die ein Miteinander in geordneten Bahnen ermöglichen, wie etwa die Regel, dass man bei „Mensch-Ärgere-Dich-Nicht" nach einer gewürfelten Sechs gleich noch einmal würfeln darf oder bei dieser Augenzahl seine Spielfigur ins Spiel bringen kann. Diese Regeln werden allesamt von allen Teilnehmern akzeptiert, bevor das Spiel beginnt und unterliegen während des Spielverlaufs kaum noch Veränderungen. Die Metapher der Spielregeln scheint einen institutionellen Wandel missen zu lassen. NORTH zufolge können Institutionen aber auch in Interaktion, also während des Spiels, gebildet, erweitert oder sogar aufgelöst werden. Es wird klar, dass die Gleichsetzung der Spielregeln nun einen chaotischen Ablauf eines Spieles zur Folge hätte. Die Abgrenzung zwischen formellen und informellen Institutionen erscheint zudem als schwierig und wird in der vorliegenden Arbeit daher nicht weiter verfolgt.

Zusammenfassend werden Institutionen als Wirkungsweise im Sinne von Regeln, Normen, Werten, Rollen und Routinen verstanden, die sich aus einer historischen Pfadabhängigkeit ergeben, diese in die Zukunft projizieren und zudem in einem kulturellen Kontext verankert erscheinen, der dazu führt, dass nicht alle dieser Institutionen von den Handelnden selbst intentional wahrgenommen werden. Drei Aspekte stehen bei der Beschäftigung mit Institutionen an zentraler Stelle: die Konstitution von Institutionen, ihre Wirkungsweise und der Wandel und eventuell die Aufhebung von Institutionen (MARCH & OLSEN 2005, S. 4).

3.2.4 Zur Bildung von Institutionen in Governance-Prozessen

Strukturen wirken auf das Handeln der Akteure ein und verändern dieses. Diese Veränderung äußert sich auf Seiten des Akteures in intentionalen (gewollten), transintentionalen (gewollten, aber gescheiterten, SCHIMANK 2007) aber auch nichtintentionalen (nicht gewollten) Handlungen (GIDDENS 1984/1997). Das institutionelle Gefüge umfasst damit drei Gruppen von Institutionen, die entweder zu einem direkten, gewünschten Ergebnis führen können, eventuell auch ein Ergebnis ansteuern, am Ende aber ein anderes Ergebnis liefern, also gescheitert sind – oder aber ein Ergebnis liefern, welches sich unbewusst entwickelt, da die ihm zugrunde liegenden Institutionen im kulturell-kognitiven Verständnis der Akteure nicht bewusst greifbar sind.

Der von ROTHSTEIN (1996, S. 133) idealtypische und beispielhafte Verlauf der Bildung von Institutionen bezieht sich nicht zufällig auch auf Bewohner eines Quartiers: „A group of people share some common characteristics. They live in the same area, for example, or they work at the same place, or they are dependent on the same type of natural resources. [...] As a geographical community, they realize a common need for laws regulating conflicts about property and other types of individual rights [...]. So, they get together as equals and form an organization to solve their collective interests [...]."

Über dieses Beispiel wird deutlich, dass ein Gemeinschaftsgefühl und die damit einhergehende Bildung von Institutionen auch auf einen gemeinsamen, also sozial konstituierten Raum zurückzuführen ist. Allerdings, die Darstellung impliziert auch, dass die Grundlage der *common characteristics* einer Gruppe eben dieser gemeinsame Raum sei, der im Beispiel „einfach da" ist. Auf seiner Grundlage soll sich ein Gemeinschaftsgefühl entwickeln, welches zur Bildung von Regeln und Normen führt. ROTHSTEIN stellt diesen Prozess zeitlich dreistufig dar: zunächst existiert eine Gruppe, die sich über einen gemeinsam genutzten Raum (Arbeitsplatz, Nachbarschaft etc.) definiert. Der Raum erscheint hier als von der sozialen Gruppe losgelöst. Über das so definierte Gemeinwesen formuliert sich dann die Notwendigkeit, Regelsysteme zu entwerfen und in einem dritten Schritt erst vollzieht sich die Notwendigkeit, dieses Regelsystem zu etablieren, gegebenenfalls anzupassen und gegenüber äußeren Einflüssen zu schützen.

Vor dem Hintergrund der empirischen Fallstudien sollte diese Reihenfolge nicht notwendigerweise als dreistufig verstanden werden. Auch die Bildung einer Organisation kann zur Etablierung eines (neuen) Regelsystems führen, über dessen Ausgestaltung sich eine Gruppe von Personen zusammenfindet, welche erst dann einen gemeinsamen Raum konstituiert. Es wäre damit denkbar, dass diese von ROTHSTEIN dargelegten Einzelprozesse in Wirklichkeit in umgekehrter Reihenfolge, parallel bzw. gleichzeitig ablaufen.

Dennoch, abgesehen von der auf die zeitliche Abfolge gerichteten Kritik an dieser Darstellung, die uns ROTHSTEIN als Einleitung seiner Abhandlung über politische Institutionen vorstellt, finden sich hier durchaus geeignete Erklärungsansätze. So steht auch bei ihm im Mittelpunkt der Institutionenbildung ein Aushandlungsprozess, der sich über Koordination (allerdings unterschiedlicher) Akteure abspielt. Außerdem weist ROTHSTEIN auf die Bedeutung eines geographischen Raumes hin, wenngleich er diesen wohl auch als metrisch-territorial begreift, und verweist auf eine historische Komponente, die sich auf die Pfadabhängigkeit eines jeglichen Prozesses bezieht. In jedem Stadtviertel, in dem Erneuerungsprozesse stattfinden, befinden sich bereits gewachsene Strukturen, deren Charakteristika sowohl von einem städtischen, regionalen, ja sogar nationalen Kontext abhängig sind, aber auch nachbarschaftsspezifisch sind. Räumliche und zeitliche Eigenschaften stellen somit die Grundlage einer jeden Institutionenbildung dar.

3.3 Vertrauen

3.3.1 Komplexität durch Koordination und Unsicherheiten

Governance wird als die Koordination kollektiven Handelns verstanden und umfasst spezifische Mechanismen, die die Koordination unterschiedlicher Akteure ermöglichen bzw. regeln. Governance gilt als „das Gesamt aller nebeneinander bestehenden Formen der kollektiven Regelung gesellschaftlicher Sachverhalte" (MAYNTZ 2004, o. S.) und impliziert so, dass innerhalb der Akteurskonstellationen neben formellen Regelmechanismen auch informelle Mechanismen bestehen.

Hierarchie, Markt, Netzwerk, Partnerschaft oder Verband – dies sind nur wenige Formen, innerhalb derer sich in unserer Gesellschaft die koordinative Zusammenarbeit vollzieht. Innerhalb dieser Formen ist die Zusammenarbeit der Akteure ungleich stark geregelt. Während in hierarchischen Systemen vertikal gegliederte Strukturen überwiegen, in denen Mechanismen greifen, die über die Androhung von Repression und Strafe das fehlgeleitete Handeln eines Akteurs zur Sicherheit der anderen (maß)regeln, herrschen in Netzwerken, losen Verbänden oder Partnerschaften horizontale Strukturen vor, die die Ausbildung informeller Regelungsmechanismen begünstigen. Die Sicherheit der Beteiligten fußt damit nicht mehr ausschließlich auf klar herausgestellten Normen und Gesetzen, sondern ergibt sich aus anderen Mechanismen. Vertrauen spielt in diesem Kontext eine maßgebliche Rolle, da es vor allem dann eingesetzt wird, wenn andere Sicherheit gebende Funktionen außer Kraft gesetzt sind.

Grundsätzlich geht es bei Vertrauen um den Umgang mit Unsicherheiten (MISZTAL 1996), die um so größer ausfallen, je mehr Akteure informell mit einander kooperieren wollen. Vertrauen zielt damit auf eine Ordnung ab, innerhalb derer Unsicherheiten auf ein vertretbares Maß verringert werden und so, in den Worten LUHMANNS ausgedrückt, die Komplexität so reduziert wird, dass das System nicht kollabiert (vgl. LUHMANN 1968/2000; LUHMANN 1980). Diese Aufgabe erledigen informelle als auch formelle Regelungen. Allerdings erweisen sich informelle Regelungen als nur schwer oder kaum berechenbar, während formelle Mechanismen als bekannt gelten und ihr Funktionieren als relativ sicher einzuschätzen ist (MISZTAL 2000). Vertrauen ist daher gerade dann der geeignete Mechanismus zur Reduktion von Komplexität, wenn die formelle Regelung weniger stark ausgebildet ist, so dass sie nicht im notwendigen Maße die bestehenden Unsicherheiten der Beteiligten zu reduzieren in der Lage sind.

Aufgrund der großen Zahl von Akteuren und der sich daraus ergebenen unterschiedlichen Perspektiven, Meinungen und Vorstellungen über das kollektive Handeln, in Verbindung mit dem Wegfall einer alles kontrollierenden hierarchischen Regelung, herrscht im koordinativen System ein hohes Niveau an Komplexität vor. Die hohe Komplexität innerhalb von Governance-Prozessen unterstreicht auch BENZ (2004, S. 17), indem er auf den „Regelungsaspekt in komplexen Strukturen" verweist und dafür die Kommission „Global Governance" zitiert. Diese versteht unter Governance die „Gesamtheit der zahlreichen Wege", auf denen eine Vielzahl von unterschiedlichen Akteuren „kontroverse oder unterschiedliche Interessen" durch kooperatives Handeln auszugleichen vermag (Kommission Global Governance, zitiert in BENZ 2004, S. 17).

Damit kann Governance nun um zwei weitere Faktoren konkretisiert werden. Governance steht so für ein hohes Maß an Komplexität, das über die Ausbildung von alternativen, ergänzenden und eher informellen Koordinationsmechanismen zur Zufriedenheit aller reduziert werden kann. Daher stellt sich als weitere Frage, wie diese informellen Mechanismen geartet sein müssen, um Komplexität wirkungsvoll zu reduzieren? Und wie sieht eine solche Reduktion genau aus? Handelt es sich bei der Reduktion von Komplexität um eine Simplifizierung? Um diese Frage beantworten zu können, muss zunächst der Begriff der Komplexität näher erläutert werden.

In der vorliegenden Untersuchung ergibt sich Komplexität durch die Ausbildung von Relationen innerhalb eines Netzwerkes, dessen Mitglieder sich nicht nur aus der lokalen Bevölkerung rekrutieren, sondern auch Vertreter anderer gesellschaftlicher Bereiche umfasst. Indem Komplexität als das „Hindernis für erfolgreiche Planungen" (LUHMANN 2004, S. 168f.) angesehen wird, liegt dem Begriff eine zumeist negative Konnotation zugrunde. Als Resultat einer solchen Einstellung gilt es, komplexe Situationen zu vermeiden oder, so dies nicht möglich ist, wenigstens schnell zugunsten einer Harmonie der Gleichheit aufzulösen. Dass diese Sichtweise, so sehr sie zunächst auch noch einleuchtend klingen mag, falsch ist, zeigt die Charakterisierung von Governance durch KOOIMAN (2006). Er sieht Komplexität neben Dynamik und Diversität als wesentliche und wichtige Voraussetzung und zugleich Eigenschaft eines Governance-Prozesses an. Governance löst Komplexität daher nicht etwa auf, indem durch die Anwendung oder Etablierung von Governance-Strukturen ein Planungsprozess nun simplifiziert würde. Komplexität ist vielmehr das Resultat eines Governance-Prozesses und als solches gewollt und positiv zu betrachten (KOOIMAN 2006). Denn durch einen hohen Komplexitätsgrad im Planungsvorgang werden informelle Koordinationsmechanismen angestoßen, die ohne eine herrschende Unsicherheit nicht existieren würden. Zu diesen informellen Mechanismen wird Vertrauen gezählt, welches in einer Situation unbedingter Sicherheit überflüssig wäre (JUCHEM 1988, S. 99). Vertrauen schafft aber im eigentlichen Sinne noch keine Planungssicherheit, sondern muss als Modus verstanden werden, mit der Unsicherheit umzugehen, auf sie zu reagieren. Damit reduziert Vertrauen im eigentlichen Sinne nicht Komplexität, sondern erhöht sie weiter, schafft aber zugleich Strukturen, die innerhalb dieser hohen Komplexität das System am Leben erhalten können. Der Begriff der Komplexität findet sich indirekt auch in der Arbeit von MISZTAL (1996) wieder, in der die Begriffe der Unsicherheit und die der Unsicherheit gegenüber stehenden Ordnungen von besonderer Bedeutung sind und daher in Kapitel 7 wieder aufgegriffen werden.

Ausgehend von der Existenz von „Relationen" (LUHMANN 2004), über die „Elemente" eines Systems untereinander verbunden sind, stellt sich die Situation in den Quartieren als komplex dar. Denn mit steigender Zahl der Elemente, steigen auch die Möglichkeiten der Konstellationen. Jedes Elementteilchen – jeder Akteur – möchte idealerweise mit jedem anderen Akteur in eine Beziehung treten. Der Grund hierfür liegt in der Sehnsucht begründet, das herrschende Informationsdefizit über das zukünftige Handeln der anderen zu minimieren. Bei einer großen Anzahl von Akteuren ist dies natürlich nicht möglich, denn Zeit und Raum sind begrenzte Güter. Und schlimmer noch: bezogen auf den Alltag in den Untersuchungsgebieten möchte gerade nicht jeder Akteur mit jedem in Verbindung treten, auch wenn dies zum Gelingen etwa eines speziellen Vorhabens unausweichlich wäre. Die Elemente sind daher zunächst überfordert. Auf der einen Seite gibt es plötzlich so viele andere Elemente im Quartier (bzw. in jedem beliebigen anderen System oder Subsystem), auf der anderen Seite sind etwaige Relationen, die sich im Moment anbieten, vielleicht nicht jene, die sie selbst bevorzugen. Wie reagieren Elemente eines Systems darauf? Sie selektieren: „Die Konsequenz ist, dass von einer bestimmten Größenordnung an nicht mehr jedes Element mit jedem anderen verknüpft werden kann und man deshalb Relationen nur noch selektiv herstellen kann" (LUHMANN 2004, S. 173).

Aus systemtheoretischer Perspektive entsteht Komplexität durch systemexterne Ereignisse der Systemumwelt oder durch systeminterne Planungen eines Subsystems, welches nicht das System selbst darstellt (LUHMANN 2004). „Das System hat nicht die Kapazität, um auf alles, was in der Umwelt geschieht, einen eigenen Zustand draufzusetzen, eine eigene Operation dagegenzuhalten, sei es um zu fördern oder zu verhindern, was geschieht" (LUHMANN 2004, S. 168) Komplexität muss daher reduziert werden, um den Fortbestand des Systems zu gewährleisten. Dabei ist das Auftreten von Komplexität ein natürlicher Zustand. LUHMANN (1968/2000, S. 5) erklärt Komplexität daher wie folgt: „Für jede Art realer Systeme in der Welt, und seien es physische oder biologische Einheiten, Steine, Pflanzen oder Tiere, ist die Welt übermäßig komplex: Sie enthält mehr Möglichkeiten als die, auf die das System sich erhaltend reagieren kann." Die Umwelt ist aus der Systemperspektive stets komplex, gleiches gilt auch für Systeme und ihre Subsysteme, „wenn man Planer hat, die das System planen, aber selbst nicht Teil des Systems sind [...] und das System [...] als ihre Umwelt haben" (LUHMANN 2004, S. 168). Es leuchtet daher ein, dass der Mensch „[...] wirksame Formen der Reduktion von Komplexität entwickeln [muss]" (LUHMANN 1968/2000, S. 8).

Begrifflich ist Komplexität in der Literatur kaum definiert, findet aber dennoch häufig Eingang in Untersuchungen. Wenige Hinweise lassen Komplexität als Begriff erscheinen, dem kein Gegenbegriff gegenüber zu stellen ist. ‚Einfach' ist dabei nicht das Gegenteil von ‚komplex' (LUHMANN 1980). Häufig wird auch von einer quantitativen Steigerung von Komplexität gesprochen und versucht, Systeme und ihren Komplexitätsgrad zu vergleichen. Einem solchen Versuch steht LUHMANN (2004, S. 176f.) allerdings eher skeptisch gegenüber: „Man unterscheidet verschiedene Dimensionen am Komplexitätsbegriff, die Zahl der Elemente, die Zahl der zugelassenen Relationen, manchmal auch die Verschiedenartigkeit der Elemente – wobei ich nicht weiß, ob man diese unabhängig von den Relationen denken kann, genauso taucht es in der Literatur jedoch auf [...]. Damit kommt man zu einem mehrdimensionalen Komplexitätsbegriff und handelt sich dann die Schwierigkeit ein, dass man nicht unterscheiden kann, welches System komplexer ist als ein anderes; denn es mag sein, dass das eine in der einen, das andere in einer anderen Dimension komplexer ist, also mehr Beziehungen, mehr Elemente, verschiedenartigere Elemente oder schnellere Wechsel der Relationierung zulässt".

Für die Untersuchung ergibt sich also nicht die Frage, welche Konstellation weniger komplex wäre oder in welchem Quartier die Komplexität effektiver reduziert wird, sondern vielmehr welches überhaupt die Mechanismen sind, mit bestehender Komplexität umzugehen. Wie reagieren die Akteure darauf und welche Institutionen führen zu einer Reduktion von Komplexität?

In komplexen Systemen kann über eine funktionierende Koordination eine defizitäre Informationslage der Akteure aufgefangen werden. Dies impliziert allerdings zugleich ein gewisses Risiko, das alle Beteiligten eines Koordinationsprozesses eingehen. Nun lässt sich dieses Risiko grundsätzlich auf zweierlei Art und Weisen minimieren: entweder über informelle Mechanismen oder über formelle Mechanismen. Jede Form der Koordination weist dabei eigene Mechanismen auf und selbst zwei identische Formen werden aufgrund individueller Ausprägungen über unterschiedliche Mechanismen funktionieren. Eine Unterteilung in formelle und informelle Koordinationsmechanismen erleichtert es gewöhnlich, Mechanismen zu gliedern und zu unterscheiden (MISZTAL 2000).

Zu den formellen Mechanismen werden jene Mechanismen gezählt, die entsprechend einem Formalisierungsprozess unterliegen. MISZTAL (2000) subsumiert unter Formalität all jenes, was in geschriebener Form vorliegt. OFFE (2001) zählt zu den formellen Koordinationsmechanismen hoheitliche Verfügungsgewalt (also Herrschaft), finanzielle Mittel (also Geld oder andere symbolische Tauschmittel) und professionalisiertes Wissen (also Bildung und Detailinformationen). Als informelle Mechanismen stellen sich hingegen jene Mechanismen dar, die zum einen nicht die gesamte Akteursgruppe in gleicher Weise umfassen und berücksichtigen und darüber hinaus stark veränderlich, also dynamisch in ihrer Ausgestaltung sind. Eine klare und eindeutige Definition ist allerdings kaum zu leisten, gelten die Grenzen zwischen formell und informell doch als fließend. Auf Seiten der informellen Koordinationsmechanismen gilt Vertrauen als zentraler Faktor. Das Konzept Governance impliziert Ressourcenüberschneidung, Kapazitätsoptimierung und erweiterte Handlungsfähigkeit (KLEGER 1996), aber auch einen stets zunehmenden Komplexitätsgrad und erhöhte Anfälligkeit der Entscheidungssysteme. Integrierte urbane Entwicklungsprogramme eröffnen einer Vielzahl von Akteuren den Zugang zu Entscheidungs- und Realisierungsprozessen, die vormals im Bereich staatlicher Hoheit lagen. Governance vollzieht sich damit in einer ungewissen, unsicheren Umgebung, in der das Handeln oder Nichthandeln Einzelner bereits weit reichende Auswirkungen auf das der anderen haben kann. Da Handlungssicherheit in einem auf Freiwilligkeit basierenden kooperativen System nicht über Repressionen oder etwa der Androhung von Strafe sicher gestellt werden kann, müssen andere Mechanismen entwickelt werden, die speziell für unsichere Verhältnisse geeignet erscheinen.

3.3.2 Definition Vertrauen

Während bei der obigen Beschreibung der Vertrauensbildung und der Herstellung von Vertrauenswürdigkeit bereits einige Eigenschaften von Vertrauen angeführt wurden, steht eine Definition des Phänomens noch aus. Die Suche nach einer möglichst eindeutigen Definition von Vertrauen erweist sich allerdings als schwierig, da Vertrauen insgesamt recht heterogen konzeptualisiert worden ist (vgl. LEWIS & WEIGERT 1985). In der psychologischen und soziologischen Literatur zählt Vertrauen zwar zu einem verhältnismäßig unbeachteten Randthema, dennoch haben sich viele unterschiedliche Ansichten und Vorstellungen etablieren können, die der Bildung einer gemeinsamen, einheitlichen Vertrauenstheorie entgegenstehen. Auch in der Geographie gewinnt das Vertrauensphänomen zunehmend an Bedeutung, vor allem im Zusammenhang mit dem Embeddedness-Ansatz (vgl. BATHELT & GLÜCKLER 2003).

BATHELT & GLÜCKLER verstehen Vertrauen daher als Prozess, der erfahrungsabhängig sei und längerfristiger Interaktionen bedürfe und grenzen das Phänomen damit nur ungenau ein, wenngleich sie durchaus die Wichtigkeit von räumlicher Nähe für die Bildung von Vertrauen im Hinblick auf „gegenseitige Zuverlässigkeit, Leistungsfähigkeit und Loyalität" (ebenda, S. 162) darstellen und darüber eine raumbedeutende Komponente von Vertrauen ausdrücken.

Vertrauen ist von den verschiedenen Disziplinperspektiven unterschiedlich konzeptualisiert worden. Auf den drei klassischen Analyseebenen (mikro, meso und makro) gerät Vertrauen in den Fokus unterschiedlicher Wissenschaftsdisziplinen, die den Vertrauenskomplex in Abhängigkeit ihres jeweils eigenen Kontextes definieren. So wenden sich psychologische Studien eher der Mikroebene und damit dem Individuum zu, während die Soziologie sich bevorzugt auf meso- und makroskalige Entwicklungen des Vertrauens konzentriert und damit den Zusammenhang von Vertrauen und gesellschaftsbasierten Institutionen, dem Gesellschaftssystem, untersucht. Dabei trennt Vertrauen nicht nur die Disziplinen, sondern es ist zugleich ein komplexes Aggregat unterschiedlicher sozialwissenschaftlicher Theorien. Ungeachtet der wissenschaftstheoretischen Diskussionen wird die Thematisierung dessen, was Vertrauen eigentlich ist, in der alltäglichen Quartiersarbeit aber immer wichtiger, so dass hier die Wissenschaft einer nach Erklärung suchenden Praxis gegenübersteht. Die Relevanz für dieses Thema ist daher in Wissenschaft wie Praxis gleichermaßen hoch. Im Folgenden soll der Frage nachgegangen werden, wie Vertrauen auch vor einem alltagspraktischen Kontext definiert werden kann und welche Implikationen sich daraus für die Handelnden ergeben.

Aus rationaler Perspektive definiert DEUTSCH (1958, S. 266) Vertrauen als die Erwartung eines Individuums in das Eintreten eines zukünftigen Ereignisses, durch dessen Nichteintreten größere negative Konsequenzen verursacht würden als durch dessen Eintreten. Das Risiko ergibt sich hier aus dem größeren Schaden, welcher sich aus dem enttäuschten Vertrauen herleitet. Es macht dann keinen Sinn, von Vertrauen zu sprechen, wenn durch enttäuschtes Vertrauen kein Schaden entstünde. Dann wäre das Vertrauen eine einfache, belanglose Sache und hätte keinen inhaltlichen Gehalt mehr. Erst die Gefahr am Horizont, der man nur durch das Vertrauen in ein Ereignis (oder in eine Person) vermeintlich entrinnen kann, macht Vertrauen zu einem risikobehafteten Vorgang und zu einem (überlebens-) wichtigen sozialen Prozess. Vertrauen liegt daher stets eine positive Einstellung zugrunde, die sich entweder aus konkreten Erfahrungen mit dem Gegenüber herleitet oder einer spezifischen Situation entspringt, in der sich die betreffende Person nun befindet.

Der Definition von DEUTSCH folgend, könnte man die Gewährung von Vertrauen auf eine mathematische Gleichung reduzieren, in der sich Nutzen und Risiko entsprechend einer bestimmten, zu berechnenden Wahrscheinlichkeit gegenüberstehen. Hier setzen Rational-Choice-Ansätze an, die innerhalb der Vertrauensforschung einen großen Stellenwert einnehmen (HARTMANN 2001). Der Theorie der rationalen Wahl liegt ein bestimmtes Menschenbild zugrunde, welches bestimmte anthropologische Konstanten umfasst (vgl. hierzu LINDENBERG 1981). Hierzu zählen u. a. Intelligenz, Kreativität und Lernfähigkeit der Akteure, die Begrenztheit der sozialen und materiellen Umgebung, die Urteilsfähigkeit der Akteure und ihre Fähigkeit Handlungsalternativen abschätzen zu können, die Erwartungshaltung an den Eintritt bestimmter Ereignisse und die Einschätzung der Wahrscheinlichkeit oder Sicherheit dieses Eintritts, und der Drang der Menschen ihren eigenen Output zu erweitern (HILL 2002, S. 41). Der Mensch, so führt ESSER (1993, zitiert in HILL 2002, S. 41) aus, habe immer eine Wahl zwischen verschiedenen Optionen und wählt zwischen diesen Optionen bewusst in Einklang mit seinem ureigenen Drang, seinen Vorteil zu maximieren, aus. Bezogen auf die Gewährung von Vertrauen bedeutet dies, dass nun Wert-Modelle entwickelt werden können, deren Ausgang sich voraussagen lässt, da die handelnden Subjekte stets entsprechend ihrer rationalen Handlungsmöglichkeiten logisch, nachvollziehbar und wiederholend agieren. Eine solche Regelhaftigkeit der Handlung ermöglicht eine mathematisch berechnende Annäherung. Der Umgang des Akteurs mit Wahrscheinlichkeiten des Eintritts einer Situation, auf die er vertraut, kann nun numerisch ausgedrückt werden. Als bekanntestes Beispiel gilt hier das Gefangenentheorem in der Spieltheorie (vgl. AXELROD 1987). Hier fällen Akteure ihre Entscheidung unabhängig von der Entscheidung ihres Gegenübers und allein auf der Grundlage ihrer eigenen Nutzenmaximierung. Das führt im Gefangenendilemma dazu, dass die beste Entscheidung nicht unbedingt jene ist, welche die Akteure treffen. Eine ähnliche Sichtweise liegt auch der Sozialtheorie COLEMANs zugrunde, in der das Vertrauensphänomen eine zentrale Position einnimmt. COLEMAN versteht den Prozess der Vertrauensgewährung als „schlichte(s) und kaltherzige(s) Kalkül" (JUNGE 1998, S. 26) und entwickelt daraus ein Emotionen und Gewissensfragen ausblendendes, eher einseitiges, wenngleich umfassendes und weit reichendes Verständnis von Vertrauen (ebenda).

Andere Autoren kritisieren ein solches rationales Verständnis von Vertrauen und führen weitere Faktoren an, deren Auftreten sich nicht einem zu berechnenden Modell unterwirft, sondern sich aus dem sozialen Handeln ableitet, in das die beteiligten Akteure eingebunden sind. Sie argumentieren, dass soziale Kooperation nicht der eigenen Nutzenmaximierung dienen kann (HILL 2002, S. 42). So fließen in den Aufbau einer Vertrauensbeziehung auch Faktoren wie beispielsweise Verzweiflung, Unwissenheit und Impulsivität (KOLLER 1997, S. 15) mit ein, deren Einfluss sich einer Berechnung entzieht.

ROUSSEAU (1998, zitiert in: SITKIN & GEORGE 2005, S. 308) definiert Vertrauen „as ‚a psychological state comprising the intention to accept vulnerability based upon positive expectations of the intentions or behavior of another'". Damit wird auf einen psychologischen Aspekt beim Aufbau eines Vertrauensprozesses hingewiesen. Dieser umfasst die Tatsache, dass das Verhalten des anderen verletzend wirken kann und daher ein Risiko darstellt, man aber aus rational unerklärlichen Gründen bereit ist, diesen risikobehafteten Weg weiter zu beschreiten: „Trust begins where rational prediction ends (BIJLSMA-FRANKEMA & COSTA 2005, S. 261).

Im Mittelpunkt eines die verschiedenen Ansichten integrierenden Vertrauensbegriffes, der sich sozusagen als gemeinsamer Nenner der Vertrauensforschung erweisen soll, sieht MUTTI (1998) die Erwartungshaltung des Vertrauenden in von Unsicherheit geprägten Situationen, die letztendlich verbunden ist mit dem Ziel, einen positiven Wert zu erzielen. Die Unsicherheit, so MUTTI weiter, ergibt sich dabei nicht nur aus einem Informationsmangel, sondern auch aus einem Informationsüberschuss, wie er für komplexe Situationen typisch ist (ebenda, S. 38).

Zusammenfassend definiert MUTTI daher Vertrauen als „aspettativa di esperienze con valenza positiva per l'attore, maturata sotto condizioni di incertezza, ma in presenza di un carico cognitivo e/o emotivo tale da permettere di superare la soglia della mera speranza'" (MUTTI 1994, zitiert in MUTTI 1998, S. 42). Diese Definition wurde im Verlauf der Untersuchung als operationalisierbar und damit untersuchungsleitend angesehen, insbesondere deshalb, da sie eine in die Zukunft reichende positive Erwartungshaltung in Bezug zu zukünftigen Erfahrungen beinhaltet, eine risikobehaftete Situation als Ausgangsbasis darstellt, die Abgrenzung zur Hoffnung vollzieht und darüber hinaus eine emotionale und kognitive Aufladung herausstellt. Sie gilt daher als umfassende Definition für Vertrauen und liegt der weiteren Untersuchung von Governance in integrierten Entwicklungsprogrammen forschungsleitend zugrunde.

Eine weitere charakteristische und für diese Untersuchung wichtige Erkenntnis liegt in der Tatsache begründet, dass Vertrauen unterschiedliche Dimensionen umfasst, wozu ANFANG & URBAN (1994) Kontrolle, Handlungsfreiheit des Akteurs, Anerkennung der Leistungsfähigkeit (also Reputation, Anm. d. Autors), Erwartung an Akteure, Komplexität, Vorbereitungs- und Überprüfungskosten, Risiko und Folgehandlungen zählen.

Die Handlungsfreiheit der Akteure, die mit der Gewährung von Vertrauen einhergeht, kann die fehlende Kontrolle nicht ersetzen, überlagert das Fehlen jedoch. In der Literatur werden Kontrolle und Vertrauen häufig als dualistisch und entgegengesetzt zueinander stehend betrachtet (MÖLLERING 2005). So stehen sich auf der einen Seite ‚positive Erwartungen' und auf der anderen Seite die ‚Regelhaftigkeit (und damit Vorhersagbarkeit) von Verhalten' gegenüber (ebenda, S. 288). Durch diese Formulierung wird aber bereits deutlich, dass Vertrauen und Kontrolle nicht wirklich gegensätzlich zu einander stehen, sondern beide „constitute a duality, instead of a dualism" (ebenda, S. 289).

---

7 [...] „als die Erwartung von Erfahrungen, die mit positiver Wertigkeit für den Akteur besetzt sind, und sich in einer Situation von Unsicherheit vollziehen; dabei sind sie kognitiv und/oder emotional so aufgeladen, dass sie die Schwelle zur Hoffnung zu überwinden in der Lage sind", Übersetzung d. Autors.

Die Auswahl des Vertrauten kann sich entweder aus seiner individuellen Reputation ergeben oder aber einer Situation entspringen, in der man es gewöhnt ist, Vertrauen zu gewähren. Innerhalb eines solchen Umfeldes tritt die Person des Vertrauten in den Hintergrund, im Vordergrund der Motivation zu vertrauen stehen Routinen, Handlungsabläufe und Traditionen, auf deren Basis einer neuen Person das Vertrauen geschenkt wird, welches man innerhalb dieses Umfeldes stets gewährte. Die Leistungsfähigkeit kann also sowohl auf den Akteur oder aber das Umfeld fokussiert werden (s. institutionelles und personenbasiertes Vertrauen).

Zu den Dimensionen Komplexität und Erwartung wurden im obigen Teil des Kapitels bereits die Grundzüge erläutert. Die „Kostenminimierung" durch Vertrauen liegt auf der Hand. In den vorliegenden Fallstudien ist es aber weniger die bewusste Reduktion von Kosten (und hierunter fallen nicht nur finanzielle Kosten) sondern eine Situation, in der zwangsweise nicht genügend Ressourcen zur Verfügung stehen, um alle Eventualitäten, alle Akteure einer rationalen Prüfung ihrer Validität zu unterziehen.

Die Tatsache, dass innerhalb einer Vertrauenskonstellation der Satz des Vertrauensgebers „ich vertraue dir" stets ergänzt werden kann um den Satzteil „ …eine bestimmte Sache zu tun" (HARDIN 1992, S. 154), birgt zugleich eine Unterscheidung zu anderen Vertrauensformen, etwa dem Vertrauen eines Kindes oder dem uneingeschränkten Vertrauen in Gott oder politische Führer, in denen kritiklos und vorbehaltlos Vertrauen geschenkt wird. Diese Formen von Vertrauen, ebenso wie die des Urvertrauens, werden in der vorliegenden Studie nicht berücksichtigt und fallen wohl kaum unter die nachfolgende Definition. Sie stellen vielmehr Sonderformen des Vertrauensbegriffes dar.

Durch den Bezug zu einer konkreten Handlung unterscheidet sich Vertrauen zugleich und wesentlich von dem Gefühl der Sympathie (KOLLER 1997). Der Bildung von Vertrauen muss nicht zwangsläufig Sympathie gegenüber einer Person zugrunde liegen, wenngleich allerdings das Vorhandensein von Sympathien die Bildung von Vertrauen erleichtert. Eine weitere wichtige Abgrenzung muss auch gegenüber dem Prinzip der Hoffnung getroffen werden. LUHMANN (1968/2000, S. 28) sieht Vertrauen nur dann gegeben, wenn „die vertrauensvolle Erwartung bei einer Entscheidung den Ausschlag gibt", andernfalls handle es sich um die bloße Hoffnung, dass ein bestimmtes Ergebnis oder Ereignis eintrete.

Vertrauen gilt als omnipräsent in jeglicher Form sozialer Beziehungen (MISZTAL 1996, S. 13) und somit als Grundlage des sozialen Zusammenhalts (OFFE 2001, S. 242). Nach GAMBETTA (2001) ist Vertrauen die Grundlage eines jeden kooperativen Verhältnisses. Die Bildung von Vertrauen geht daher stets einher mit einer konkreten Situation.

In einer Studie über den Vertrauensbildungsprozess zwischen Taxifahrern und ihren Fahrgästen führen GAMBETTA & HAMILL (2005) aus, wie diese innerhalb kürzester Zeit die

Vertrauenswürdigkeit des Gegenüber auf der Basis von Gestik, Kommunikation, Symbolik, Erfahrung und Menschenkenntnis einschätzen. In ihrer Studie nähern sich die Autoren den Prozessen und Mechanismen der Bildung von Vertrauen anhand eines Extrembeispiels. In den Städten New York und Belfast zeigen Statistiken, dass sowohl die Fahrgäste als auch die Fahrer eines Taxis einem besonders hohen Risiko ausgesetzt sind. Die Entscheidung, einen Fahrgast zu akzeptieren oder sich in ein Taxi zu setzen, wird zur risikobehafteten Situation. Eigentlich bedürfte die Entscheidung zu Handeln einer genauen Prüfung des Gegenübers. Am besten sollte man vorher Einsicht in das polizeiliche Führungszeugnis beantragen, intensive Gespräche führen und sich bei anderen Kollegen über diesen speziellen Fahrgast oder Fahrer informieren können. So oder so ähnlich könnte man das jeweils hohe Risiko kontrollieren und sicherstellen, dass es sich bei einem Fahrgast nicht um einen Räuber handelt oder man nicht einem betrügerischen Fahrer ausgeliefert ist und die Fahrt nicht an einem anderen als dem vereinbarten Ziel endet. Das Risiko könnte über formelle Institutionen reduziert werden. Da dies natürlich nicht möglich ist, versuchen Fahrgast und Taxifahrer daher die Vertrauenswürdigkeit des Gegenüber einzuschätzen. Die Vertrauenswürdigkeit zu bewerten stellt damit den letzten Schritt dar, bevor wir uns vollkommen dem Wohlwollen des anderen ausliefern und uns dadurch der Verletzbarkeit aussetzen (vgl. BAIER 2001, S. 43). Wenngleich die Einschätzung der Vertrauenswürdigkeit sich oftmals auf punktuelle, situative Erscheinungen bezieht, dauert sie jedoch über den gesamten Prozess des Vertrauens an und ist nicht nur auf die momentane Entscheidung begrenzt. Auch wenn es während des Vertrauensprozesses keine tatsächlichen Anzeichen dafür gibt, dass unser Vertrauen enttäuscht werden könnte, sich allerdings Zweifel über die Vertrauenswürdigkeit des anderen auftun, kann das gewährte Vertrauen aufgrund dessen wieder entzogen werden. Vertrauen ist daher ein dynamisches Konzept, die Höhe des Vertrauens variiert über die Prozesszeit und ist, einmal gewährt, nicht einfach nur da.

Die Betonung der eigenen Verletzbarkeit und die Abhängigkeit vom Wohlwollen des anderen weisen auf risikobehaftete, unsichere Situationen hin, in denen Vertrauen gewährt wird. Dass Vertrauen als Mechanismus gilt, der in unsicheren Situationen greift, stellt JUCHEM (1988, S. 98f.) dar. Er führt aus, dass „Vertrauen [...] nicht nur das nicht gesicherte Hereinholen der Zukunft in die Gegenwart [...] [ist], es ist [...] auch ein Wagnis, weil der Vertrauende zwar gewisse Informationen hat, d.h. mit gewissen Gegebenheiten vertraut ist, die aber wiederum nicht so umfangreich und erschöpfend sind, daß daraus unbedingt Sicherheit entspringt". Etwas weiter in seinem Text schreibt JUCHEM (ebenda, S 99): „Unbedingte Sicherheit macht Vertrauen überflüssig".

Vertrauen liegt daher stets die positive Bewertung einer Situation zugrunde (KOLLER 1997, S.13), dass in der nahen (oder fernen) Zukunft ein bestimmtes Resultat, eine bestimmte Handlung eintreten wird, durch welche die gerade getroffene Entscheidung dann im Nachhinein (moralisch) gerechtfertigt wird. Der Taxifahrer bewertet den potentiellen

Fahrgast auf seine Ehrlichkeit und Zuverlässigkeit hin und vertraut darauf, dass dieser das Fahrtgeld entrichten wird und nicht etwa eine bedrohliche Handlung am Fahrer vornimmt und ihm wohlmöglich schadet. Ob er mit seiner Entscheidung richtig lag und sein Vertrauen nicht etwa vergebens investierte, wird er erst am Ende der Fahrt erfahren.

Den Moment des Vertrauensaufbaus definieren COOK et al. (2005) als Prozess, „through which social interaction opportunities involving risk are transformed into trust relations in which the people involved come to trust each other and honor that trust". Die Transformation von Möglichkeiten in eine Entscheidung, so COOK et al., vollzieht sich damit über ein riskantes und risikobehaftetes Handeln. Aus einer Vielzahl möglicher LebenspartnerInnen wählen wir gezielt eine Person aus, der wir vertrauen, dass sie oder er unser Vertrauen nicht enttäuschen wird. Äquivalent vertrauen wir in einem Arbeitsverhältnis unabhängig vom geschlossenen Arbeitsvertrag, der uns in seinem Rahmen Sicherheit gewährt, darauf, dass uns die KollegInnen oder der/die Vorgesetzte unseren Erwartungen entsprechend behandeln und vielleicht fördern. Indem wir die Vertrauenswürdigkeit des anderen einzuschätzen versuchen, gehen wir ein gewisses Risiko ein, denn natürlich können wir mit unserer Einschätzung auch falsch liegen. Die Einschätzung der Vertrauenswürdigkeit selbst vollzieht sich demnach als explorativer Prozess, für den es keine allgemeinverbindlichen Vorgaben oder Anleitungen gibt. Wir greifen vielmehr auf jene Fähigkeiten zurück, die unter der vagen Kategorie der Lebenserfahrung zu subsummieren sind.

Die Einschätzung der Vertrauenswürdigkeit kann dabei auf sichtbaren und in Ansätzen berechenbaren, vorhersehbaren Faktoren basieren, wie etwa dem Wissen um die Reputation des anderen oder dem Erkennen einer Symbolik, der zufolge eine Person als vertrauenswürdig gelten müsste. Allerdings spielen auch unkontrollierbare, nicht berechenbare Faktoren eine Rolle, die erst während des Handelns zu Tage treten: „Many people may be dressed nicely and they have a gun", bringt ein von Gambetta und Hamill interviewter New Yorker Taxifahrer die Tatsache der Unberechenbarkeit auf den Punkt (GAMBETTA & HAMILL 2005, S. 170). Die Würdigkeit des Gegenübers, unser Vertrauen gewährt zu bekommen, basiert also nicht nur auf einem rationalen Abwägen unsererseits (vgl. COOK et al. 2005), sondern auf einem experimentellen, sozialen, schrittweisen Erkunden des anderen.

Wie eingangs beschrieben, beginnt der Weg der Vertrauensbildung mit der Einschätzung der Vertrauenswürdigkeit, die sich über den gesamten Prozess der Vertrauenssituation erstreckt. Wenngleich also kein punktueller Moment existiert, der über das Gewähren von Vertrauen entscheidet, sondern vielmehr Vertrauen dynamisch gewährt wird und damit einem Prozess unterliegt (BIJLSMA-FRANKEMA & COSTA 2005), ist der initiale Moment dennoch von entscheidender Bedeutung. Abermals führt hier die einschlägige Literatur durchaus vage Erklärungen an, oftmals wird dieser Moment sogar gar nicht weiter thematisiert. Cook et al. verweisen allein darauf, dass das Fehlschlagen eines solchen Momentes den weiteren Vertrauensprozess vereiteln würde (COOK et al. 2005). Fällt also die Einschätzung der Vertrauenswürdigkeit bereits zu Anfang als negativ aus, wird sich vorerst kein weiterer Prozess der Vertrauensbildung anschließen. Für eine positive Bewertung dieses ersten Momentes müssen daher die Vertrauensparteien alles daran setzen, dass der jeweils andere zu einem positiven Ergebnis kommt. Als Lösung für dieses Problem sehen Cook et al. die Werterhöhung der eigenen Person an. So muss zunächst der Wertgewinn für den Gegenüber ersichtlich sein, bevor ein vertrauensbildender Prozess einsetzen kann. Bezogen auf die Situation zwischen Taxifahrer und Fahrgast bedeutete dies, dass dem Fahrer der Gewinn offensichtlich sein muss, wenn er den Fahrgast befördert bzw. umgekehrt das Taxi den Fahrgast aus der Situation der Immobilität befreit. Mit dem Vertrauensprozess geht damit stets ein möglicher zukünftiger Gewinn einher, dessen Verlust allerdings unweigerlich einem Risiko ausgesetzt ist. Die Herausstellung des eigenen Wertes und der sich anschließende Weg, die Vertrauenswürdigkeit des Gegenübers zu erkunden, erfolgt nach Cook et al. schritt- bzw. stufenweise. Als berühmtes Beispiel verweisen die Autoren hierbei auf das „Kennedy Experiment" (vgl. Etzoni 1997, 1969, zitiert in COOK et al. 2005, S. 122) und den politischen Spannungsabbau zwischen den USA. und der Sowjetunion im Zusammenhang mit der sog. Kuba-Krise. Hier konnte die weltweite Krise über den schrittweisen Abbau von Misstrauen und den schrittweisen Aufbau von Vertrauen abgewendet werden.

3.3.3 Personenbasiertes Vertrauen

Bereits aus den Beispielen wurde ersichtlich, dass Vertrauen nicht nur in andere Personen, sondern auch in systemische, institutionelle Prozesse gewährt werden kann. Grundsätzlich lassen sich damit zwei Formen von Vertrauen unterscheiden (vgl. RUS & IGLIČ 2005, BIJLSMA-FRANKEMA & COSTA 2005): interpersonelles oder personenbasiertes Vertrauen (ENDRESS 2002) und systemisches oder institutionelles Vertrauen.

Bezogen auf personenbasiertes Vertrauen kann der Vertrauensprozess zunächst vereinfacht dargestellt werden als ein Prozess, in dem eine Person A in einer gewissen Situation eine Erwartung in den Ausgang einer konkreten Handlung einer Person B setzt (vgl. ANFANG & URBAN 1994). In einer solchen Konstellation stehen sich mindestens zwei Personen gegenüber. Beiden Personen werden innerhalb des Vertrauensbildungsprozesses eindeutige Rollen zugewiesen, nämlich die des Vertrauen Gebenden (truster) auf der einen Seite und die des Vertrauen Erhaltenden (trustee) auf der anderen Seite (GAMBETTA & HAMILL 2005, S. 3), weshalb oftmals auch von einem Vertrauensspiel gesprochen wird (BACHARACH & GAMBETTA 2001). Beide Rollen sind reflexiv zu verstehen, wie im einleitenden Beispiel des Taxifahrers und seines Fahrgastes verdeutlich wurde, in dem sowohl Fahrer als auch Gast in einen bidirektionalen Vertrauensprozess eingebunden sind.

Personenbasiertes Vertrauen wird anderen Personen geschenkt, aber auch selbst produziert. Wir vertrauen und uns wird vertraut. Vertrauen ist ein reflexiver wie reziproker Prozess. Geschenktes Vertrauen „stützt sich auf Annahmen über die Handlungen, Haltungen und Habitualitäten anderer, vorzugsweise derjenigen, mit denen wir in unmittelbaren Kontakt treten" (ENDRESS 2001, S. 166). Vertrauen wird daher als Vorschubleistung gewährt hinsichtlich einer möglichen und angenommenen zukünftigen Haltung des Gegenübers. Vertrauend gehen wir davon aus, dass der Beschenkte unser Vertrauen nicht missbrauchen wird. Träger personenbasierten Vertrauens sind Kommunikationen (vgl. LUHMANN 1968/2000). Hierbei vertraut der Vertrauende, dass der Adressat des Vertrauens die Kommunikation nicht störe bzw. die ihm zugeteilte Rolle ausfülle und letztlich nicht manipulativ mit dem gewährten Vertrauen umgeht. Einen wichtigen Faktor stellt hierbei die soziale Kopräsenz der Beteiligten dar, da Vertrauen insbesondere durch face-to-face-Kontakte aufgebaut wird (STORPER & VENABLES 2003).

Personenbasiertes oder interpersonelles Vertrauen wird häufig im Zusammenhang mit sozialem Kapital genannt, oftmals sogar damit gleichgesetzt. Genau so oft wird Sozialkapital allerdings auch mit der Kapazität zur Koordination und Bürgerlichkeit in Verbindung gebracht (TRIGLIA 2001, S. 427). PUTNAM versteht Vertrauen als Teil des sozialen Kapitals der Gesellschaft: „Social Capital here refers to features of social organization, such as trust, norms, and networks, that can improve the efficiency of society by facilitating coordinated networks" (PUTNAM 1993, S. 167). Ergänzend ist COLEMAN (zitiert in ENDRESS 2002, S. 36) zu nennen, da er die Einschätzung der Möglichkeit, negativ enttäuscht oder positiv bestätigt zu werden, also die Vertrauenswürdigkeit einer Person, dem Sozialkapital gleichstellt. Vertrauenswürdigkeit erscheint hier als eine Vorstufe zum eigentlichen Prozess des Vertrauens. Beide Begrifflichkeiten, Vertrauen und Sozialkapital, entziehen sich einer eindeutigen Definition. Beide stehen unweigerlich mit der Ausbildung von sozialen Beziehungen in Verbindung, es wäre aber beiden Begriffen nicht gedient, hier eine konzeptionelle Vermischung anzunehmen und sie nicht weiter auseinander zuhalten. In der vorliegenden Studie über Vertrauen in integrierten Entwicklungsprogrammen in Frankfurt und Mailand spielte der Faktor des Sozialkapitals keine wesentliche Rolle.

Man wird in einem etablierten Arbeitsprozess auch einem neuen Kollegen vertrauen, obgleich man diesen nicht kennt, sofern man mit den früheren Mitarbeitern keine schlechten Erfahrungen gemacht hat. Die Motivation Vertrauen zu schenken ist also in der Regel nicht nur an Personen gebunden, sondern auch an Situationen, Erfahrungen, direkte oder indirekte Erlebnisse bzw. spezifische Ambienten, was zum institutionellen Vertrauen überleitet.

3.3.4 Institutionelles Vertrauen

Wenngleich die Literatur sehr häufig Vertrauen im Kontext zwischenmenschlicher Beziehungen thematisiert, ist dies, wie oben angedeutet, nicht der einzige Fall, in dem Vertrauen gewährt werden kann. Es ist leicht nachvollziehbar, dass wir auch in die Ingenieursleistung des Erbauers einer Brücke vertrauen, wenn wir darüber gehen, und dabei weniger in die meistens unbekannte Person des Ingenieurs oder Erbauers selbst. Noch viel deutlicher wird die Distanzierung von der Person bei der Gewährung von Vertrauen durch das Beispiel des Arztes, der uns, während wir in Vollnarkose versetzt sind, operiert, und sich damit infolgedessen den zwischenmenschlichen Prozessen der Kommunikation und einer erlebbaren Kopräsenz narkosegegeben entzieht. Hier fokussieren wir unser Vertrauen auf das System Krankenhaus, Arztausbildung und das Gesundheitssystem, in dessen Hände wir uns letztlich begeben. Gerade im Wissenschaftsalltag ist das Vertrauen in Institutionen und nicht in Personen besonders hoch. Das bei vielen Publikationen eingeführte „blind review" zur Bewertung und Qualitätssicherung wissenschaftlicher Arbeiten, durch das die Personen des Schreibenden und Bewertenden gezielt in den Hintergrund gestellt werden, gewinnt zunehmend an Bedeutung. Während auf der einen Seite in unserer Gesellschaft so eine Zunahme von institutionellem Vertrauen zu beobachten ist und dies einhergeht mit der Abnahme von personenbasiertem Vertrauen, macht sich gerade in den Entwicklungsprogrammen und den Governance-Prozessen eine Bevorzugung personenbasierten Vertrauens bemerkbar. Neben personenbasiertem oder interpersonellem Vertrauen (vgl. ENDRESS 2002) lässt sich institutionelles Vertrauen identifizieren (vgl. MUTTI 1987; RUS & IGLIČ 2005).

Institutionelles Vertrauen scheint interpersonelles Vertrauen insbesondere dann zu ergänzen, wenn sich letzteres aufgrund fehlender „strong personal ties", die sich sonst etwa in Form von Familien– oder Freundschaftsbindungen ausbildeten, nun aufgrund der geringen Dichte von Beziehungen nicht zu entwickeln vermögen (RUS & IGLIČ 2005). Das Vertrauen ergibt sich nicht wie in ersterem Fall aus der Kommunikation und der Präsenz des Gegenüber, sondern aus der Tatsache, dass beide (truster und trustee) sich innerhalb eines einheitlichen institutionellen Gefüges befinden, innerhalb dessen das Risiko geringer ausfällt, einer vielleicht weniger bekannten Person zu vertrauen. Der Glaube, gemeinsam am „selben Seil zu ziehen" kann dabei schon ausreichen. Das Festhalten an gemeinsame Normen, Werte, Routinen und Regeln bildet anscheinend eine genügend feste Basis für den Aufbau von Vertrauensbeziehungen. Institutionen werden von NORTH als komplexitätsreduzierend verstanden (NORTH 1986) und erfüllen damit die gleiche Funktion, die LUHMANN im Vertrauen erkennt (LUHMANN 1968/2000).

Institutionelles Vertrauen findet dort statt, wo Akteure weniger über persönliche Verbindungen als vielmehr über ein gemeinsames institutionelles Arrangement verbunden sind. Integrierte Entwicklungsprogramme selbst stellen solch ein institutionelles Arrangement dar. Inhalt institutionellen Vertrauens ist für Mutti die Erwartung des Funktionierens und Eintretens von Regeln und damit das Wirken einer gewissen Stabilität, die sich aus einer sozialen oder natürlichen Ordnung ergibt. MUTTI räumt aber ein, dass diese Erwartungen nicht immer unbedingt auf die Regularität und Stabilität und damit auf die Nichtveränderung der sozialen Ordnung zu beziehen sei, sondern zugleich auch die Erwartung institutioneller Veränderungen umfasse. Institutionelles Vertrauen wird somit sowohl auf Stabilität als auch auf den Wandel von Institutionen bezogen (MUTTI 1998, S. 40).

3.4 Vertrauen und Unsicherheiten

Das oben wiedergegebene Beispiel der Taxifahrer verdeutlicht, dass die Beschäftigung mit Vertrauen Unsicherheiten der Beteiligten ins Zentrum der Betrachtung stellt. Die Verbindung von Vertrauen und Unsicherheit ergibt sich auch aus der eingangs gegebenen Definition, gemäß der Vertrauen als die positive Erwartung in den zukünftigen Ausgang eines Ereignisses oder das zukünftige Handeln einer Person zu verstehen ist. MUTTI weist ausdrücklich darauf hin, dass sich diese Erwartungen in unsicheren Situationen abspielen (MUTTI 1987; MUTTI 1998). Andere Autoren deuten hingegen auf das Risiko hin, das mit der Gewährung von Vertrauen einhergeht (BAIER 2001; ENDRESS 2001; HARTMANN 2001; WAGENBLASS 2004), was wiederum auf eine unsichere Ausgangslage schließen lässt. Vertrauen wird in beiden Fällen das Potential zugesprochen, sowohl Risiko als auch Unsicherheiten zu absorbieren (STRULIK 2004, S. 72).

Unsichere Situationen können in exogene und endogene Unsicherheiten unterteilt werden (EINWILLER 2003, S. 29). Exogene Unsicherheiten werden durch Faktoren des Systems hervorgerufen, die nicht im Einflussbereich der am Vertrauensprozess beteiligten Personen liegen, sondern im System selbst begründet sind. Zu den Faktoren für endogene Unsicherheiten zählen hingegen persönliche Informationsdefizite des Vertrauenden. Im Zusammenhang mit Governance hat ØVERBYE (2006) auf die einseitige Informationsverteilung der beteiligten Akteure und auf Vertrauen als hier ausgleichenden Prozess verwiesen, denn erst durch Vertrauen werden Entscheidungen und Handlungen ermöglicht, obgleich hierfür nicht ausreichend Grundlagen bestehen (STRASSER & VOSSWINKEL 1997, zitiert in: HELLMANN 2004, S. 137). Vertrauen, so HELLMANN weiter, schaffe „Zurechnungs- und Handlungschancen, die Sicherheit geben, wo keine ist [...]" – man vertraue oder man ziehe sich zurück.

Im Kontext integrierter Entwicklungsprogramme entspringen Unsicherheiten dem integrierten Charakter der Entwicklungsprogramme. Die Akteure stehen hier vor Situationen, die als komplex betrachtet werden können. Diese Komplexität ergibt sich aus der Tatsache, dass nun unterschiedliche Personen und Einrichtungen an den Steuerungsprozessen beteiligt werden, ohne dass über formelle Mechanismen ausreichend Sicherheit generiert wird. Es fehlen in der Regel verlässliche Informationen über das Handeln, die Interessen, die Werte oder das Wissen der kooperierenden Akteure. Den Akteuren stellt sich eine Vielzahl von Möglichkeiten dar, die Koordination der Akteure zu vollziehen. Über die Gewährung von Vertrauen können die exogenen oder endogenen Defizite überwunden, ausgeblendet werden. Eine Analyse von Vertrauens-Konstellationen, also jener Akteursgruppe, die situativ über den Mechanismus des Vertrauens kurz- oder langfristig kooperieren und damit einen Vertrauenstransfer vollziehen, muss daher von zunächst mit einer Betrachtung der Unsicherheiten beginnen.

4 Konkretisierende Fragestellung und Untersuchungsmethodik

4.1 Konkretisierende Fragestellung

4.1.1 Prozedurale Zielbereiche integrierter Entwicklungsprogramme

Integrierte Entwicklungsprogramme entwickeln grundsätzlich zwei Zielbereiche. Auf der einen Seite geht es um die Vermeidung von sozialer Exklusion, indem über eine aktivierende Politik versucht wird, den Ausbau bestehender sozialer Strukturen im Quartier zu fördern und zugleich über investive Maßnahmen das Quartier aufzuwerten (Zielbereich 1). Auf der anderen Seite drückt sich hierin ein „desire for cooperation" (JACQUIER 2005, S. 364) aus, welches sich auf die politikinterne Kooperation bezieht (Zielbereich 2).

Der erste Zielbereich, die Vermeidung von sozialer Exklusion, zielt auf die bauliche, soziale und ökonomische Aufwertung der Quartiere ab und realisiert eine direkte, intentionale, territoriale und also „sichtbare" Intervention. Durch den Rückgriff auf partizipative Planungselemente bei der Programmumsetzung sollen in der Regel mögliche Verdrängungsprozesse der Bevölkerung im Quartier vermieden werden. Außerdem soll durch sie der Handlungsbedarf aus Sicht der Bewohner abgegrenzt werden. Die positiven Ergebnisse dieses ersten Zielbereiches sollen sich nach Möglichkeit auch in veränderten, für Verwaltung und Politik besseren Ergebnissen der Sozialdaten auswirken. Allerdings ist – bezogen auf beide Fallstudien – den Verantwortlichen durchaus klar, dass dies oftmals politisches Wunschdenken bleibt und das Ausstehen eines statistisch belegbaren Erfolgs nicht automatisch auch ein Versagen des Programms bedeutet. Eine objektive Evaluierung der Programme wird zusehends in Frage gestellt. Eine subjektiv festgestellte Verbesserung der sozialen Lage der Bewohner kann hingegen bei erfolgreicher Umsetzung der Programmziele sehr schnell bemerkt werden. Daher werden integrierte Entwicklungsprogramme in den Städten Frankfurt und Mailand sowohl von den Beteiligten als auch in der Öffentlichkeit durchaus als Erfolg gewertet, der sich stets an der Ausbildung dieses ersten, sichtbaren Zielbereichs orientiert.

Integrierte Entwicklungsprogramme können jedoch auch dann als erfolgreich und nachhaltig gelten, wenn nach Ablauf des Programms keine merkliche Verbesserung für das Quartier und seine Bewohner eingetreten ist. Und auch wenn die Umsetzung des ersten Zielbereichs erfolgreich ist, bleibt dennoch offen, ob durch die programm- und projektbezogenen Eingriffe wirklich nachhaltige politische Strukturen geschaffen werden, die auch über die Programmlaufzeit hinaus den temporären Erfolg eines Programms wahren und gegebenenfalls weiterführen. Neben diesem ersten Zielbereich existiert daher ein weiterer, zweiter Zielbereich, der sich auf die Steuerungsstrukturen hinter dem Programm bezieht. Der Erfolg des Programms in diesem Bereich wird an der Ausbildung von Kooperationsstrategien und der Realisierung eines institutionellen Wandels gemessen (TOSICS & DUKES 2005, S. 405).

Bereits während der Voruntersuchungen in beiden Fallstudien konnte erkannt werden, dass in den Programmen ein solcher zweiter Zielbereich ausgebildet ist. So dienen die Programme in beiden Fallstudien dazu neue Akteure zusammenzuführen und verwaltungsinterne Fach- und Kompetenzgrenzen zu überschreiten. Der zweite Zielbereich, der sich als ein Prozess darstellt, der die Laufzeit der Programme überdauert, wird unter dem Begriff der Governance konzeptualisiert. Er impliziert eine Verschmelzung von formellen und informellen Steuerungsmechanismen, deren Auswahl und Einsatz sich jeweils an den spezifischen Gegebenheiten, den betreffenden Akteuren und dem zugrunde liegenden Raum orientieren.

Es ist dieser zweite prozedurale Zielbereich der Governance, auf den sich die vorliegende Untersuchung konzentriert und der sich in besonderer Weise mit dem experimentellen Charakter des planerischen Instrumentariums der integrierten Programme beschäftigt. Die aus dem Integrationscharakter der Programme resultierenden, verwaltungssektorenübergreifenden Handlungsstrategien der Akteure münden zwar in die Umsetzung konkreter Interventionen, dahinter bleibt jedoch verborgen, welchen Strategien, Kooperationsmuster und politischen Konstellationen das Handeln der Akteure vorsah und an welchen Problematiken der Koordination die Programme vielleicht gescheitert sind. Von diesem zweiten, prozeduralen Zielbereich hängt das Funktionieren des ersten Zielbereichs ab; ein Versagen des zweiten Zielbereichs – beispielsweise in Form fehlgeschlagener Koordination der Akteure – muss aber im Umkehrschluss nicht unbedingt bedeuten, dass sich auf der Ebene des ersten Zielbereichs in den Stadtteilen keine Veränderungen vollziehen würden. Die Politik hat zu Beginn der Programme finanzielle Mittel bereitgestellt und allein deshalb werden sich auf Seiten des ersten Zielbereichs immer Veränderungen finden lassen. Aber die Qualität der Umsetzung des ersten Zielbereichs, so die These, steht und fällt mit den Ergebnissen des zweiten Bereichs, der Produktion nachhaltiger Verwaltungs- und Kooperationsstrukturen.

In den nun vorliegenden Programmen, dem Frankfurter Programm „Soziale Stadt – Neue Nachbarschaft" und den „Contratti di Quartiere" in Mailand nimmt die Kooperation und Koordination von unterschiedlichen Akteuren eine zentrale Rolle ein. So steht im Zentrum der vorliegenden Arbeit die Ausbildung des prozeduralen Zielbereichs.

4.1.2 Koordinationsmechanismen und Vertrauen

Ein Vertreter der lombardischen Regionalregierung, die als treibende Kraft einer italienischen sozialen Stadtentwicklung auftritt, äußerte über die Nachhaltigkeit partizipativer, integrierter Programme und damit bezogen auf jenen zweiten Zielbereich der Programme:

> „In Wirklichkeit ist das einzige, das diese Programme nachhaltig überdauert, eine Veränderung in der Durchführung und Realisierung sozialer Politiken

durch die Verwaltungen. Es bleibt nur etwas übrig, wenn sich aufgrund der Erfahrungen aus den Programmen etwas in den lokalen Verwaltungen verändert, sich deren Modus ändert, sich etwas im Kopf der einzelnen Personen ändert, und also sich die Verwaltungskultur ändert." (Interview Sch, Mailand, 29.03.2007)

Das Zitat verdeutlicht, dass sich die Untersuchung des zweiten Zielbereichs – der Governance in integrierten Entwicklungsprogrammen – auf zwei Ebenen konzentrieren muss: Zum einen geht es um die „Köpfe der Menschen", die an der Umsetzung der Programme beteiligt sind und damit um die Ebene der Personen und individueller Prozesse der Kooperation – und also der Handlung. Daneben spricht man von veränderten Verwaltungsstrukturen und somit von einer Institutionalisierung neuer kooperierender Handlungsroutinen, die sich auch über personelle Veränderungen hinweg bewähren müssen. Die vorliegende Arbeit sucht sowohl nach den Handlungen als auch nach den Strukturen, die zur Ausbildung eines zweiten Zielbereichs integrierter Entwicklungsprogramme führen.

In Anlehnung an die theoretischen Ausführungen in Kapitel 3 konnte gezeigt werden, dass sich Koordination in einem Umfeld von Komplexität und individueller sowie systemischer Unsicherheit abspielt, in dem Vertrauen nun als Mechanismus betrachtet werden kann, beides zu reduzieren. Daher stellt sich für die Fallstudien die Frage, welche Rolle und Funktion damit diesem spezifischen Mechanismus zufällt. In einem weiteren Schritt wurde in Kapitel 3 zwischen personenbasiertem und institutionellem Vertrauen unterschieden. Der Zusammenhang zwischen beiden Formen stellt sich in der Literatur als ergänzend dar: Personenbasiertes Vertrauen greife immer dann, wenn institutionelles Vertrauen nicht mehr greife (vgl. RUS & IGLIČ 2005). Wiederum bezogen auf die Fallstudien wird daher nach dem Zusammenspiel von eben diesen beiden Formen von Vertrauen gefragt. Stellen sich beide Vertrauensformen als ergänzend dar? Oder, und das wäre der nächste Schritt der Untersuchungsfragen, bedienen sie unterschiedliche Sicherheitszustände und sind daher nicht geeignet, sich gegenseitig zu ergänzen oder zu substituieren? Vertrauen nimmt innerhalb der Governance-Forschung zwar offensichtlich eine wichtige Funktion ein, bislang steht dieser Forschungsgegenstand jedoch gerade in den planungs- und stadtbezogenen Sozialwissenschaften noch am Rande einer wissenschaftlichen Aufmerksamkeit.

Daraus resultiert eine letzte eher normative Frage, die innerhalb dieser Arbeit zwar nicht gänzlich beantwortet werden kann, aber als weiterführende Frage über diese Untersuchung hinaus aufgeworfen werden soll: Wie verhält sich ein solches auf Vertrauen basierendes politisches Instrument, wie die integrierten Entwicklungsprogramme in Frankfurt und Mailand, hinsichtlich einer nachhaltigen Stadtentwicklung? Eine solche Frage greift den in der Einleitung dargestellten Zusammenhang zwischen Governance und integrierten Entwicklungsprogrammen kritisch auf, der in der Leipzig-Charta der Europäischen Kommission mit einem direkten Bezug zur Nachhaltigkeit versehen wurde.

4.2 Untersuchungsmethodik

4.2.1 Zur methodischen Annäherung an Vertrauen

Eine Untersuchung von Koordinationsmechanismen und insbesondere von Vertrauensbeziehungen ist mit spezifischen methodischen Problemen behaftet. Bezeichnenderweise fasst OFFE (2001) diese erst im Nachwort des von ihm mit herausgegebenen Sammelbands „Vertrauen. Die Grundlage des sozialen Zusammenhalts" zusammen. Demnach lassen sich die Schwierigkeiten, denen sich eine empirische Annäherung von Vertrauen ausgesetzt sieht, drei unterschiedlichen Etappen des empirischen Arbeitens zuordnen: (i) der Auswahl einer geeigneten Untersuchungsmethode, (ii) dem Vorgehen der Datenerhebung und (iii) dem Prozedere der Auswertung des erfassten Materials.

Entsprechend den Anforderungen an die vorliegende Untersuchung wurde zu Beginn ein qualitatives Untersuchungsdesign gewählt, welches prozesshaft während der Untersuchung verändert und weiterentwickelt werden konnte. Das Vorgehen nahm entsprechend eines qualitativen Forschungsdesigns insgesamt einen eher explorativen Charakter an, der zugleich als Voraussetzung betrachtet wurde, um mit der notwendigen methodischen Offenheit und Flexibilität auf die Komplexität des Untersuchungsgegenstandes reagieren zu können.

Während der Untersuchung stellte sich immer wieder die zentrale Frage, wie sich das Vertrauen zwischen den an der Umsetzung der Programme beteiligten Akteuren tatsächlich identifizieren bzw. erschließen lasse. Zwei Einschränkungen konnten bereits zu Beginn festgestellt werden: So wurde zum einen deutlich, dass sich Vertrauen nicht durch eine direkte Frage in den Gesprächen thematisieren lässt. Zum anderen kann die Höhe bzw. die Quantität des gewährten oder nicht gewährten Vertrauens nicht im Sinne einer akkuraten Messung bestimmt werden. Beide Einschränkungen ließen sich bereits im Vorfeld durch die einschlägige Literatur belegen. So schreibt OFFE (2001, S. 365): „Wie viel Vertrauen man ‚hat', das ‚kann' man unter Umständen gar nicht wissen, da es sich erst in gewissen Situationen oder Konflikten manifestiert." Bei der Untersuchung von Vertrauen handelt es sich also um die Untersuchung eines „verdeckten", „impliziten", unbewussten sozialen Prozesses. Dieser Prozess ist nicht nur den meisten Akteuren eventuell gar nicht bewusst, sondern zusätzlich auch noch emotional aufgeladen. Die Art und Weise, wie von den Befragten über bestehende Kooperationen gesprochen wurde, erfolgte stets vor dem Hintergrund alltäglicher Probleme. Im Zusammenhang mit kurzzeitigen Konflikten werden die Akteure ihre aktuelle Kooperationssituation selbst dann noch als problembehaftet und schwierig beschreiben, wenn sich dieser Konflikt eigentlich schnell lösen ließ und vielleicht insgesamt auf die Zusammenarbeit eher als festigend denn als gefährdend auswirkte. Dies entspricht dem Drang der alltäglichen Dramatisierung von situativen Ereignissen.

Beließe man es daher nun bei einer kurzfristigen Befragung, würde sich ein „verkürztes" Bild der Beziehungen abzeichnen, da nach den vorübergehenden Unklarheiten vielleicht beide Akteure wieder in eine entspannte und konstruktive Zusammenarbeit zurückfinden. Dies richtet das methodische Augenmerk auf den zeitlichen Umfang der Untersuchung. Über welchen Zeitraum muss ein sozialer Prozess beobachtet werden, um ihn „verstehen" und vielleicht „erklären" zu können? In der Literatur findet sich hierauf keine praktische und befriedigende Antwort. Es ist das vom Forscher subjektiv erlebte „empirische Sättigungsgefühl", das dann eintritt, wenn sich nach einer gewissen Zeit keine neuen Erkenntnisse mehr feststellen lassen. Allerdings verleitet dieses Sättigungsgefühl auch dazu, nicht mehr nach dem Unbekannten, dem nicht Voraussehbaren zu suchen und eben sich vor allem auf jene Ereignisse oder Aussagen zu konzentrieren, die den im Vorfeld der Untersuchung gemachten Gedanken und Konzepten am ehesten entsprechen. In Ermangelung eines praktischen und methodischen Auswegs aus dieser Zwickmühle, stellt das Wissen um diese bereits einen Moment der kritischen Reflektion dar. Dieser Moment trat in Mailand nach einer wesentlich längeren Zeit ein als in Frankfurt. Die ersten Untersuchungen in Mailand begannen noch im Rahmen früherer Qualifikationsarbeiten im Jahr 2001.

Den Befragungen in beiden Fallstudien ging eine lange Phase der Beobachtung und des Einlebens in den Kontext voraus. Nur auf der Basis dieser gewonnen Erfahrungen konnte die Fragestellung der Arbeit präzisiert und konzentriert werden. Das geführte Interview wurde stets ergänzt mit Beobachtungen.

Zusammenfassend stellen sich an die empirische Untersuchung von Vertrauen in integrierten Entwicklungsprogrammen vier Herausforderungen: (i) die Unmöglichkeit des direkten Nachfragens nach dem Vertrauen, (ii) die Unmöglichkeit, eine eindeutige Aussage über die Höhe des gewährten Vertrauens zu treffen und (iii) die Tatsache, dass das gezeichnete Bild zeitlichen und emotionalen Schwankungen unterliegt, so dass der intensiven Vorbereitungsphase und der methodischen Ergänzung mit Beobachtungen eine besonders wichtige Rolle zufällt.

4.2.2 Auswahl der Untersuchungsmethode

Zu Beginn der Untersuchung wurden die Gesprächsform und damit die Durchführung von Interviews grundsätzlich als geeignete Vorgehensweise identifiziert, um einen tieferen Einblick in die Koordinationsmechanismen der Akteure zu erhalten. Ein Rückgriff auf die gängigen Kategorien von Interviews, die in der Literatur ausführlich diskutiert werden (vgl. LAMNEK 1988, GIRTLER 1992, SMITH 1995), schien dabei allerdings nicht befriedigend.

Die Bandbreite möglicher Interviewformen stellt sich in der Literatur als nahezu unbegrenzt dar. Einen umfassenden Überblick über die einzelnen Interviewformen zu geben, gelingt daher kaum noch einem einzelnen Lehrbuch. In einem Manual zur Durchführung qualitativer Interviews stellt HELFFERICH (2008) über 14 unterschiedliche Interviewformen vor und ergänzt zugleich diese Aufstellung mit der Bemerkung, dass diese Vielfalt so beeindruckend wie verwirrend sei. Verwirrung wird aber auch dadurch geschaffen, dass sowohl die Bezeichnungen wie auch die Systematik der Einteilung je nach Autor uneinheitlich verwendet werden (HELFFERICH 2008, S. 24). Ähnlich umfangreich erscheint auch die Aufstellung bei LAMNEK (1988) in dessen zweibändigem Basislehrbuch der Qualitativen Sozialforschung.

Die Bandbreite der einzelnen Interviewformen erstreckt sich jedoch in der Regel bei allen Autoren zwischen stärker strukturierten Formen des Interviews und narrativen Interviewformen, in denen die Befragten in ihrem Erzählfluss kaum noch gestört bzw. dieser gezielt stimuliert wird. Damit geht es bei der Identifizierung unterschiedlicher Formen also vor allem um den Grad an Freiheit, der dem Befragten eingeräumt wird, und um die Art und Weise, wie präzise die Fragen gestellt werden. Anstatt weitere Unterkategorien zu schaffen, gibt MAYRING (2002) eine simplifizierende Kategorisierung vor, mit deren Hilfe die Grundcharaktere der Interviewführung unterschieden werden. So stellt er dem offenen Interview das geschlossene gegenüber, dem strukturierten das unstrukturierte und dem qualitativen das quantitative (ebenda, S. 66).

Die Abgrenzung zwischen qualitativem und quantitativem Interview bezieht sich vor dem Hintergrund spezifischer Fragestellungen auf die Auswertung der Interviews (vgl. MAYRING 2002). Die Unterschiede zwischen dem offenen und geschlossenen Interview beziehen sich auf die Freiheit, die dem Interviewten während der Beantwortung der Fragen eingeräumt wird. Die Unterscheidung zwischen strukturiertem und nicht strukturiertem Interview wiederum bezieht sich auf die Freiheit, die dem Interviewendem eingeräumt wird.

Durch eine solche Kategorisierung wird speziell das Verhältnis „Befrager und Befragter" sinnvollerweise als Schema einer Distinktion unterschiedlicher Interviewvarianten verwendet. Es ist dabei stets die Freiheit des Gesprächs, auf deren Basis die Abgrenzung gebildet wird. Die Freiheit während des Gesprächs kann dabei zwar variieren, sich allerdings nicht gänzlich verändern. Ein prinzipiell auf Offenheit hinsichtlich der Antworten als auch der Fragen angelegtes Interview kann durchaus einen engeren Fragekatalog abarbeiten, wenn der Befragte partout nicht auf die Fragen eingehen mag oder nicht recht in den Redefluss findet. In diesem Sinne und vor dem Hintergrund der oben angesprochenen Herausforderungen des Forschungsgegenstands wurde in der vorliegenden Arbeit, sowohl bezogen auf die Fragen als auch auf die Antworten, eine möglichst offene Form des Interviews gewählt. Denn strukturierte Interviews, etwa in Form einer klar strukturierten

Befragung, mussten ausgeschlossen werden, da Prozesse der Koordination nicht einheitlichen Schlüsseln folgen. Es fehlen dem Untersuchungsgegenstand klar abzugrenzende Kriterien, an denen sich eine strukturierte Befragung hätte orientieren können. Weder Vertrauen und damit informelle Koordinationsmechanismen noch formelle Koordinationsmechanismen sind im Vorhinein eindeutig operationalisierbar. Hinzu kommt, worauf OFFE (2001) hinweist, dass nicht vorausgesetzt werden kann, dass alle Befragten unter den Begrifflichkeiten, wie etwa dem des Vertrauens, auch wirklich denselben Prozess verstehen.

Hinter dem Begriff des Vertrauens verbirgt sich eine höchst unterschiedliche „Alltagssemantik für das Phänomen" (OFFE 2001, S. 365). Umgangssprachlich wird auch dann häufig auf Vertrauen verwiesen, wenn es sich viel eher um Phänomene handelt, die anderen Begrifflichkeiten zuzuordnen sind, wie etwa der Vertrauenswürdigkeit, der Verlässlichkeit, der Hoffnung oder der schlichten Zufriedenheit mit der Arbeit eines Dritten. Auch musste eine direkte Frage nach dem gewährten Vertrauen aufgrund von methodischen Einwänden, wie oben bereits angedeutet, ausgeschlossen werden. Natürlich würde kein Akteur auf eine direkte Frage wie etwa: „Wem vertrauen Sie?" oder „Vertrauen Sie eigentlich XY?" eine verwertbare Antwort liefern, zählen Vertrauen und Koordination doch zu den sensiblen und emotionalen Lebensbereichen. In den meisten der schließlich geführten Interviews und Gesprächen wurde das Wort „Vertrauen" auch kaum bzw. äußerst selten konkret benannt.

Diese Eingrenzungen, die zum Ausschluss voll standardisierter Methoden führten, wirkten sich auch auf die Auswahl der Interview- und Gesprächsformen aus. So konnten weder das mittels eines Leitfadens teilstrukturierte Interview, das eine gewisse Stetigkeit der Fragen garantiert, noch das narrative Interview, in dem der Gegenüber in eine Erzählung eigener Erlebnisse verfällt, als durchgehend geeignet angesehen werden, das Problemfeld der Koordination abzudecken. Oder besser: Sowohl das Leitfaden gestützte Interview als auch das narrative Interview weisen gewisse Vorteile auf, ohne dabei allerdings dem Untersuchungsgegenstand allein vollständig gerecht zu werden. Das Leitfadeninterview erleichtert eine vergleichende Auswertung der Gesprächsinhalte. Es stellt sicher, dass in allen Gesprächen die wesentlichen Inhalte abgedeckt und in einer bestimmten, vielleicht flexiblen Reihenfolge abgefragt werden.

Im Zentrum der Ansprüche an die geeignete Methode standen verschiedene Punkte: zum einen sollte sich die Befragung an dem „Prinzip der Offenheit" (GIRTLER 1992) orientieren, so dass sich das Interview möglichst als ungestörter, aber dennoch gelenkter Erzählfluss ergibt. Die Generierung eines „Erzählflusses" wiederum, durch welchen die Befragten aus ihrer alltäglichen Wahrnehmung ihrer Kooperationen berichteten, war daher auch für die Auswahl der gewählten Interviewform leitend. Insbesondere bei FLICK (2007) und noch stärker bei WITZEL nehmen das Erzählen und also „erzählungsgenerierende Kommunikationsstrategien" (WITZEL 2000) einen wichtigen Raum ein. Diese erzählungsgenerierenden Kommunikationsstrategien stellen sozusagen den ersten Schritt innerhalb der Problemzentrierten Interviews (PZI) nach WITZEL dar (vgl. WITZEL 1985, 2000). Entsprechend des von ihm vorgeschlagenen Satzes ‚Erzählen Sie doch mal!' wurde in den durchgeführten Interviews der Akteur in der Regel zunächst nach seiner Tätigkeit und dann der Aufgabenstellung innerhalb des Programms befragt. In wenigen Fällen konnte auch direkt ein bestimmter Sachverhalt oder eine Situation angesprochen werden.

Bezogen auf die Anwendung dieser grundlegenden Techniken der Interviewführung ähnelten die hier geführten Befragungen zunächst also dem PZI nach WITZEL. Allerdings konnte während des Interviews auf andere Formen der Befragung zurückgegriffen werden, je nach situativer Anforderung. Dabei traten vor allem jene Interviewformen hervor, die sich zwischen einem halbstrukturierten Leitfadengespräch (LAMNEK 1988), dem episodischen Interview nach FLICK (2007) und einer narrativen Form (HELFFERICH 2008) einordnen.

4.2.3 Ablauf der Gespräche und Auswahl der Interviewpartner

GIRTLER (1992, S. 151) weist auf die Wichtigkeit hin, in die Lebenswelt der Befragten vorzudringen, um „wirklich gute Interviews" zu führen. Die manchmal schwierige Koordination von Akteuren, eine hohe gegenseitige Erwartungshaltung, der Einfluss von herrschaftlichen Machtstrukturen und finanzieller Hoheit, Effektivität des Handelns und zuletzt auch Sympathie zwischen den Akteuren – all das spielt sich im alltäglichen Leben der Befragten ab, ohne ständig bewusst rezipiert zu werden.

Mit dem zuvor dargestellten Mix an Interviewformen entwickelte sich eine Interviewform, die einen wesentlichen Einblick in diese Lebenswelt ermöglichte, nämlich das bidirektionale Gespräch. Innerhalb dieses Gesprächs gerieten der Befragte und der Befrager in einen reflexiven Austausch, lernten voneinander und eröffneten sich so gemeinsam neue und weitere Aspekte bezogen auf den Untersuchungsgegenstand. Die Gesprächssituation stellt innerhalb eines solchen Gesprächs einen wichtigen Faktor dar. Eine besondere Situation wurde manchmal auch dadurch ermöglicht, dass kurz zuvor in Italien ein allgemeines Rauchverbot in geschlossenen Räumen eingeführt wurde, so dass in wechselnden Abständen rauchende Interviewpartner den Raum verlassen mussten, um draußen zu rauchen. Dieses „Draußen" befreite dabei sehr oft von voreingenommenen Rollen: Der Politiker sprach plötzlich freier und nicht mehr parteikonform über das Programm, der Quartiersmanager erzählte von seinen Sorgen mit anderen Kollegen und der Befrager selbst war nicht mehr der das Aufnahmegerät haltende Doktorand, sondern ein gleichwertiger Gesprächspartner auf der Straße. Dieses freie Gespräch ermöglichte zusätzlich zu den Interviews tiefe Einblicke in die täglichen Bemühungen um Zusammenarbeit im Rahmen der Programme.

Diese Interview-Gesprächs-Form der Befragung hat dabei oft mit dem selbst gesetzten Stigma zu kämpfen, welches vermeintlich seriöse, wissenschaftliche Forschung zu vermeiden hat, nämlich die vermeintliche Beeinflussung des Befragten und die Vermeidung von vermeintlicher Suggestion. Was passierte aber nun während der Zigarette auf der Straße? Nun wurde der Befrager in ein Gespräch verwickelt, wurde selbst durch dieses beeinflusst und nach seiner Meinung gefragt. Diese wurde gemeinsam diskutiert. Die Trennung zwischen Befrager und Befragtem, also dem Untersuchenden und dem Untersuchten, löste sich auf, beide stellten sich gemeinsam neuen gedanklichen und praktischen Herausforderungen und diskutierten eventuelle Lösungen. Diese Form von Wissenschaft hat spätestens hier den Anschein von vermeintlicher Neutralität erfolgreich abgestreift. Natürlich gab es derartige Situationen im Forschungsverlauf nicht immer aber häufig genug, um im Rahmen dieser Darstellung Erwähnung finden zu müssen.

Sich der Lebenswelt des Interviewten anzunähern und das im Verborgenen Liegende ans Licht zu führen, vollzieht sich wohl kaum durch strukturierte Leitfragen. Oftmals ergeben sich erst im wechselseitigen Gespräch und durch die Wiedergabe von Handlungsroutinen und -abläufen neue Gesichtspunkte der Lebenswelt; sowohl für den Befrager als auch für den Erzählenden. Das Gespräch, das nun infolge als geeignete Methode gewählt wurde, zeigte während der Interviews zwei Charakteristika: Zum einen weist es eine stark narrative Struktur auf, innerhalb derer die Nachfrage allein den Zweck verfolgte, eine bewusste Auseinandersetzung des Befragten mit dem Gegenstand der Koordinierung während der alltäglichen Arbeit zu bewirken. Dass es dabei oftmals zu einer erstmaligen oder wenigstens spontanen Auseinandersetzung der Befragten mit dem Thema kam, verdeutlichten insbesondere jene Stellen während der Gespräche, in denen die Befragten in langes Nachdenken verfielen oder direkt sagten, dass sie gerade darüber nachgedacht hätten, was sie mir auf diese Frage resp. auf dieses Thema antworten sollten. Häufig schien es, dass die Antworten nicht etwa „vorgefertigt" waren, sondern einem parallel zur Gesprächssituation verlaufenden Gedankenprozess entsprachen. Es wurde während der Gespräche versucht, nicht oder nicht wesentlich in diesen Gedankenprozess einzugreifen, wodurch sich die stark narrative Charakteristik der Interviews erklärt. Dabei wurde das Gespräch durchaus von außen gelenkt – und zwar mithilfe von einleitenden und Richtung weisenden Fragen und durch die Auswahl an Informationen, die ich über meine eigene Person und meiner Arbeit preisgab. Dabei war sowohl hilfreich wie auch einschränkend, dass viele Befragte bereits durch andere Akteure von der Untersuchung wussten oder doch wenigstens davon gehört hatten. Der Terminabsprache für ein Interview ging – in beiden Städten – oftmals voraus, dass die betreffenden Akteure bereits von ihren zuvor befragten Kollegen Informationen über meine Präsenz und das Gespräch erhalten hatten. Das erleichterte den Einstieg. Die befragten Akteure der Entwicklungsprogramme wurden durch einleitende Fragen zunächst stets ermuntert, aus ihrer Arbeitspraxis und ihrem alltäglichen Leben in den Programmen zu berichten, also zu erzählen. So wurde oftmals auf ein direkt zuvor geführtes Gespräch Bezug genommen:

> „Herr Sch. hat ja bereits erzählt, dass Sie kommen werden. Mit ihm haben Sie ja auch schon gesprochen. Naja, ich kann Ihnen das nicht so erzählen, wie er es vielleicht getan hat, einiges sehe ich ja ein bisschen anders. Also..." (Interview Pl, Frankfurt, 22.01.2007)

Aber auch auf zukünftige Gespräche wurde verwiesen:

> „Ich habe schon gehört, nächste Woche bist Du ja in der Stadtverwaltung. Na dann frag doch mal die dort, wie sie eigentlich denken, dass das alles gemacht werden soll... Wir hier [im Quartier, Anm. d. Autors] haben nämlich keine Idee...!" (Interview SC, Mailand, 09.03.2007)

Während nun alltägliche Routinen und Situationen wiedergegeben wurden, konnte mittels verständnisgenerierender Kommunikationsstrategien (WITZEL 2000) in diesen Erzählstrang eingegriffen werden, um genauer nachzuhaken oder richtungslenkend zu wirken. Dabei ist die Technik des Nachfragens in den späteren Interviews häufiger angewendet worden als zu Beginn, was unter anderem auf die Sättigung des eigenen Wissens zurückzuführen ist. Mit fortschreitender Anzahl geführter Interviews wurde das Wissen über Einzelheiten der Akteure, eventuelle Gruppierungen und das Programm immer dichter, so dass während des Gesprächs noch intensiver hierüber gesprochen werden konnte. Da es sich grundsätzlich um Gesprächspartner handelte, die sich als aufgeschlossen gegenüber der Thematik darstellten, kam es nicht selten auch zu inhaltlichen Diskussionen, in denen die frisch gewonnenen Erkenntnisse von beiden Seiten erörtert wurden.

Die Auswahl der Interviewpartner ergab sich auf zweifachem Wege: Zum einen waren aufgrund der Vorarbeiten die meisten Akteure bereits persönlich bekannt. Zum anderen konnten durch die bereits geführten Gespräche neue Akteure erschlossen werden.

Grundsätzlich war es nicht Ziel der Arbeit, eine vollständige Übersicht über alle Akteure der Programme zu geben. Zum einen kann wohl keine Arbeit einem solchen Anspruch gerecht werden, zum andern erfordert die Fragestellung und Ausrichtung der Arbeit nicht eine solche Abbildung. Vielmehr war von Interesse, einzelne Routinen der Zusammenarbeit zu verfolgen. In beiden Fallstudien gab es zentrale Schlüsselpersonen, die für die Erschließung der weiteren Akteure wichtig waren. In Mailand war eine solche Person unter den Quartiersmanagern zu finden, in Frankfurt auf Seiten der Stadtverwaltung. Ausgehend von diesen „Ankern" wurden die Handlungsabläufe und die Akteure entsprechend ihrer Konstruktion und der daran anschließenden Rekonstruktion erschlossen. Es handelt sich also um eine zweifach subjektive Auswahl sowohl der Handlungsroutinen als auch der Akteure.

Insgesamt wurden in beiden Fallstudien 67 Personen befragt, 33 davon in Frankfurt und 34 Personen in Mailand. Der Befragungszeitraum fiel in Frankfurt zwischen Januar und März 2007 und auf den Januar 2008; in Mailand erfolgten die Befragungen zwischen Mitte März und April 2007 und zwischen Oktober und November 2007. Einige Personen wurden über den Zeitraum hinweg mehrmals befragt; in wenigen Fällen kam es zur Befragung in Anwesenheit mehrerer Akteure. Die Gespräche wurden bis auf wenige Ausnahmen, in denen die Technik versagte, mitgeschnitten und anschließend vollständig bzw. in Ausnahmefällen teiltranskribiert. Obgleich keine der befragten Personen eine Aufnahme des Gesprächs ablehnte, wurden teilweise dennoch sensible Informationen preisgegeben und um Anonymisierung der Interviews gebeten. Aus diesem Grunde und um den Ablauf beider Entwicklungsprogramme so wenig wie möglich zu beeinflussen und gegebenenfalls zu stören, wird in der vorliegenden Arbeit dieser Bitte nachgekommen. Bis auf jene wenigen Stellen, an denen es für das Verständnis unerlässlich ist, wird zudem auf die Darstellung der Organisation oder Position des Befragten aus obigen Gründen verzichtet. Damit soll einer Verantwortung Rechnung getragen werden, die sich aus der Tatsache ergibt, dass eine wissenschaftliche Untersuchung einen Eingriff in den alltäglichen Ablauf der Programme darstellt und damit einen nicht unerheblichen Einfluss darauf ausübt. Demzufolge findet sich auch im Anhang keine Liste der Interviewpartner. Um dennoch ausreichend Transparenz zu demonstrieren, werden nachfolgend die Einrichtungen und Organisationen aufgeführt, mit deren Vertretern in den Fallstudien die Gespräche geführt wurden.

In Frankfurt erfolgte der erste Kontakt zu der Lenkungs- bzw. Stabsstelle der Stadt Frankfurt, die mit der Durchführung des Programms auf Seiten der Stadtverwaltung betraut ist. Da die Lenkungsstelle der Sozialen Stadt innerhalb der Stadtverwaltung zwischen zwei städtischen Dezernaten wechselte, waren die Gesprächspartner sowohl dem Wohnungsamt als auch dem Jugend- und Sozialamt der Stadt Frankfurt zuzuordnen. Insgesamt wurden vier Personen der Lenkungsstelle befragt, von denen zwei nach dem erneuten Wechsel in das Jugend- und Sozialamt aus dem Programm ausgeschieden sind bzw. im Wohnungsamt verblieben. Nur zwei Mitarbeiter vollzogen mit dem Programm den Wechsel in das Jugend- und Sozialamt. Darüber hinaus wurde der damalige Dezernent befragt, der mittlerweile aus dem Dienst der Stadt Frankfurt ausgeschieden ist, das Programm aber in seiner Dienstzeit wesentlich prägte. Neben der Lenkungsstelle wurden Gespräche auch mit anderen Vertretern der jeweiligen Ämter geführt, hier sowohl mit Vertretern des oben genannten Wohnungsamtes, des Jugend- und Sozialamtes als auch mit Vertretern des ansonsten eher unbeteiligten Stadtplanungsamtes. In den Programmgebieten stellte ein weiterer Kontakt das zuständige Sozialrathaus dar, da dieses für die soziale Verwaltung der Stadtquartiere zuständig ist (s. Kapitel 5).

Einen hohen Stellenwert in Frankfurt nimmt der Präventionsrat ein (s. Kapitel 5). Auch hier wurde ein Interview mit dem Leiter dieses Bereichs geführt. Der Kontakt zu ihm konnte von lokaler Seite aus hergestellt werden, da der Präventionsrat in den einzelnen Quartieren durch lokal agierende Regionalräte ergänzt wird. Insbesondere im Zusammenhang mit einem Quartier wurde das zuständige Polizeirevier befragt. In den einzelnen Programmgebieten waren die Quartiersmanager wiederum eine zentrale Kontaktstelle. Mit drei von vier Quartiersmanagern wurden mehrmals Interviews geführt; ein Quartiersmanagement, die Frankfurter Nordweststadt, fiel aufgrund forschungspraktischer Gründe aus der Untersuchung heraus. Über die Quartiersmanager wurde zum einen der weitere Kontakt zu den Wohlfahrtsverbänden aufgebaut, zum anderen aber auch der Kontakt zu ehrenamtlich tätigen Personen im Quartier hergestellt, die ansonsten kaum öffentlich in Erscheinung treten. Unter den ehreamtlich Tätigen fanden sich wiederum Vertreter lokaler Unternehmen und Vereine. Letztere wiederum sind in einem Vereinsring organisiert, dessen Vorsitzender ebenfalls befragt wurde. Auf Seiten der Wohlfahrtsverbände konnten mehrmals Gespräche mit der Caritas und der Arbeiterwohlfahrt geführt werden. Die Schulen und Kirchen vor Ort nehmen eine wichtige Position innerhalb des Programms ein. Obgleich ihr Engagement innerhalb des Programms zentral ist, war der Kontakt zu den Schulen allerdings eher schwach ausgeprägt und es konnte mit keinem Vertreter ein Interview geführt werden. Dies konnte durch mehrmalige, längere Telefonate ausgeglichen werden. Der Kontakt zu den Kirchen stellte sich hingegen als sehr viel leichter dar. Auch die Wohnungsbaugesellschaften spielen in den Quartieren eine wichtige Rolle. Der Kontakt konnte allerdings nur zu der Frankfurter Wohnheim GmbH hergestellt werden. Andere Unternehmen, die eine stärkere privatwirtschaftliche Tradition haben als die gemeinnützige Wohnheim GmbH, zeigten auch nach. längerem Nachfragen keine Gesprächsbereitschaft. Zudem bestand während der Untersuchung ein guter Kontakt zu zwei Ortsbeiräten; hier wurden mit drei Personen Interviews geführt, die allesamt der CDU angehörten. Daneben waren aber auch andere Interviewpartner politisch aktiv, darunter auch in anderen Parteien, so dass die Parteiausgeglichenheit dennoch gewährleistet werden konnte.

Es wurden außerdem zwei Gespräche mit Vertretern des Bund-Länder-Programms Soziale Stadt geführt, um die Anknüpfungspunkte des kommunalen Programms zu diesem abzufragen. Hier war vor allem die Hessische Gemeinschaftsinitiative Soziale Stadt (HeGiSS) ein wichtiger Ansprechpartner.

In Mailand erfolgte der Zugang zu den lokalen Akteuren viel weniger zielgerichtet als in Frankfurt, da sehr viel häufiger Personen eher inoffiziell in das Programm eingebunden waren und demzufolge nicht auf den öffentlichen Informationsseiten im Internet oder anderen Broschüren erschienen. Die Auswahl und der Zugang zu den einzelnen Personen erforderte daher eine sehr viel längere Vorbereitungsphase. Zunächst waren es die Quartiersmanager, die den ersten Kontakt im Viertel darstellten. Von ihnen ausgehend konnte der Kontakt in die Dezernate der Stadtverwaltung hergestellt werden, sowie zur Regionalverwaltung. Ebenfalls zur Verwaltungsebene zu zählen ist die Wohnungseigentümerin

Konkretisierende Fragestellung und Untersuchungsmethodik 93

A.L.E.R., mit der zunächst mehrfach telefonischer Kontakt bestand und die sich erst sehr spät für ein Interview bereit erklärte. Diese Interviews durften allerdings nicht aufgezeichnet werden – eine Einschränkung, die es in Frankfurt nicht gegeben hatte.

Über die Quartiersmanager, die in allen Quartieren aufgesucht und mehrfach interviewt wurden, erschloss sich uneinheitlich gut ein Kontakt zu der Vielzahl von mehr oder weniger gut organisierten ehrenamtlich Tätigen und lokalen Verbänden. Hier waren es vor allem Mietervereine, die einen lokalen Einblick geben konnten. Von diesen aus konnte wiederum ein wichtiger Kontakt zu zwei national organisierten Mietergenossenschaften geknüpft werden, Sunit und Sicet. In einem Quartier spielte die katholische Kirche eine wichtige Rolle. Zu Schulen und Bildungseinrichtungen bestand hingegen kein Kontakt. Dafür stellt sich ein anderer Akteur als sehr wichtig im Kontext des Mailänder Programms dar, der in der Frankfurter Fallstudie so gut wie keine Rolle spielt: Das Konzept für die „Contratti di Quartiere" in Mailand wurden von der Mailänder Universität erstellt und auch über die Contratti hinaus, wurden mehrfach ähnliche Programme in den Quartieren in enger Zusammenarbeit zwischen der Fakultät für Stadtplanung der technischen Hochschule in Mailand und den staatlichen Verwaltungen (Region und Stadt) durchgeführt. Auch in Mailand besteht eine dem deutschen Ortsbeirat ähnliche Struktur, so dass hier vor allem die lokale Politik kontaktiert werden konnte. Zudem wurden Interviews mit Vertretern der städtischen Politik geführt. Neben diesen Akteuren gab es zahlreiche kleinere Verbände und Vereine, zu denen Kontakt bestand und die im Rahmen der Untersuchung befragt wurden.

Die Auswahl der Gesprächspartner in Frankfurt erfolgte überwiegend durch Sichtung der offiziellen Dokumente, auf denen die Namen der Aktiven vermerkt waren. In Mailand musste dagegen sehr viel stärker auf das Schneeballsystem zurückgegriffen werden. Um damit aber ausreichend unterschiedliche Akteursgruppen zu treffen, wurde versucht, dieses Schneeballprinzip auf möglichst viele einzelne Akteure zu übertragen, die dann ihrerseits in ihren Bereichen weitere Ansprechpartner zugänglich machten.

5 Frankfurt „Soziale Stadt – Neue Nachbarschaft"

5.1 Übersicht über die Fallstudie

Das Frankfurter Programm „Soziale Stadt – Neue Nachbarschaft" stellt eines von zwei derzeit auf dem Gebiet der Stadt Frankfurt umgesetzten integrierten Entwicklungsprogrammen dar. Seine Umsetzung verfolgt überwiegend nicht-investive Maßnahmen in jenen Quartieren der Stadt, deren sozio-ökonomische Lage aus Sicht der Stadtverwaltung zwar nicht als „Besorgnis erregend", aber dennoch als „risikobehaftet" eingeschätzt wird, langfristig die Problem, die aus dem Prozess der sozialen Exklusion resultieren, zu akkumulieren und als „städtisches Ghetto" zum „Problemviertel" der Stadt zu avancieren. Entsprechend eines sich daraus ableitenden Aufgabenfeldes ordnen sich die Maßnahmen in den Quartieren dem Politikbereich „Jugend und Soziales" zu.

Als Besonderheiten des Frankfurter Programms fällt auf den ersten Blick die Einbindung der Wohlfahrtsverbände in die Programmstruktur auf sowie die Tatsache, dass das Programm bis heute in 14 Stadtteilen der Stadt umgesetzt wird und damit als quasi flächendeckende Maßnahme in den Einflussbereich der sog. regulären Fachpolitiken vordringt. Wie auch im Rahmen des Mailänder Programms, so drückt sich auch im Frankfurter kommunalen Entwicklungsprogramm bezogen auf den prozeduralen Zielbereich integrierter Entwicklungsprogramme eine „Sehnsucht nach Kooperation" (JACQUIER 2005) aus. Ganz anders als das Mailänder Programm handelt es sich beim Frankfurter Programm „Soziale Stadt – Neue Nachbarschaft" um ein rein kommunales Programm, dessen kooperative Anbindung an andere Verwaltungsebenen (Land oder Bund) damit kaum bis gar nicht gegeben ist (vgl. Tab. 1).

Nachfolgend werden die Inhalte, die Organisationsstruktur und die Ziele des Programms wiedergegeben, wie sie sich aus Sicht der Akteure des Programms in den Interviews darstellten. Um dem Leser einen möglichst originalen Einblick in die Argumentation der Gesprächspartner zu gewähren, orientiert sich die Darstellung der Programme möglichst nahe am wörtlichen Zitat. Ziel ist es nicht, verallgemeinernde Rückschlüsse aus den Aussagen der Programmakteure zu ziehen, sondern die subjektive Darstellung und das subjektive Erleben des Programms durch die Akteure verständlich zu machen und dem Leser nahe zu bringen.

Tab. 1: Schematischer Überblick über das Frankfurter Entwicklungsprogramm

Offizielle Bezeichnung	Soziale Stadt – Neue Nachbarschaft, seit 2008: Soziale Stadt – Aktive Nachbarschaft
Beschreibung	Nicht-investives, kommunales Entwicklungsprogramm zur Aufwertung benachteiligter Stadtquartiere
Politikfeld	Jugend und Soziales, Wohnen
Primäre Akteure	Stadt Frankfurt am Main, Amt für Wohnungswesen, später Amt für Jugend- und Soziales, Träger der freien Wohlfahrtspflege (AWO, Caritas, Diakonie, IB)
Akteursmix	Öffentliche Akteure, Akteure des lokalen Gemeinwesens
Politische Ebenen	Stadt, Quartier
Allgemeine Ziele	Aufwertung der Wohn- und Lebenssituationen in Gebieten mit besonderem Entwicklungs- und Sanierungsbedarf durch Stärkung des sozialen Zusammenhalts sowie Sanierung des baulichen Zustandes der Häuser und des Wohnumfeldes (Stadt Frankfurt am Main 2008); de facto ist die bauliche Sanierung eher nebensächlich und finanziell durch das Programm nicht abgedeckt
Konkretisierte Ziele	Stärkung lokaler Kompetenzen und Potenziale, Verbesserung der Kommunikation der Bewohner im Sinne einer positiven Nachbarschaft, Schaffung von selbst tragenden Bewohnerstrukturen, Aktivitäten zur Verbesserung der individuellen und familiären Wohnsituation, Aufwertung der sozialen und kulturellen Infrastruktur
Ansatz / Instrumente	Gemeinwesenarbeit/Quartiersmanagement, Kooperation von lokalen und städtischen Akteuren
Zeit / Förderungsdauer	1. Förderungsrunde: 6 Stadtteile, 2000-2004: Fechenheim, Goldstein, Preungesheim, Sossenheim, Bonames, Ginnheim; 2. Förderungsrunde: 4 Stadtteile ab 2005: Sossenheim, Niederrad, Griesheim-Nord, Ginnheim-Nordweststadt 3. Förderungsrunde: 4 Stadtteile ab 2008: Seckbach, Rödelheim-West, Sindlingen, Zeilsheim
Geographische Besonderheiten	Teils innenstadtnahe Quartiere, teils Großwohnsiedlungen der 1960er -80er Jahre, Annähernd flächendeckende stadtweite Intervention in bislang 14 Stadtteilen (Stand: 10/2008)
Ansprechpartner	Stabsstelle Soziale Stadt, Dezernat für Jugend und Soziales der Stadt Frankfurt am Main

Quelle: Eigene Darstellung

5.2 Inhalt, Organisation und Ziele aus Sicht der handelnden Akteure

5.2.1 Räumliche Abgrenzung

Das kommunale Entwicklungsprogramm „Soziale Stadt – Neue Nachbarschaft"[8] wurde am 16.12.1999 in Ergänzung zu dem durch Bund und Länder kofinanzierten integrierten Programm „Soziale Stadt, Stadtteile mit besonderem Entwicklungsbedarf[9]" auf dem Gebiet der Stadt Frankfurt in zunächst sechs Stadtteilen lanciert (Abb 1): Fechenheim-Süd, der Siedlung Heisenrath in Goldstein, der Karl-Kirchner-Siedlung in Preungesheim, der Carl-Sonnenschein-Siedlung in Sossenheim, der Siedlung Am Bügel in Bonames und in der Platensiedlung in Ginnheim.

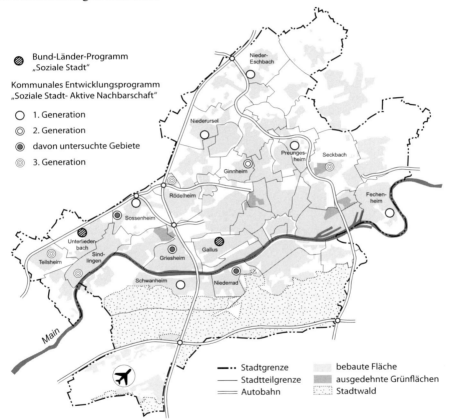

Abb. 1: Quartiere des Programms Frankfurt – Neue Nachbarschaft der drei Fördergenerationen
Quelle: Eigene Erhebung 2007

---

8 Später wurde das Programm in „Soziale Stadt – Aktive Nachbarschaft" umgetauft, um den inhaltlichen Schwerpunkt auch im Namen deutlicher herauszustellen.
9 Im Folgenden kurz als Bund-Länder-Programm „Soziale Stadt" benannt.

Nach vier Jahren Programmlaufzeit in diesen Stadtteilen wurde gegen Ende des Jahres 2004 durch die Stadtverordnetenversammlung beschlossen, weitere vier Quartiere in die Förderung mit aufzunehmen. So kamen ab dem Jahr 2005 die Henri-Dunant-Siedlung im Stadtteil Sossenheim, die im Stadtteil Niederrad an den Main grenzende Siedlung Im Mainfeld, die Siedlung Bernadottestraße/Heilmannstraße in der Ginnheimer Nordweststadt sowie der Stadtteil Griesheim-Nord hinzu. In einer dritten Runde schließlich wurden ab dem 01.03.2008 die Atzelberg-Siedlung im Stadtteil Seckbach, Rödelheim-West, Sindlingen und Zeilsheim in das Programm aufgenommen (Abb. 1). Damit wird und wurde das Programm bis heute in 14 Stadtteilen der Stadt umgesetzt.

5.2.2 Entstehungsgeschichte und Organisation

Die Leitung des kommunalen Programms ist aktuell (Stand: 2009) in einer Stabsstelle innerhalb des Jugend- und Sozialdezernats der Stadt Frankfurt angesiedelt, in welchem das Programm auch im Jahr 1999 auf Initiative des damaligen Sozialdezernenten und Bürgermeisters der Stadt Frankfurt gegründet wurde. Zwischen Ende 2001 und 2006 oblag die Steuerung des Programms jedoch vorübergehend und aufgrund politischer Einflüsse, die im Zusammenhang mit dem Ausgang der damaligen Frankfurter Kommunalwahl standen, dem Amt für Wohnungswesen der Stadt Frankfurt und wurde dort in einer als „Lenkungsstelle Soziale Stadt"[10] bezeichneten Abteilung geführt. Die heute wieder im Sozialdezernat der Stadt Frankfurt integrierte Steuerung des kommunalen Programms stellt die Verbindung zwischen dem operativen Geschäft auf Ebene der Stadtquartiere (und hier in erster Linie den örtlichen Quartiersmanagern) und der politischen Ebene der Stadt Frankfurt her (Magistrat der Stadt Frankfurt 2007). Der Programmleitung fällt dabei die Aufgabe zu, das Programm sowohl innerhalb der Verwaltung der Stadt als auch gegenüber der gesellschaftlichen Umwelt zu etablieren, und erklärt dies folgendermaßen: „Sprich, wir sind diejenigen, die es administrieren" (Interview R, Frankfurt, 30.08.2006). Aufgrund der spezifischen Struktur des Programms fällt diese Aufgabe allerdings wesentlich komplexer aus, als es dem eigentlichen Administrationsauftrag zu entnehmen wäre. Mit nur vier Personen (zunächst noch im Amt für Wohnungswesen der Stadt Frankfurt) scheint die personelle Besetzung dieses Aufgabenbereichs eher knapp bemessen für ein Aufgabenfeld, das zum einen die Integration anderer städtischer Ämter innerhalb des Programms vorsieht, zum anderen die „Schnittstelle zu den Quartiersmanagern vor Ort" (Interview R, Frankfurt, 30.08.2006) und der kommunalen Politik umfasst. Auf die Frage nach der Abgrenzung des eigenen Aufgabenfeldes, antwortet der mit der Steuerung des Programms betraute Mitarbeiter der Stadt Frankfurt:

---

10 Der Begriff der Lenkungsstelle verweist auf die Bezeichnung im Wohnungsdezernat, während die Leitung des Programms im Sozialdezernat nun als Stabsstelle eingerichtet ist. Beide Begrifflichkeiten wurden von den Interviewten nicht immer sauber getrennt, da sie nicht wirklich mit wesentlichen inhaltlichen oder Kompetenzen betreffenden Veränderungen verbunden sind.

„Wir [...] kümmern uns um alles, schlichtweg um alles, damit das Programm läuft. Angefangen von den Finanzen, Mittelverteilung, Quartierauswahl, Vorbereitung, Kontakt zu den Quartiersmanagern. Wir machen regelmäßige Routinebesprechungen mit den Quartieren, wir sind praktisch Bindeglied zwischen den Leuten vor Ort und der Politik, sagen wir einmal so, also eben die Projektleitung." (Interview R, Frankfurt, 30.08.2006)

Die Organisationsstruktur des Frankfurter Programms lässt hier bereits eine Trennung zwischen zwei Bereichen erkennen: Zum einen existiert ein operativer Bereich, der die Umsetzung der materiellen Ziele des Programms in den Quartieren verfolgt, zum anderen findet sich ein Bereich, der die Steuerung des Programms – und somit prozedurale Ziele wie die Vernetzung, die Kooperation und die Koordination von Akteuren und Interessen – umfasst. Der Aufgabenstellung dieses zweiten Zielbereichs zugrunde gelegt ist die Wahrung einer „stabile Ordnung" (vgl. MISZTAL 1996), durch die (Planungs-)Unsicherheiten im Laufe des Programms ausgeräumt oder wenigstens verringert werden sollen.

5.2.3 Auswahl der Träger

An zentraler Stelle des operativen Bereichs des Frankfurter Programms steht das Quartiersmanagement, welches nicht in kommunaler Hand liegt, sondern jeweils den großen Wohlfahrtsverbänden übertragen wurde. So sind im kommunalen Entwicklungsprogramm der Stadt Frankfurt die beiden Träger der katholischen und evangelischen Kirchen – der Deutsche Caritasverband und das Diakonische Werk – mit dem Quartiersmanagement betraut. Weitere Träger des Quartiersmanagements sind neben den beiden Kirchen der Internationale Bund (IB) und die Arbeiterwohlfahrt (AWO). Die oben angesprochene organisatorische Dualität des Programms – also die Trennung in einen operativen und einen mit der Steuerung betrauten Bereich – setzt sich in der Entscheidung fort, das Quartiersmanagement aus dem kommunalen Hoheitsbereich hinaus auf die freien Träger auszulagern. Programmsteuerung und Programmumsetzung erfolgen damit aus zwei unterschiedlichen Händen. Die Einbindung und Übertragung wesentlicher Verantwortung auf die freien Träger erfordert damit ein hohes Maß an Kooperation zwischen den Stellen der Programmsteuerung und der Programmumsetzung. Zugleich wird die Kontrollfunktion über das Quartiersmanagement von Seiten der Stadt Frankfurt auf die Träger verlagert. Dass durch diesen Schritt eine Kooperation mit einem Partner eingegangen wird, der neben dem Quartiersmanagement auch über andere Wege an die städtischen Strukturen gebunden ist, stellt sich als bewusste Strategie zu Beginn des Programms dar, die für den Initiator des kommunalen Programms als zentrale Entscheidung den weiteren Verlauf des Programms nachhaltig beeinflusste:

„Wir haben es ganz bewusst nicht öffentlich ausgeschrieben, weil wir keine kommerziellen Träger wollten, sondern – es gibt ja Verbände nach BSHG – anerkannte Wohlfahrtsverbände, und unter denen ist das dann geregelt worden, d. h. da kommen real nur vier, fünf, sechs in Frage. Und dann haben wir uns zusammengesetzt, wie geht das sinnvoll, weil dann auch einzelne Verbände in bestimmten Stadtteilen schon vorhandene Strukturen und Stärken hatten. Es ist auch hervorragend gegangen[...]." (Interview V, Frankfurt, 01.02.2008)

„Und mit denen haben wir uns zusammengesetzt und haben gesagt: Wir [die Stadt Frankfurt, Anm. d. Autors] haben ermittelt [...]. Und die haben auch Vorschläge gemacht aus ihrer Sicht, welche Stadtteile und welche Siedlungen sie für sinnvoll und wichtig halten, weil sie die kennen, und wir haben dann die Sozialdaten der Siedlungen ausgewertet und haben sozusagen eine Prioritätenliste gemacht und haben dann gesagt: Wer könnte denn in diesem Stadtteil das sinnvoll machen? Und das war auch ein ganz offener Prozess mit denen. Und dann sind am Ende die Verträge gemacht worden." (Interview V, Frankfurt, 01.02.2008)

Die Übertragung der Aufgabe des Quartiersmanagement auf die wohlfahrtsstaatlichen Träger und erfolgte nach eigenen Aussagen von Beginn über eine „offene" und „transparente" Zusammenarbeit mit den Trägern der freien Wohlfahrtspflege. Als zielleitend für diese Kooperation zwischen Träger und Stadt wurde dabei von beiden Gesprächspartnern auf jene Effekte verwiesen, die in der Literatur als Kapazitätsverschneidung von Akteuren bezeichnet werden und die in „stable, institutional patterns" (GUALINI 2002) münden. Auf der einen Seite wollte man auf der Seite der Stadt einen Akteur mit in die Verantwortung nehmen, der durch Eigenfinanzierungsanteile das Quartiersmanagement nachdrücklich stärken kann und dadurch ein Eigeninteresse an der erfolgreichen Durchführung des Quartiersmanagement entwickelt, durch welches er nach dem Auslaufen der Quartiere aus der kommunalen Förderung daran interessiert sein könnte, die erarbeiteten Ergebnisse weiterzuführen. Auf der anderen Seite wollte die Stadt Frankfurt Know-how in das Quartiersmanagement einbinden und dazu auf einen Partner zurückgreifen, der vor allem praktische Erfahrung in der Durchführung von territorial begrenzten Aktionen und Programmen aufweisen kann. Wichtig war der Stadt Frankfurt das Ausschöpfen des Erfahrungsschatzes der Wohlfahrtsverbände vor allem im Bereich der Gemeinwesenarbeit. Dieser Punkt wird insbesondere von der Programmsteuerung betont:

„Also im Grunde könnte die Stadt [...], wenn man sagt, wir machen ein kommunales Programm, dann könnte sie das auch aus eigener Personenstärke machen. Wir sind multifunktional aufgestellt, man könnte ein Team bilden und sagen, wir nehmen da einen Gartenbauer rein, wir nehmen einen Stadtplaner, wir nehmen einen Soziologen, wir nehmen einen Jugend- und Sozialarbeiter und daraus rekrutiert sich das Quartiersmanagement. Wäre durchaus denkbar. Gleichwohl, sag ich mal, muss man ja das Rad nicht neu erfinden, wenn man einen Träger hat oder Kooperationspartner, die das aus Erfahrung heraus schon können und man bedient sich derer." (Interview R, Frankfurt, 30.08.2006)

Wie in Kapitel 2 ausgeführt, unterscheidet sich das Quartiersmanagement in wesentlichen Punkten von der klassischen Gemeinwesenarbeit und stellt für die Träger daher eigentlich kein originäres Kerngeschäft dar. Trotzdem ergeben sich aus Sicht der befragten Akteure enge Anknüpfungspunkte an das eigentliche Tätigkeitsfeld des Trägers. Die Rechtfertigung für die Richtigkeit der städtischen Entscheidung wird von einem Träger wie folgt erbracht:

„Unser Fachgebiet ist natürlich die Sozialarbeit. Wir versuchen da, die Nachbarschaften zu organisieren. Da gibt es Nuancen, da muss man moderieren oder Anstöße geben und etwas in die Hand nehmen als Quartiersmanager und sehen, dass es läuft. Und das ist unser ureigenstes Geschäft." (Interview Ho, Frankfurt, 25.01.2008)

Weiter präzisiert der Quartiersmanagers eines Trägers, was unter dem Begriff des Quartiersmanagement im Rahmen des kommunalen Programms verstanden werden kann:

„Ich benenne es jetzt einmal mit dem alten Begriff der Gemeinwesenarbeit anstatt Quartiersmanagement. Und hier im kommunalen Entwicklungsprogramm ist es eben hauptsächlich erst einmal die Bürger aktivierende Gemeinwesenarbeit. So heißt es eben hier auch im Untertitel: Neue Nachbarschaften. Das ist so der Fokus." (Interview Qu, Frankfurt, 22.01.2007)

Die durch das Quartiersmanagement erfolgte Erweiterung des „ureigensten Geschäfts" der Träger hat für diese durchaus auch finanzielle Relevanz, die über das kommunale Entwicklungsprogramm hinausgeht. Dieser Aspekt ist allerdings von keinem der Träger angesprochen worden, doch wird mittlerweile von allen Trägern die Kompetenz des Quartiersmanagements offiziell beworben. Dass es sich hierbei um eine Kompetenz handelt, die der private Träger mithilfe der (auch finanziellen) Unterstützung der öffentlichen Hand aufgebaut hat, scheint keinen Diskussionsbedarf zu wecken. Vielmehr sieht die Stadt Frankfurt diese Tendenz der „Professionalisierung oder Vermarktung des Quartiersmanagement" (Interview V, Frankfurt, 01.02.2008) insgesamt in einem positiven Licht, da man vor allem in der Anfangszeit die Träger als Akteure sah, die zum Teil nach Marktkriterien agieren und agieren sollten. Die Bewerbung einer (neuen) Kompetenz passt hier durchaus ins Bild. Im gleichen Kontext hatte die Stadt zu Beginn versucht, durch das kommunale Entwicklungsprogramm eine Konkurrenzsituation zwischen den Trägern aufkommen zu lassen bzw. zu fördern. Hauptkriterium für die Auswahl der Träger während der ersten Runde des Quartiersmanagements in den ersten vier Quartieren war neben fachlicher Kompetenz das Prinzip, „[...] dass diese nicht schon Träger einer wichtigen Einrichtung in dem betreffenden Quartier sein durften" (Dezernat für Soziales und Jugend der Stadt Frankfurt am Main 2002, S. 71f.). Dieser – zuletzt gescheiterte – Versuch wird von einem Mitarbeiter der Lenkungsstelle der Stadt Frankfurt so dargestellt:

> „In den ersten vier Gebieten, als die ausgewählt wurden, war allerdings noch die Maxime, dass Quartiersmanager der Träger werden sollte, der ansonsten in dem Gebiet keine eigenen Institutionen hat, damit ein Konkurrenzdenken aufkommt." (Interview M, Frankfurt, 30.08.2006)

Dabei sollte gezielt die Situation ausgenutzt werden, dass im Zuge einer allgemeinen größer werdenden finanziellen Abhängigkeit der Träger von öffentlichen Programmen und Projekten, auf die sie sich in (zum Teil europaweiten) Ausschreibungen mit ihren Ideen und Konzepten bewerben müssen, ein gegenseitiger Wettbewerb entstanden ist, der sich an ökonomischen Marktmechanismen anlehnt. Da es sich bei der Tätigkeit allerdings um soziale Belange und Aufgaben handelt, welche die Träger im Namen der Gesellschaft übernehmen, lässt das Wort Konkurrenz zu einem schwierigen Begriff in diesem Kontext geraten. Von Seiten des verantwortlichen Leiters des Programms der Anfangszeit wird diese Konkurrenz aber in einem positiven Licht gestellt:

> „Und die Übertragung an freie Träger und deren sozusagen vertragliche Bindung hat das natürlich auch noch einmal ein Stück weit verbessert, wie z. B. dieses schnelle Reagieren, das auch dadurch befördert wird, weil sie müssen, sie stehen in einer ganz gesunden Konkurrenz zueinander. Und es hat natürlich jeder freie Träger, weil er auch in anderen Punkten auf öffentliche Zuschüsse angewiesen ist, auch einen besonderen Ehrgeiz, es gut zu machen, und sie können es auch. Also, sie bringen auch die Kompetenz mit." (Interview V, Frankfurt, 01.02.2008)

Eine derart positive Darstellung der „gesunden Konkurrenz" wurde von den derzeitigen Verantwortlichen seitens der Stadt als auch der Träger nicht dargestellt. Und tatsächlich wurde der Konkurrenzaspekt recht schnell umgangen. Denn die durchaus bunte Trägerlandschaft in Frankfurt lässt sich territorial über das Stadtgebiet verorten. Und diese räumliche Aufteilung der Stadt unter den Trägern geriet zur Strategie der Träger, die anfänglich durch die Stadt verfolgte Konkurrenz zu umgehen:

> „Wenn man auf die Landkarte der AWO guckt, sieht man ein Nest in Preungesheim, im Gallus und auch in Rödelheim. Und hier in Bornheim. In Sachsenhausen zum Beispiel sind wir nicht tätig, das ist historisch gewachsen. Wir

haben letzte Woche gesagt, wir sind als Träger bereit für jeden Stadtteil, von der Kompetenz her und von den Standards, die wir mittlerweile entwickelt haben. Aber wir haben dann doch unsere Schwerpunkte aufgrund von Verbindungen. Wir würden da nicht x-beliebig irgendwie, das wäre... naja, das kann man machen, aber, nein, das ist ja auch etwas Interessantes, wenn es in das System passt." (Interview Ho, Frankfurt, 25.01.2008)

Grundsätzlich widersprach die Einschränkung der Auswahl der Träger auf jene Gebiete, in denen sie „traditionell" oder „historisch" nicht tätig waren, den bisherigen Prinzipien ihrer Arbeit. Da sich das Bild des Wohlfahrtsverbandes zu einem modernen Dienstleister, der seine Leistungen aufgrund seiner Standards an jedem Ort und in jedem Viertel erbringen kann (und muss), wandelt, haben sich die Träger dieser Entscheidung der Stadt zunächst nicht entgegengestellt. Erst bei der Vergabe der Gebiete der zweiten Runde des Quartiersmanagements wurde von diesem Prinzip Abstand genommen und nun gerade versucht, jene Träger im Viertel im Quartiersmanagement zu etablieren, die dort bereits auf eigene Strukturen zurückgreifen konnten, um somit bessere Synergie-Effekte zu entwickeln. Von Seiten der Stadt Frankfurt wurde dieser Strategiewandel wie folgt erklärt:

„Wir haben das jetzt mit den letzten vier Gebieten, die ausgewählt wurden, genau umgedreht. Wir haben gesagt, wir gucken, dass wir gerade Träger nehmen, die dort schon mit Institutionen vor Ort sind, um diese trägerinternen Synergien noch stärker nutzen zu können. Dass also jetzt der Quartiersmanager vom IB dann immer mit dem Kindergarten von der AWO oder was weiß ich [...], das hatte zwar auch funktioniert, aber wir haben festgestellt, wenn der Träger des Quartiersmanagements IB ist und der Kinderladen vom IB ist, funktioniert's noch viel einfacher. Und auch in der anderen Richtung, dass dieser im positivsten Sinne Druck auf den Träger aufbauen kann, auf seine Einrichtung, weil auch da gibt es natürlich Befindlichkeiten, das sind ja alles nur Menschen, da gibt es auch Kindergartenleiter, die sagen: ‚Och, warum soll ich das jetzt machen? Und ich habe schon genug zu tun!'. Wenn dann aber sein Träger sagt: ‚Aber Du machst das jetzt, damit unser anderes Programm auch läuft!', also wirklich im positivsten Sinne, ich will niemandem was unterstellen... Und das funktioniert wirklich sehr gut, also dass wir diese Infrastruktur der Träger der freien Wohlfahrtspflege nutzen können... ist meiner Meinung nach ein unschätzbarer Vorteil." (Interview M, Frankfurt, 30.08.2006)

Kapazitätsverschneidung und Konkurrenzen scheinen sich also hier auszuschließen. Für das Konzept der Governance, das immer wieder mit der Verschneidung von Kapazitäten in Verbindung gebracht wird (HEALEY et al. 2002) bedeutet dies, dass Konkurrenz sich mit dem Konzept nicht verträgt. Und auch von Seiten der Stadt Frankfurt wurde der Verzicht im Nachhinein als Erfolgt gewertet:

> „Im Nachhinein müssen wir sagen, es war eine sehr, sehr gute Entscheidung, weil gerade diese Träger der freien Wohlfahrtspflege auf ihrem ureigensten Gebiet in den ganzen Soziale Stadt-Gebieten ja bereits tätig sind. Die haben da einen Kinderladen, einen Hort, die haben die aufsuchende Jugendarbeit, also AWO, IB, wer auch immer es ist. Und diese Synergien zu nutzen war die beste Entscheidung, die wir treffen konnten." (Interview M, Frankfurt, 30.08.2006)

Der Wandel der Vergabepraxis zwischen erster und zweiter Runde stellt zudem ein interessantes Beispiel für das institutionelle Lernen innerhalb des kommunalen Programms dar. Dieses Lernen bezog sich aber nicht nur auf die räumliche Verteilung der Träger in der Stadt, sondern auch, sondern auch auf die Einbindung neuer Träger in die Vergabe neuer Quartiere. Die Vergabepraxis für die dritte Runde des kommunalen Programms Soziale Stadt wird vom einem der Träger wie folgt dargestellt:

> „Die Standorte waren vorher ausgewiesen, es gab vier Träger, ein fünfter Träger wollte gern dazukommen. [...] Jaja, das Rote Kreuz, davon hat man aber dann Abstand genommen. Ja, und dann gab es im vorigen Programm [in der ersten Runde des Quartiersmanagement, Anm. d. Autors] ja auch den Frankfurter Verein für Soziale Heimstätten, die da tätig waren. Die waren in [...], das ist dann aber ein wenig unglücklich gelaufen, hört man. Und die ziehen sich nun auch zurück. Und da bleibt es bei den vier Trägern: AWO, IB, Caritas und das Diakonische Werk. Da gibt es keine Konkurrenz. Es gab ein bisschen Konkurrenz über die Quartiere, aber wir haben uns innerhalb von 10 Minuten geeinigt." (Interview Ho, Frankfurt, 25.01.2008)

Sollte diese Entwicklung nun tatsächlich repräsentativ für die praktische Umsetzung von Governance sein, so würde dies bedeuten, dass das Konzept die Abschottung gegenüber äußeren, neuen Einflüssen fördere. Die Wirtschaftsgeographen sprechen in diesem Zusammenhang von einem „lock-in"-Effekt. Die Vermeindung von Konkurrenzen legt diesen Schluss und die damit verbundene Gefahr durchaus nahe; für ein Gespräch standen die oben genannten Träger nicht zur Verfügung. Fraglich bleibt hier auch, ob die Übertragung von jenen Effekten, die dem Studium ökonomischer Prozesse entspringen, auf das handeln sozialer Akteure übertragen werden können.

Ähnlich wie auch im Bund-Länder-Programm ist ein weiterer kritischer Punkt die konkrete Aufgabendefinition des Quartiersmanagement. Die große Offenheit der Aufgabendefintion wird dabei von den Quartiersmanagern auch kritisch gesehen:

> „Also, anfänglich gab es hier sehr große Unklarheiten, was will man eigentlich mit diesem Projekt. [...] Es gibt sicherlich im Ortsbeirat Leute, die im Prinzip meinen, dass Quartiersmanagement 24h am Tag Hilfspolizei und Anlaufstelle

für sämtliche Sorgen und Nöte sein muss. [...] Und da, denke ich, gibt es eben zum Teil unterschiedliche Vorstellungen. Wenn die Ortspolitik Anträge stellt, dass in die Soziale Stadt Stadtteile aufgenommen werden, dann wird das oft begründet mit Daten des Sozialrathauses, also den Sozialstatistiken. Da werden dann die Hilfen zur Erziehung angeführt oder die Jugendkriminalität. Und da ist natürlich die Frage, welche Instrumente hat das Quartiersmanagement überhaupt, um dagegen wirklich einzuschreiten, gegen die Arbeitslosenquote. [...] Das ist eben sehr schwierig, weil oft da eben Erwartungen, sag ich mal so, kommen: ‚Der Heilsbringer Quartiersmanagement'. Das ist so das eine. Und Jugendkriminalität. Wir können natürlich gucken, welche Bedarfe es vor Ort gibt. Die Jugendlichen hier würden zum Beispiel gern einen Raum haben. Da haben wir sie dann auch unterstützt. Wir hatten auch schon eine Betreuung organisiert, aber noch scheitert es dann doch an einem Raum [...]. Und wir sind auch keine Ordnungsmacht. Also es wurde hier ganz oft so am Anfang gesehen." (Interview Pl, Frankfurt, 22.01.2007)

5.2.4 Auswahl der Quartiere und Laufzeit des Programms

Für das kommunale Entwicklungsprogramm wurden gezielt jene Quartiere ausgewählt, die zwar nicht direkt als „sozialer Brennpunkt" gelten, denen aber ein „erhebliches Gefährdungspotential" (Magistrat der Stadt Frankfurt 2007, S. 14) zugesprochen wurde. Ausschlaggebend für die getroffene Auswahl war aus Sicht der Verwaltung die besondere soziale Lage in den Großwohnsiedlungen, die vor dem Hintergrund von statistischen Daten bestimmt wurde, sowie das Vorhandensein von Chancen und Potenzialen, die sich über das Vorhandensein von geeigneten Partnern im Viertel darstellten. Zu diesen wurden unter anderem die Wohnungswirtschaft, die Kirchengemeinden und die Träger der Gemeinwesenarbeit gezählt, die als Anknüpfungspunkt eines neu etablierten Quartiersmanagement dienen sollten.

Die Auswahl der Quartiere erfolgte auf der Grundlage von Sozialdaten, die in der Regel von den zuständigen Sozialrathäusern bereitgestellt wurden. Entsprechend der Eckdaten Jugendarbeitslosigkeit, allgemeine Arbeitslosigkeit und Bildung kam es zu einer Dreiteilung der Bezirke der Stadt Frankfurt. Auf der einen Seite finden sich eher wohlhabende Bezirke, vor allem in der nördlich an den Taunus angrenzenden Peripherie. Daneben gibt es eine Reihe typischer großstädtischer „Problembereiche" vor allem in Innenstadtnähe. Die Bereiche um den Frankfurter Hauptbahnhof beispielsweise gelten seit geraumer Zeit als besonders problembeladene Quartiere, deren Ursachen sich aus den typischen Problemlagen eines großstädtischen Rotlichtmilieus herleiten. Hier ein Quartiersmanagement zu etablieren wurde von Seiten der Stadt abgelehnt, um dieses Instrument nicht zu überfordern. Daneben erscheint in den Sozialdaten ein großes Mittelfeld von Bezirken, die im Vergleich zu letztgenannten Quartieren eher relativ unauffällig erscheinen, in denen allerdings latent Konflikte existieren. Genau auf dieses Mittelfeld zielte das Frankfurter Programm „Soziale Stadt – Neue Nachbarschaft" ab. Zwei Einschränkungen wurden allerdings getroffen: Zum einen sollte eine Überschneidung zu existierenden Programmen des Bund-Länder-Programms vermieden werden. Zwar gab es einmal die Überlegung, in einem Stadtteil das Bund-Länder-Programm und das kommunale Programm gemeinsam zu etablieren, um gezielt die Vernetzung beider Interventionen zu forcieren und von den gemeinsamen Vorteilen profitieren zu können. Dieser Vorschlag konnte sich allerdings niemals durchsetzen. Daneben wurde das Frankfurter Ostend als mögliches Quartier ausgeschlossen, da es sich derzeit in einem tief greifenden Transformationsprozess befindet und insbesondere nach der Umsiedlung der Europäischen Zentralbank (EZB) befürchtet wird, dass es zu einem starken Verdrängungsprozess der dortigen Bewohnerschaft kommen wird. Tatsächlich ist derzeit deutlich erkennbar, dass rund um die ehemalige Großmarkthalle, dem künftigen Sitz der EZB, sich zum einen eine Transformation insbesondere der Hanauer Landstraße abzeichnet, zum anderen viele Bauplätze aus Spekulationsgründen brach liegen. Die Quartierauswahl erfolgte u. a. auf Vorschlag der jeweiligen Ortsbeiräte. Aus diesen Vorschlägen erfolgte eine Auswahl durch die Lenkungs- resp. Stabsstelle, die dann zur Abstimmung der Stadtverordnetenversammlung vorgelegt wurde. Bislang (Stand: September 2008) ist so in zwölf Quartieren in Frankfurt ein durch das kommunale Programm finanziertes Quartiersmanagement eingesetzt worden.

Damit erfolgte die Auswahl der Quartiere zum einen über „harte" Fakten, zum andere flossen allerdings auch persönliche Einschätzungen und Erfahrungen mit ein. Insbesondere letzteres lässt die Auswahl in den Quartieren in der Nachbetrachtung als subjektive oder „politische" Entscheidung erscheinen und scheint manchmal von Seiten der lokalen Akteure, aber auch der Quartiersmanager im Nachhinein nicht mehr nachvollziehbar, wenngleich gerechtfertigt:

> „Zur Auswahl kann Ihnen der Herr Sch. wohl Näheres sagen. Da kann ich nur..., da kann ich nichts im Detail zu sagen, weil das Sachen sind, die politisch sind und in der Stadt einfach entschieden werden. Ich weiß, dass es in Griesheim schon ganz lange auch vom Ortsbeirat einen Antrag gab, das Projekt Soziale Stadt nach Griesheim zu holen. Dann gab es von den beiden Kirchengemeinden auch Briefe, es gab das Kinder- und Jugendforum, das ist hier ein großer Zusammenschluss, so eine Art Stadtteilarbeitskreis der Kinder- und Jugendeinrichtungen. Die hatten sich auch mit dem Thema beschäftigt und vorgeschlagen, den Stadtteil da mit aufzunehmen." (Interview Pl, Frankfurt, 24.01.2007)

Diese Aussage erscheint insofern interessant, als sich davon zwei Charakteristika des Programms ableiten lassen. Zum einen scheinen die Kriterien für die lokal agierenden

Akteure vor Ort keine Relevanz zu haben, was weniger verwunderlich ist. Auf der anderen Seite wird die Entscheidung auf der Quartiersebene als eine politische betrachtet und symbolisiert als solche einen von der lokalen Ebene nicht mehr zu durchdringenden „politischen Schleier", der sich gerade im Zusammenhang mit derartigen Entscheidungen zu bilden scheint, ganz gleich, ob diese Entscheidungen vor dem Hintergrund „harter Fakten" getroffen wurden, oder nicht: Das lokale Bewusstsein, Teil eines politischen Programms zu sein, scheint in integrierten Entwicklungsprogrammen vergleichsweise so hoch, dass dieses Politische als Erklärungskonstante genutzt wird.

Das Entwicklungsprogramm war stets als zeitlich befristete, sozialräumliche Intervention in unterschiedlichen und wechselnden Stadtteilen gedacht. Die Anfangsverträge mit den Trägern in den Quartieren wurden zunächst für eine Laufzeit über drei bis fünf Jahre geschlossen, wobei „der erste Vertrag immer über drei Jahre abgeschlossen wurde und dann über die Verlängerung entschieden wurde" (Interview V, Frankfurt, 01.02.2008). Die Entscheidung über eine mögliche Weiterführung erfolgte unterschiedlich und individuell für jeden Stadtteil:

> „Ja, da gibt es natürlich immer Diskussionen, weil alle würden es gerne und lieber länger machen. Aber da muss man von Anfang an richtig klar machen, dass fünf Jahre eigentlich eine ausreichende Zeit sind, um die Infrastruktur der Siedlung zu ertüchtigen. Was man nach fünf Jahren nicht hinbekommen hat, bekommt man auch nach 7 nicht hin. Es ging nie darum, eine zusätzliche Sozialeinrichtung zu schaffen. Sondern wenn es nicht gelungen ist, mit der Wohnungsbaugesellschaft etwa zu klären, weiß der Teufel, dass Wohnumfeldgestaltung auch in deren Interesse liegt und der Hausmeister eine andere Funktion bekommt, als nur die Leute anzumuffeln... Wenn das in 5 Jahren nicht gelingt, dann gelingt das nie. Dann muss man sagen: ‚Leute, wir haben uns bemüht, aber unser Ziel nicht zu 100 %, sondern nur zu 90% erreicht'." (Interview V, Frankfurt, 01.02.2008)

5.2.5 Ziele und Abgrenzung des Programms

Die Ziele und Umsetzung des Frankfurter Programms orientieren und verfestigen sich durch zwei Diskurse, die in Frankfurt eine zentrale Rolle eingenommen haben. Auf der einen Seite steht dabei das Bund-Länder-Programm „Soziale Stadt", über das derzeit zwei Stadtteile in Frankfurt gefördert werden und welches zum Symbol eines Diskussionsprozesses geworden ist, in dessen Zentrum die Frage nach einem „geeigneten", für die in Kapitel 2 dargestellte Problematik adäquaten Förderinstrumentarium steht. Wenn daher die inhaltliche Ausrichtung des kommunalen Programms von den Akteuren dargestellt wird, in dem sich in ihren Ausführungen gezielt von dem Bund-Länder-Programme absetzen, dann ist dies vielleicht weniger auf konkrete Schwächen des Bund-Länder-Programms zurückzuführen, als vielmehr auf eine Identitätsfindung des „kleinen" kommunalen Programms innerhalb des städtischen Diskurses öffentlicher, integrierter Programme.

Die Benennung des kommunalen Programms zeugt nicht zufällig von großer Ähnlichkeit zum Bund-Länder-Programm. Und auch in der Öffentlichkeit wird das kommunale Entwicklungsprogramm oftmals als „richtige Antwort auf das [zu] städtebaulich ausgerichtete Soziale-Stadt-Programm von Bund und Land [und als dessen] ideale Ergänzung" (STRECKER 2008) gesehen. Im fünften Frankfurter Sozialbericht werden beide Initiativen unter der gemeinsamen Kapitelüberschrift „Maßnahmen in Wohngebieten mit besonderem sozialen und baulichen Entwicklungsbedarf" geführt. Offiziell heißt es hier von Seiten der Stadt Frankfurt: „Unabhängig, ob diese Projekte nun im Rahmen des Bund-Länder-Programms oder im rein städtischen Programm angesiedelt sind, verfolgen sie doch das gemeinsame Ziel, der sozialen und räumlichen Polarisierung der Stadt entgegenzuwirken" (Dezernat für Soziales und Jugend der Stadt Frankfurt am Main 2002, S. 58). Wenngleich das Bund-Länder-Programm wegweisend für die Ausgestaltung des kommunalen Programms gewesen ist, so hat sich im Rahmen des kommunalen Programms jedoch eine alternative integrierte Vorgehensweise herausgebildet. Von einem Mitarbeiter der Stadt Frankfurt wird dies wie folgt beschrieben:

> „Das ganze beruht auf einem Etatantrag der SPD-Fraktion aus dem Jahr 1999. Da steht sinngemäß drin, dass die Erfahrungen aus dem Bund-Länder-Programm, damals ja nur in Unter-Liederbach hier in Frankfurt, gezeigt haben, dass das sinnvoll ist und dass die Stadt Frankfurt halt auch ein kommunales Programm, das sich daran anlehnt, hier ausprobieren soll. Es stand tatsächlich drin: ‚ausprobieren'! Also auch ein Quartiersmanagement erproben und nachbarschaftlichen Zusammenhalt stärken, vergleichbar mit den Bausteinen, die Sie auch aus dem Bund-Länder-Programm kennen. Also ich weiß nicht, sie kennen vielleicht die HeGISS, die Hessische Gemeinschaftsinitiative Soziale Stadt, das ist ja dieser Verbund in Hessen über das Bund-Länder-Programm. Die haben ja auch diese Broschüre herausgegeben mit den Bausteinen und von der Zielrichtung her sind die beiden Programme eigentlich schon identisch. Wobei bei uns im kommunalen Programm da halt nicht so viele Mittel vorhanden sind, dieser städtebauliche Aspekt nur ganz, ganz klein ist." (Interview M, 30.08.2006)

In der Praxis stellt das kommunale Entwicklungsprogramm weniger eine Ergänzung zum Bund-Länder-Programm dar, sondern grenzt sich durch seine inhaltlichen Schwerpunkte gerade bewussten Abgrenzung von diesem ab. Diese Abgrenzung wurde in fast allen Gesprächen von den Akteuren aufgegriffen und ausgeführt. Und bereits zu Beginn war die Abgrenzung vom älteren Bund-Länder-Programm wichtig, wie der zu anfangs verantwortliche Sozialdezernent der Stadt Frankfurt ausführt:

"Ja, es gibt in Frankfurt auch zwei Programme aus dem Bund-Länder-Programm, in Unterliederbach und im Gallus. Da war mir immer ein Stück weit suspekt, dass die Programme natürlich auch stadtplanerische und bauliche Probleme bearbeiten sollten und es einen formalisierten und institutionalisierten Beteiligungsrahmen gibt, mit Beiräten und dergleichen. Das ist alles hoch kompliziert. Und an den beiden Projekten sieht man ja auch, wie lange es dauert, bis sie einigermaßen ins Laufen kommen. Deswegen fand ich das kommunale Programm immer sehr viel besser, weil es schneller ging, weil es sich auf konkrete Personen bezogen hat und weil es Problemlagen aufgenommen hat." (Interview V, Frankfurt, 01.02.2008)

Dabei wurde dem Bund-Länder-Programm stets der Charakter eines „großen", „behäbigen" und „bürokratischen" Programms nachgesagt. Das kommunale Programm hingegen wird als „klein" und „flexibel" bezeichnet. „Groß" und „klein" bezieht sich in den Aussagen in erster Linie auf die zur Verfügung stehenden finanziellen Mittel, weniger auf die Quartiersgrößen, wenngleich die derzeit in Frankfurt von Bund und Länder geförderten Gebiete, das Gallus und Unter-Liederbach, hinsichtlich ihrer Größe durchaus auch eine solche Unterscheidung zuließen. Neben dem finanziellen Unterschied liegt der Charakterisierung „klein" und „groß" jedoch auch eine Unterscheidung bezogen auf die „Relevanz" der Programme in der Öffentlichkeit und der Politik zugrunde und spiegelt die Identität der an der Umsetzung des kommunalen Programms beteiligten Akteure mit, die im Rahmen des „kleinen" Programms viel stärker die Relevanz und Notwendigkeit des Programms gegenüber der Öffentlichkeit und anderen Akteuren hervorheben müssen. Gleichzeitig wird dem kommunalen Programm wenig Aufmerksamkeit von Seiten der Akteure des Bund-Länder-Programms zuteil.

So betonte man beim kommunalen Programm stets seine stadtteilorientierte Ausrichtung und rechtfertigt dadurch in gewisser Weise die Konzentration auf das Stadtgebiet und den fehlenden Anschluss an landesweit agierende Organisationen im Bereich der sozialen Stadtentwicklung. Erneut argumentiert hier am deutlichsten die Steuerungsstelle des kommunalen Programms:

"Es ist auch so eine Erfahrung, [...] das Bund-Länder-Programm läuft ja jetzt über 10 Jahre und wir hatten so nach fünf Jahren Halbzeitbilanz gezogen. Und Tenor war eigentlich, dass das, was die machen, diese längerfristigen Geschichten und Stadtentwicklung teilweise massivster Art mit Abriss und Neubau, [...] das ist sehr groß und wir haben festgestellt, dass im Alltag, im Täglichen... am Menschen ist man da vielleicht nicht so nah dran und man müsste niederschwelliger ansetzen. Und ich denke, das ist eigentlich der wesentliche Unterschied, dass wir ganz konkret mit den Menschen, die in den Wohnungen, in den Quartieren leben, in Kontakt kommen und für die unmittelbar was erreichen." (Interview R, Frankfurt, 30.08.2006)

Allerdings handelt es sich dabei nicht wirklich um eine inhaltliche Abgrenzung gegenüber dem Bund-Länder-Programm. Auch in den über das Bund-Länder-Programm geförderten Programmgebieten wird über das Instrumentarium des Quartiersmanagements auf Personen- und Personengruppenebene gearbeitet und ebenso werden konkrete Problemlagen im Quartier aufgegriffen. Die Abgrenzung gegenüber dem Bund-Länder-Programm mag sich daher vielleicht auch noch aus einer anderen Richtung herleiten. In der öffentlichen und politischen Wahrnehmung scheint das kommunale Programm stets hinter dem Bund-Länder-Programm zurückstehen zu müssen. Fast schon resignierend lesen sich die Aussagen der Stadt Frankfurt bezüglich der Zusammenarbeit und des Rückgriffs auf die landesweit vernetzten Strukturen des Bund-Länder-Programms etwa durch die hessische Gemeinschaftsinitiative Soziale Stadt (HeGISS):

> „Wir haben keine tiefer gehenden Kontakte, weder mit HeGISS noch mit den Kollegen des Bund-Länder-Programms. Wir arbeiten hier in Frankfurt mit den Kollegen zwar partiell zusammen, bei bestimmten Dingen, wenn das mit Finanzen zu tun hat, weil wir auch zum Teil auf deren Finanzmittel zurückgreifen können. Inhaltlich gibt es aber leider kaum Kontakt. Von der HeGISS werden wir immer mal wieder eingeladen zu den Treffen, aber nicht als aktiver Part, sondern weil wir uns da irgendwann einmal auf die Verteilerliste geschrieben haben. In regelmäßigen oder unregelmäßigen Abständen haben die mich auch mal zum Treffen eingeladen. Am Anfang aber mehr als jetzt, weil wir gemerkt haben, dass der Unterschied doch zu groß ist. Denn die Lastigkeit des Bund-Länder-Programms in Richtung Stadtplanung ist doch zu groß. Also die reine Fortführung der Sanierungsprojekte mit einem leicht anderen Blickwinkel hilft uns, da wir das nicht machen, nicht unbedingt weiter. Und bei den Themen, wo es dann um die weichen Faktoren geht, da hören wir schon gern aufmerksam zu und versuchen auch zu partizipieren an den Ergebnissen. Andersherum gibt es überhaupt keinen Kontakt. HeGISS hat noch nie bei uns angefragt, das DIFU hat jetzt einmal bei uns angefragt über das Dezernatsbüro und wollte was vom kommunalen Programm wissen. Aber was da herausgekommen ist und was da herauskommt, das wissen wir nicht. Also von daher ist das schon ein Stück weit getrennt. Schade." (Interview Sm, Frankfurt, 24.01.2007)

Ein Indiz für die partielle Isolation des kommunalen Programms gegenüber den Netzwerkstrukturen des Bund-Länder-Programms stellt beispielsweise die Tatsache dar, dass auf der landesweiten Konferenz zum Thema der nachhaltigen Stadtentwicklung[11] im Jahr

---

11 Es handelte sich hierbei um die vom hessischen Ministerium für Wirtschaft, Verkehr und Landesentwicklung organisierte Konferenz „Stadt nachhaltig entwickeln", die vom 10.-11.04.2008 in der Union-Halle in Frankfurt am Main stattfand. Neben politischen Vertretern der Stadt und des Landes sprachen etliche lokale Experten zum Leitthema der Konferenz, wie sich die Kommunen dem auch in der Leipzig-Charta hervorgehobenen Auftrag einer integrierten, nachhaltigen Stadtentwicklung stellen können. Die Darstellung des Frankfurter kommunalen Entwicklungsprogramms

2008 in Frankfurt am Main das kommunale Entwicklungsprogramm mit keinem Wort Erwähnung fand, obgleich hingegen Inhalte und entsprechende Stadtquartiere durchaus Thema dieser Konferenz waren.

> Dieser Eindruck konnte in einem abschließenden Gespräch mit der Stadt Frankfurt (Interview Sch, Frankfurt, 30.09.2008) erneut bestätigt werden und das Ignorieren des kommunalen Programms beispielsweise auf der angesprochenen Konferenz durchaus nicht nur als bloßer Zufall dargestellt werden. Und auch von Seiten der hessischen Gemeinschaftsinitiative Soziale Stadt (HeGISS) wurde dieser Gesamteindruck weitestgehend bestätigt: „Ich habe ja gesagt, ich kenne die Frankfurter Standorte nicht, aber ich kann mir natürlich vorstellen..." (Interview BK, Frankfurt, 15.01.2008).

Dieses Faktum erschien umso erstaunlicher, als dass von Seiten der HeGISS durchaus der Erfahrungsfluss und -austausch in und mit den Kommunen als wichtig und nachhaltig erachtet wird. Denn für die Zeit nach dem Auslaufen der nationalen Förderung über das Bund-Länder-Programm wird derzeit angedacht, das Weiterlaufen ähnlicher Programme auf Ebene der Städte und Gemeinden gezielt zu fördern. Auf die Frage, inwieweit Bestrebungen bestünden, auf Seiten der Kommunen eigene Entwicklungen anzustoßen, lautete daher die Antwort von Seiten der HeGISS:

> „Den kleinsten Ansatz dazu sehe ich eigentlich im neunten Jahr der Förderung, dass wir versuchen, hier in Hessen im Zuge der Schlussbilanzierung die Kommunen zu animieren. Ich weiß jetzt nicht, welche Restriktionen das HWVL12 da einführen wird. Aber wir wollen von denen – ich sage jetzt einmal wir, das Land, obwohl ich nicht das Land direkt bin, sondern nur bei einer Landesgesellschaft arbeite –, dass die zum Ende hin eine Verstetigungsvereinbarung abgeben. Und in diesem Ordner hier ist der Entwurf dafür. Aber wir können das noch nicht herausgeben. Aber Herr R. möchte das Mitte Februar in Berlin bei einer Sitzung einbringen." (Interview BK, Frankfurt, 15.01.2008)

Diese neue Initiative scheint wohl eher nicht jene kommunalen Programme zu berücksichtigen, die in Eigeninitiative der Kommunen initiiert und geführt werden und eben nicht aus einem aus der Bund-Länder-Förderung heraus gefallenen Programm entstanden. Es muss allerdings ergänzt werden, dass auch auf privater Ebene durchaus ein Kontakt zwischen den Verantwortlichen des kommunalen Programms und Vertretern der Landesgemeinschaft des Bund-Länder-Programms besteht.

---

hätte nach Meinung des Autors hier einen wichtigen Beitrag liefern können und gut in das Programm gepasst. Dass es hingegen keine Erwähnung fand und auch nicht vertreten war, stärkt weiter den Eindruck einer Isolation gegenüber diesen Strukturen, wenngleich keine „harten" Beweise für einen direkten Zusammenhang vorliegen.
12 HVWL: Hessisches Ministerium für Wirtschaft, Verkehr und Landesentwicklung

Die inhaltlichen Unterschiede zwischen dem kommunalen Programm und dem Bund-Länder-Programm sind damit – wenigstens bezogen auf das Instrumentarium und die Aufgaben des Quartiersmanagement – weniger deutlich, als sich das in den oben dargestellten Interviewzitaten zunächst darstellte. Während das Bund-Länder-Programm zwar auch investive Maßnahmen im Gebäudebestand und dem Wohnumfeld der Siedlungen finanziell fördert, konzentriert sich die Finanzierung des kommunalen Ablegers vor allem auf die Koordinierung der bestehenden Aktivitäten in den Siedlungen, die mithilfe des Instrumentariums des Quartiersmanagements koordiniert und stimuliert werden sollen. Damit wurde aber vor allem eine organisatorische Abgrenzung gegenüber dem Bund-Länder-Programm getroffen, weniger eine inhaltliche, da beide Programme grundsätzlich die „Hilfe zur Selbsthilfe" zu ihrem Leitmotiv erhoben haben. Insbesondere die Problematik im Zusammenhang mit der Funktion und der konkreten Aufgabenstellung des Quartiersmanagement scheint in beiden Programmen identisch.

Das Quartiersmanagement wird im kommunalen Entwicklungsprogramm konkret mit dem Ziel verbunden, Akteure zu koordinieren und die Kommunikationsstrukturen im Viertel zu verbessern. Der Anwendungsbereich stellt sich oftmals als profan und banal dar, dahinter stehen aber oft weit größere Probleme, wie etwa der Abbau von Vorurteilen, wie aus dem folgenden Zitat deutlich wird:

> „Und ich denke, […] dass wir ganz konkret mit den Menschen, die in den Wohnungen, in den Quartieren leben, in Kontakt kommen und für die unmittelbar was erreichen. Das heißt, das sind zum Teil profane Geschichten: Da regen die sich auf, weil Papier auf der Grünfläche liegt, weil der Hund da vom Nachbarn hinmacht, weil Ruhestörungen sind, weil Kinder nicht spielen können, weil Spielgeräte kaputt sind, weil, weil, weil…. Also auf niedrigster Schwelle und es hat sich gezeigt, dass solche Befriedungen oder solche Spielplatzneugestaltungen oder die Neugestaltung der Außenanlagen, die Menschen wieder in Kontakt bringen, Kommunikationen fördern, Ängste abbauen. Auch zwischen Ausländern und Deutschen. Da heißt es manchmal: ‚Die sitze da rum un mache nix un habbe schwarze Schnurrbärt', oder: ‚Ei, was mache die denn?' ‚Ei ja, die sitze da, die mache nix!' Allein diese Kontakte, den Informationsfluss herzustellen, ist da ganz wesentlich und ein ganz wesentlicher Indikator für Erfolg, wenn die Leute miteinander sprechen." (Interview R, Frankfurt, 01.02.2008)

5.2.6 Einbettung in lokale Strukturen zur Vermeidung von sozialer Exklusion

Gegen Mitte bis Ende der 1990er Jahre gewann auch auf Seiten der Stadt Frankfurt der Präventionsgedanke zunehmend an Bedeutung. Die Anwohner, die sich in Folge von Ausschreitungen in einem Stadtteil Anfang der 1990er Jahre gegen die globale Stigmatisierung ihres Stadtteils zur Wehr setzten, verlangten von Seiten der Stadt in einem Brief mehr „Hilfe zur Selbsthilfe" (EULER 1994) und wählten dabei nicht zufällig einen Slogan, der in dieser Zeit und bis heute das Motto der programmorientierten Gemeinwesenarbeit ist.

Die politischen Strategien der Stadt Frankfurt, die infolge der Ereignisse die Probleme der sozialen Exklusion und Marginalisierung von Bevölkerungsgruppen sowohl thematisch als auch fachlich aufgreifen, basieren vornehmlich auf drei unterschiedlichen städtischen Organisationsstrukturen, die in einem komplexen Netz von Aktivitäten und Akteuren miteinander verwoben sind: das Sozialdezernat, der Präventionsrat und die integrierten Entwicklungsprogramme der Stadt Frankfurt.

Durch das städtische Sozialdezernat wird zunächst eine dichte Struktur freier und öffentlicher Träger im Bereich der Jugend- und Sozialarbeit zentralisiert und deren Aktivitäten über finanzielle und thematische Steuerungstools gelenkt. Das Sozialdezernat selbst gliedert sich zudem in zentrale und dezentrale Bereiche, wobei zu letzteren die über die Stadt Frankfurt verteilten neun Sozialrathäuser zu zählen sind.

Im Jahr 1997 hatte sich auf Initiative der Stadt, der Staatsanwaltschaft und der Polizei (Interview Gd, Frankfurt, 24.01.2007) der sog. Präventionsrat gegründet, der sich um das Sicherheits- und Erscheinungsbild der Stadt Frankfurt im weiteren Sinne kümmert und durch seinen präventiven Ansatz mittlerweile zu einem wichtigen Akteur vor allem in den Quartieren geworden ist, wo er durch sog. Regionalräte vertreten wird. Zusammen mit den lokal verorteten Vereinen, Trägern und Akteuren bildet sich durch die Regionalräte eine weitere Struktur aus, die nicht zuletzt für die Jugend- und Sozialarbeit wichtige Impulse gibt.

Eine dritte Struktur bilden letztlich die integrierten Entwicklungsprogramme der Stadt Frankfurt. Neben dem in zwei Stadtteilen angesiedelten Bund-Länder-Pogramm „Soziale Stadt" ist von größerer lokaler Bedeutung das kommunale Entwicklungsprogramm „Soziale Stadt – Neue Nachbarschaft", da es inzwischen (Stand: Ende 2008) in 12 Stadtteilen Frankfurts angesiedelt ist und daher Gegenstand der vorliegenden Untersuchung ist.

Auffallend ist bei einer ersten Betrachtung dieser Strukturen, dass alle wesentlichen Initiativen und Strategien eine Dezentralisierung der Aktivitäten verfolgen und mit dem Ziel behaftet sind, quartiersbezogen zu arbeiten. Damit setzen diese Tätigkeiten den in Kapitel 2 ausführlich dargestellten Ansatz zur Vermeidung sozialer Exklusion um. Ihr Aufbau ist in den letzten Jahren mehr oder weniger bedeutenden Veränderungen unterworfen gewesen. Dennoch kann die Stadt Frankfurt auf eine lange Zeit zurückschauen, in der sie diese Strukturen gefördert und ihr Wachstum stetig ermöglicht hat. Obgleich zwei der drei Strategien, der Präventionsrat und das kommunale Entwicklungsprogramm erst Ende der 1990er Jahre ins Leben gerufen wurden, führen auch sie nur eine Politik weiter, deren Anfänge in Frankfurt weiter zurückreichen.

Die kommunale Jugend- und Sozialarbeit der Stadt Frankfurt

Das Jugend- und Sozialdezernat der Stadt Frankfurt nimmt im Zusammenhang mit dem kommunalen Entwicklungsprogramm eine herausragende Stellung ein, da es – nun wieder – die Lenkungsstelle des Programms im selben Haus beherbergt und mit dem Programm damit in räumlicher und fachlicher Nähe steht. Die Dezentralisierung in die Quartiere hinein wird im Sozialdezernat hauptsächlich auf zwei Wegen realisiert. Zum einen über neun sog. Sozialrathäuser und dem dort verorteten speziellen Sozialdienst, zum anderen über die enge Zusammenarbeit mit den Trägern sozialer Einrichtungen. Das Sozialdezernat bezuschusst in Frankfurt derzeit über 400 freie Träger der Jugend- und Sozialarbeit (Interview Hz, Frankfurt, 24.01.2007). Die Zusammenarbeit mit diesen Trägern zugunsten einer Qualitätsentwicklung vollzieht sich im Rahmen von §78 SGB VIII in Form von Arbeitsgemeinschaften, allerdings entziehen sich zwischen 120 und 130 Einrichtungen einer auf dieser Basis gegründeten Arbeitsgemeinschaft (Interview Hz, Frankfurt, 24.01.2007). Die Beteiligung ist dennoch sehr hoch und zeugt von einer konstruktiven Zusammenarbeit. Die Arbeit auf Seiten der Träger teilt sich in ehrenamtliche und vom Sozialdezernat bezuschusste Tätigkeiten und den professionellen Verkauf von Dienstleistungen auf. Insgesamt hat sich in Frankfurt eine große Pluralität in der Trägerlandschaft bewahrt, auch nachdem das Land Hessen während der Regierungszeit der letzten Landesregierung große Einschnitte im Budget für die Jugend- und Sozialarbeit zu beklagen hatte.

> „Das Bild in Frankfurt ist sehr, sehr bunt, und ich glaube, Frankfurt ist nicht sehr typisch, was die Trägerlandschaft betrifft: Erstens ist nicht alles in einer Hand. Und das haben wir auch manchmal, sogar in größeren Kommunen, dass es da so etwas wie einen Jugendhilfeverbund gibt und alles, was dann Jugendhilfe ist, wird dann da gemacht. In Frankfurt ist das anders. Es ist eigentlich immer der Ansatz da gewesen, viel Pluralität zu haben und eigentlich die freien Träger eher zu fördern als zu beschneiden. Das geht bis dahin, dass die finanziellen Einschnitte sich sehr im Rahmen gehalten haben, obgleich die Stadt auch massiv unter Druck steht. Es ist in den letzten Jahren kein Träger kaputt gegangen oder eingegangen, weil die Stadt ihn nicht mehr finanziert hat. Natürlich fällt auch bei uns mal ein Träger heraus, dann aber nicht aus Gründen, weil die Stadt kein Geld mehr hat, sondern weil es ihn einfach nicht mehr gibt. Aber das ist höchst selten, ich habe es in all den Jahren erst zweimal gehabt." (Interview Hz, Frankfurt, 24.01.2007)

Neben den Strukturen der Trägerlandschaft, die die Anbindung des Dezernats in die Quartiere garantieren, hat sich das Dezernat auch selbst dezentralisiert. Über das Stadtgebiet verteilt existieren neun sog. Sozialrathäuser, die die Funktion einer „Grundanlaufstelle" (Interview Gb, Frankfurt, 22.02.2007) für die Jugend- und Sozialarbeit darstellen.

Sie vereinen lokal die Tätigkeiten des Jugend- und Sozialamtes und zielen mit ihren Angeboten auf Kinder und Jugendliche, Familien, allein stehende Senioren sowie Menschen mit Behinderungen ab. Zudem übernehmen die Sozialrathäuser die Aufgabe der Leistungserbringung für Asylbewerber nach dem Asylbewerberleistungsgesetz. Die interne Struktur der Sozialrathäuser ist in den letzten Jahren von einigen Umstrukturierungen betroffen gewesen. Zuletzt wurde ihre Anzahl von elf auf neun Rathäuser reduziert, da im Zusammenhang mit der Einführung des zweiten Sozialgesetzbuches (SGB II) im Rahmen der sog. Hartz-Reformen (vgl. RUDOLPH & NIEKANT 2007) die, früher für die wirtschaftliche Sozialhilfe zuständigen, Sachbearbeiter nun in die Jobcenter wechselten. So wurden Kapazitäten in den Sozialrathäusern frei, was schließlich zur Zusammenlegung führte (Interview Gb, Frankfurt, 22.02.2007). Gesetzliche Grundlage für das Agieren der Sozialrathäuser heute ist in erster Linie das zwölfte Sozialgesetzbuch (SGB XII) und so konzentrieren sich die Aktivitäten der Sozialrathäuser im Bereich der „Grundsicherung", der „Hilfe zum Lebensunterhalt" und der „Hilfe in unterschiedlichen Lebenslagen" (nach SGB XII) und umfassen nicht mehr die wirtschaftliche Sicherung des Lebensunterhalts nach SGB II. Zudem nimmt ein großer Teil des Aufgabenfeldes die Jugendsicherung nach Sozialgesetzbuch 8 (SGB VIII) ein. Hier ist unter anderem das Vorgehen bei sog. Kinderschutzfällen geregelt (vgl. § 8a SGB VIII), die in der täglichen Arbeit des Sozialrathauses Priorität haben und deren Nachgehen vorübergehend die volle Aufmerksamkeit der jeweiligen Bearbeiter erfordert.

Die Aufgabenbereiche im Sozialrathaus werden in den allgemeinen und den speziellen Sozialdienst unterteilt. Zur Bewältigung der allgemeinen Aufgaben stehen im Sozialrathaus Höchst, welches unter anderem für den Stadtteil Sossenheim, in dem bereits die zweite Runde des kommunalen Entwicklungsprogramms „Soziale Stadt – neue Nachbarschaften" läuft, zuständig ist, zwei Teams zur Verfügung, die sich das sechs Stadtteile umfassende Territorium des Sozialrathauses aufgeteilt haben. Innerhalb der Stadtteile arbeiten im Bereich des speziellen Sozialdienstes dann mehrere Sozialarbeiter:

> „Der [Sozialarbeiter, Anm. d. Autors] ist dann auch vor Ort. Das soll ja halt auch deswegen gerade sein, dass man die Sachen da noch einigermaßen sozialräumlich betrachten kann, was eine Zentralisierung nicht unbedingt im Auge haben kann." (Interview Gb, Frankfurt, 22.02.2007)

Real lässt sich damit eine Dreigliederung für die öffentlich-kommunale Sozialarbeit in Frankfurt darstellen: Stadtweit leitet das Jugend- und Sozialdezernat, dann gibt es für das gesamte Stadtgebiet neun Sozialrathäuser, die das Territorium unter sich aufteilen und zudem arbeitet der spezielle Sozialdienst in den einzelnen Stadtteilen vor Ort. Die Informationen aus dem Stadtteil fließen auf Wegen der Kooperation in das zuständige Sozialrathaus. Auf die Frage, auf welchen Wegen sich die Lage in den Siedlungen erschließt, wurde geantwortet:

"Unsere eigene Wahrnehmung durch unsere Leute. Wahrnehmungen der Mitglieder aus dem Stadtteilarbeitskreis. Und halt der Regionalrat. Das sind so die Stränge, die wir in die Stadtteile haben." (Interview Gb, Frankfurt, 22.02.2007)

Der Präventionsrat der Stadt Frankfurt

„Vor 10 Jahren hat sich der Präventionsrat gegründet, eben aus der Erkenntnis heraus, dass man mit noch soviel Polizei und mit noch soviel Repression eigentlich Kriminalität nicht zurückdrehen kann, sondern dass man die Ursachen angehen muss. Wie entsteht Kriminalität und wo entsteht Kriminalität? Und wie kann man Kriminalität vorbeugen? Und da hat man diesen Präventionsrat als behördenübergreifende Arbeitsgemeinschaft gegründet. Da gibt es keine große juristische Satzung, sondern nur eine Präambel, in der die Ziele festgelegt sind, und die drei Blöcke: Stadt, Polizei und Staatsanwaltschaft. Und das sind auch die obersten Leitungskräfte, wie hier [im Organigramm] auch im Einzelnen dargelegt ist, der Oberbürgermeister beziehungsweise die Oberbürgermeisterin mittlerweile." (Interview Gb, Frankfurt, 22.02.2007)

Während der Frankfurter Präventionsrat zunächst als top-down-Initiative führender Sicherheitseliten der Stadt gegründet wurde und stark auf Kriminalitätsprävention ausgerichtet war, stellt er heute eine komplexe Struktur dar, die insbesondere auf der lokalen Ebene der Quartiere zu einem der wichtigsten Kooperationspartner des kommunalen Entwicklungsprogramms in den Quartieren geraten ist (Interview Sch, Frankfurt, 30.09.2008). Präventionsräte seien Phänomene der 1990er Jahre, mit deren Hilfe alle sozialen Kräfte eines überschaubaren Gemeinwesens, wie es in einem von JASCHKE (1997, S 32) zitierten Interview heißt, sich „an einen Tisch setzen, um sowohl über die Ursachen der Kriminalität zu diskutieren als auch in der Folge Ansätze ihrer Kontrolle gemeinsam zu überlegen". Grundcharakter der Präventionsräte ist ihr Ansatz, alle auf Prävention einwirkenden Beteiligten an einen „runden Tisch" zu bringen, also deren Vernetzung, deren Kooperation zu forcieren. Damit ähnelt dieser Ansatz grundsätzlich erst einmal dem des kommunalen Entwicklungsprogramms, das – wie gezeigt – ebenso auf die Vernetzung der lokalen Akteure drängt. Das lässt Vermutungen über doppelte Strukturen und damit von Konkurrenzen aufkommen. Eine weitere Gemeinsamkeit beider Ansätze ist darin zu finden, dass beide Initiativen als „Experiment" gestartet wurden (vgl. JASCHKE 1997) und sich daher stets um die gesellschaftliche und politische Anerkennung bemühen müssen.

Die Idee der Präventionsräte entwickelte sich zunächst in den Niederlanden, in Großbritannien und in Dänemark und etablierte sich in Hessen zwischen den Jahren 1992 und 1993 zuerst in den Städten Darmstadt (Mai 1992), Kassel und Offenbach (Oktober 1992), Gießen (November 1992) und der Landeshauptstadt Wiesbaden (1993) (JASCHKE 1997, S. 32).

Bei aller Euphorie, die den Regionalräten entgegenschlägt, gibt es jedoch auch kritische Stimmen, die das Modell vor allem aufgrund zweier Kriterien als eher ungeeignet ansehen. Zum einen betrifft die Kritik die Schwierigkeit, Erfolge nachzuweisen und positive Entwicklungen wirklich auf die Präventionsarbeit zurückzuführen, zum anderen ist dieser Aspekt von beiden sicherlich der wichtigere, erkennt man es als Problem, dass die Polizei nur unzureichend befähigt ist, auf dieser individuellen, sozialen Ebene der Kriminalprävention zu agieren. Insbesondere dieser Punkt wurde auch in Frankfurt von Seiten eines Polizeirevierleiters ausgedrückt:

> „Man darf nicht vergessen, dass Polizeibeamte keine Sozialarbeiter sind. Sondern wir haben einen gesetzlichen Auftrag, der neben der Repression bei Straftaten und Ordnungswidrigkeiten zwar auch die Prävention beinhaltet, aber Prävention im Hinblick auf Vermeidung von Ordnungswidrigkeiten, Straftaten oder Unordnungszustände. Wir haben keine Mittel, diese festgestellten Mängel [im Zusammenhang mit Prävention, Anm. d. Autors] zu beheben. Dazu hat die Polizei keine Möglichkeiten. [...] Das ist ein Wunsch, dass man das [die Prävention, Anm. des Autors] mit umsetzt. Aber da ist allein der zeitliche Rahmen, der der Polizei für ihre Aufgaben oft gar nicht die Zeit zur Verfügung steht. Wir haben hier in der Regel zwei Funkstreifen, die für drei Stadtteile Aufträge abarbeiten, d. h. die sind nicht nur in Niederrad, die sind in Goldstein, die sind in Schwanstein für alle Anrufe, Sachverhalte usw. zuständig. Das geht über Verkehrsunfallaufnahmen, die zum Teil sehr zeitaufwändig sind, über Einbrüche, über andere Anzeigenaufnahmen, das ganze Spektrum der polizeilichen Palette wird praktisch im 24h-Betrieb mit zwei Funkstreifen abgearbeitet. Und da bleibt wenig Freiraum für irgendwelche individuellen Maßnahmen [bezieht sich dabei u. a. auf die Teilnahme in Präventionsräten, Anm. d. Autors]. [...] Wir haben im Hinblick auf Kriminalitätsbekämpfung und Prävention gleichermaßen Vorgaben: Das heißt, auch da Kontrollmaßnahmen durchzuführen. Und wenn sie das alles addieren, da bleibt an und für sich für eine soziale Komponente, um Gespräche zu führen, um eine aufsuchende Art der Polizeiarbeit zu führen, fast nichts mehr übrig." (Interview Z, Frankfurt, 23.01.2007)

In Frankfurt ist die Aufgabenverteilung des Präventionsrates zweigeteilt. Die geschäftlichen Aufgaben erfolgen in einem eigenen Querschnittsreferat, in dem die Geschäftsstelle des Präventionsrats angesiedelt ist und die zusammen mit dem Ordnungsamt dem Referat „Ordnung, Sicherheit und Brandschutz" der Stadt zugeordnet ist. Insbesondere gegenüber letzterem konnte sich die Geschäftsstelle damit eine gewisse Eigenständigkeit erhalten, die den Geschäftsführer des Präventionsrates zugleich mit Kompetenzen gegenüber benachbarten Referaten oder Ämtern ausstattet:

"Ich habe kein Problem, die Leute einzuladen und ich habe auch die Kompetenz, dass ich das dann auch darf als Querschnittsreferat. Wir sind jetzt eigenständig geworden. Seit 1999 haben wir ein eigenes Amt bekommen, mit vier Mitarbeitern. Wenn ich das Ordnungsamt sehe, dann fühlen sie sich als ein großes Amt, aber ich kann auch sagen, ich möchte den Ordnungsamtsleiter oder seinen Vertreter in der Sitzung haben. Und die kommen dann auch. Und das ist natürlich auch ein Mehrwert für die Leute vor Ort. Weil sie sagen, ich brauche jetzt keine langen Briefe mehr zu schreiben, oder als Ortsbeirat einen Antrag stellen, erst im Parlament, der geht an die Verwaltung, dann geht er wieder zurück..., sondern hier sitzen sie alle am Tisch und dann kann man auf Zuruf auch mal kleine Probleme direkt lösen." (Interview Gd, Frankfurt, 24.01.2007)

Der Aufgabenbereich des Präventionsrates konzentrierte sich zunächst noch auf die Gesamtstadt Frankfurt und die „großen" Probleme:

„Da war schon die ganze Stadt Frankfurt im Zentrum [der Arbeit des Präventionsrates, Anm. d. Autors], aber nicht so in das kleinste, lokale Teilfragment, sondern eher die strukturellen Probleme, nicht ein lokales Problem. (Interview Gd, Frankfurt, 24.01.2007)

Erst nach und nach änderte sich diese Sichtweise und man schuf nachgeordnete, lokale Strukturen in den Quartieren, die zur heutigen Zweiteilung der Präventionsarbeit in Frankfurt führten:

„Eines Tages bekamen wir halt den Anruf, dass es in Sossenheim Probleme mit Sicherheit gibt, mit Jugendlichen... So genau konnte man das auch nicht sagen, wo die Probleme steckten. Aber eigentlich war man sich einig, so geht es in Sossenheim nicht weiter. Und da kam der Präventionsrat auf die Idee, da können wir doch eigentlich einen lokalen Präventionsrat gründen, um die Probleme einfach gemeinsam vor Ort zu erörtern. Die Frage war dann, wie macht man das? Und ich habe erstmal die Ortsvorsteher zusammengerufen, weil ich gedacht habe, man kann so etwas an ein schon vorhandenes Gremium andocken und also dieses Problem beim entsprechenden Ortsbeirat in Sossenheim andocken. Und die haben gesagt: ‚Wolle mer net, könne mer net! Erstens, so etwas ist neu, zweitens, haben wir keine Kapazität, um das zu bearbeiten.' ‚Ok', habe ich dann gesagt. Dann habe ich die Sozialrathäuser gefragt, die ja auch eine Vernetzung schon vor Ort haben und die ja auch sozial zuständig sind für solche Stadtteile. Die haben das aber strikt abgelehnt. Die haben gesagt, wir sind im Umorganisationsprozess und wissen gar nicht... sind außer Stande, an so etwas mitzuwirken, so etwas zu realisieren." (Interview Gd, Frankfurt, 24.01.2007)

Infolge wurden in Frankfurt so genannte Regionalräte gegründet, die in ausgewählten Vierteln vor Ort die Probleme konzentrieren und angehen sollten, indem sie die zuständigen Akteure koordinierten. Derzeit gibt es in Frankfurt 15 solcher Regionalräte, unter anderem auch in jedem der Quartiere des kommunalen Entwicklungsprogramms.

Die Organisationstrennung in Geschäftsstelle und lokale Regionalräte weist überraschende Ähnlichkeiten zur Organisation des kommunalen Entwicklungsprogramms auf, die sich im Weiteren auch auf die Kooperation auswirken wird. Auch die Auswahl der Quartiere, in denen ein Regionalrat gegründet wurde, deckt sich zum großen Teil mit Argumenten, die von der Sozialen Stadt vorgebracht werden. Ähnlich wie im kommunalen Entwicklungsprogramm, für das nur jene Viertel ausgewählt werden, deren Problemlagen überschaubar sind, wenngleich doch Handlungsbedarf besteht, scheint sich auf die Quartiersauswahl zur Etablierung eines Regionalrates abzuzeichnen. Auf die Frage, ob es das Ziel sei, in jedem Quartier einen Regionalrat zu etablieren, war die Antwort:

> „Das schaffen wir nicht. In jedem geht auch nicht, weil es nur dort funktioniert, wo die Problemlagen abgrenzbar sind. Und wenn ich mir jetzt das Nordend angucke, diesen urbanen Stadtteil, wo sich das Nordend West abgrenzt vom Nordend Ost, aber wo ist schon die Grenze? Also ich kann das ‚Wir'-Gefühl bei den Nordendlern nicht schaffen. Und dann habe ich auch viel zu viele Situationen, da habe ich 20 Schulen und die Teilnehmerzahl ist begrenzt auf so circa 30. Also ich will ja immer die gleichen Leute drin haben, dass man sich vertraut macht, dass man sich kennt, dass man sich einbringt und dass man auch vertrauensvoll mit Daten und Fakten umgehen kann. Und das kann ich bei diesen großen, urbanen Innenstadtlagen nicht machen. Und Sie sehen ja [zeigt die Karte, Anm. d. Autors], die Regionalräte sind praktisch wie so ein Ring um Frankfurt." (Interview Frankfurt, 24.01.2007)

6 Mailand „Contratti di Quartiere"

6.1 Übersicht über die Fallstudie

Das Mailänder Programm „Contratti di Quartiere" stellt innerhalb der italienischen Politik eines der bedeutendsten integrierten Entwicklungsprogramme dar, welches in der Tradition europäischer Programme sowohl investive als auch nicht-investive Maßnahmen umfasst. Räumlich orientiert sich das Programm an den Peripherien der großen Städte und knüpft damit an eine landesspezifische, traditionelle Dichotomie zwischen Zentrum und Peripherie an (vgl. GUIDUCCI 1993).

Das Mailänder Entwicklungsprogramm ist viel stärker als das Frankfurter Gegenstück in eine komplexe Struktur innerhalb des Mehrebenensystems der italienischen Verwaltung integriert. Zugleich ist die öffentliche Aufmerksamkeit ihm gegenüber sehr hoch, was sich aus der Präsenz von Anwohnern und Bevölkerung an Treffen und Themensitzungen der Ortsbeiräte ablesen lässt. Ganz anders als in Frankfurt wird das Programm in Mailand nur in fünf Quartieren umgesetzt, nachdem die Stadt Mailand sich während der ersten Generation des nationalen Förderprogramms nicht erfolgreich mit ihren Quartieren um die finanzielle Förderung bewerben konnte. Obgleich die „Contratti di Quartiere" innerhalb der Stadt nur relativ kleinräumige, punktuelle Veränderungen darstellen, üben sie als politisches Programm einen großen Einfluss auf die regional- und kommunalpolitischen Strukturen aus. Ihre Besonderheit liegt in ihrem Potenzial begründet, eine Veränderung der kommunalen Politik in Mailand herbeiführen zu können. Anders als die in Kapitel 3 diskutierte Tendenz zu New Public Management, verfolgen die „Contratti di Quartiere" nicht eine an Managementprozessen orientierte Verwaltungsstruktur, sondern zielen auf die Reformierung verwaltungsinterner und -externer Koordinationsprozesse ab.

Gerade diese Charakteristik der „Contratti di Quartiere" war im Zusammenhang mit den Kommunalwahlen im Jahr 2006 von erheblicher Bedeutung. Damit verwirklichen die „Contratti di Quartiere", ebenso wie das Frankfurter Programm, vor allem Ziele eines prozeduralen Bereichs. Weniger als die zuvor angesprochene „Sehnsucht zur Kooperation", ist es in Mailand eher die deutliche „Aufforderung zur Kooperation", die von Seiten der Region die Leitlinie des Programms bestimmt. Nachfolgende Tabelle (Tab. 2) gibt einen kurzen schematischen Überblick über die Randdaten des Mailänder Programms, bevor nachfolgend die Inhalte, Ziele und Organisationsstrukturen wiedergegeben werden, stets möglichst nah an der subjektiven, konstruktiven Vorstellung der befragten Akteure entlang und unter Berücksichtigung programm- und ortsspezifischer Charakteristika.

Tab. 2: Schematischer Überblick über das Mailänder Entwicklungsprogramm

Offizielle Bezeichnung	Contratti di Quartiere II (zweite nationale Programmgeneration)
Beschreibung	Investives, nationales Entwicklungsprogramm zur Aufwertung peripherer, benachteiligter Stadtquartiere
Politikfeld	Öffentlicher Wohnungsbau, Soziales
Primäre Akteure	Region Lombardei, Comune di Milano, A.L.E.R., private Träger der Laboratori di Quartiere
Akteursmix	Überwiegend öffentliche Akteure, vereinzelt Nachbarschaftsorganisationen
Politische Ebenen	Region und Stadt
Allgemeine Ziele	Verbesserung des teils schlechten baulichen Zustands der Gebäude, bessere Anknüpfung der Quartiere an städtische Dienstleistungen und Infrastrukturen, Verstärkung des sozialen Zusammenhalts und Verbesserung der allgemeinen Wohnqualitäten
Konkretisierte Ziele	Durchführung baulicher Maßnahmen an den Gebäuden und im Wohnumfeld unter Berücksichtigung partizipativer Planungsmethoden in den Vierteln, Verbesserung der Koordination zwischen unterschiedlichen öffentlichen Einrichtungen
Ansatz / Instrumente	Bauliche Ansätze, Quartiersmanagement Kooperation zwischen Region, A.L.E.R. und Stadt
Zeit / Förderungsdauer	Planungsbeginn in allen Quartieren ca. 2004 (teils mit erheblicher Verspätung) 5 Quartiere: Molise-Calvairate, San Siro, Ponte Lambro, Gratosoglio, Mazzini
Finanzieller Förderungsumfang	Gesamt: 224 Mio. Euro Aufgeschlüsselt nach Akteuren: Region Lombardei 140 Mio. €; Stadt Mailand 34 Mio. €; A.L.E.R. 35 Mio. €; andere: 14 Mio. €
Geographische Besonderheiten	Teils innenstadtnahe, traditionelle Arbeitersiedlungen mit überwiegend Altbau, teils Großwohnsiedlungen der 1970er Jahre In fast allen Quartieren gab es bereits vor den CdQ II andere teils kommunal geförderte Entwicklungsprogramme; weitere Quartiere sind nicht vorgesehen
Ansprechpartner	Direzione Casa, Politiche per la casa, Regione Lombardia; Assessorato Sviluppo del Territorio, Comune di Milano; A.L.E.R. Milano

Quelle: Eigene Darstellung

6.2 Inhalte und Ziele aus Sicht der handelnden Akteure

6.2.1 Entstehung

Die „Contratti di Quartiere"[13] (Quartiersverträge, kurz: CdQ) gehen aus einer nationalen, ministerialen Gesetzesvorlage des Ministeriums für Infrastrukturen und Transport aus dem Jahr 1997 resp. 2003 (2. Fördergeneration) hervor. Mit der Gesetzesvorlage wurde ein Vorschlag des damaligen Ministeriums für Öffentliche Arbeiten (Ministero delle Infrastrutture e Trasporti) aus dem Jahre 1997 aufgegriffen, in dem erstmals von „Investitionen in periphere oder degradierte Viertel" als Inhalt eines damals neuen, innovativen Programms die Rede war und das schließlich zur Lancierung der ersten Generation der sogenannten „Contratti di Quartiere" führte.

Bei den CdQ handelt es sich im Unterschied zum Frankfurter kommunalen Entwicklungsprogramm „Soziale Stadt – neue Nachbarschaft" um ein national gefördertes, investives Programm. Da sich bislang in der Stadt Mailand nur Quartiere finden, die über Mittel der zweiten Generation finanziert werden, wird im Weiteren ausschließlich auf diesen Zeitausschnitt Bezug genommen.

Auf Seiten des materiellen Zielbereichs grenzen sich die CdQ hinsichtlich ihrer investiven Ausrichtung gegenüber nicht-investiven Programmen, wie etwa dem Programm der Stadt Frankfurt, ab. Die inhaltliche Präzisierung der CdQ erfolgte zunächst zwischen den Kommunalverwaltungen der Region Lombardei und der Regionalverwaltung; der Nationalstaat war jenseits der Finanzierung und der grundsätzlichen, allerdings noch sehr vagen Richtungsweisung nicht wesentlich an der inhaltlichen Ausgestaltung des Programms beteiligt, so dass er insgesamt eine eher untergeordnete Rolle spielt und daher auch nur in seltenen Konfliktfällen zum Tragen kommt. Auf der regionalen Ebene findet sich daher das inhaltlich-präzisierende Element dieses neuen, integrierten Entwicklungsprogramms.

Auf die Ausschreibung der Region Lombardei, die wiederum aus einem Abkommen zwischen dem Ministerium und der Region aus dem Jahr 2003 resultiert (Regione Lombardia 2003), konnten sich in der Folge die Städte und Gemeinden der Region, darunter auch die Stadt Mailand, erfolgreich um die Aufnahme bestimmter Quartiere in das Förderungsprogramm bewerben. Die Konkretisierung und Durchsetzung der Zielsetzung des Entwicklungsprogramms erfolgt im Wesentlichen über das formelle Instrumentarium der Mittelvergabe seitens der Region Lombardei. Denn die vom italienischen Staat bereitgestellten finanziellen Ressourcen, die sich zum größten Teil aus einer einst zur Förderung

---
13 Der italienische Begriff „Contratti di Quartiere" kann im deutschen frei als Quartiersverträge übersetzt werden. Das Wort wird im Plural benutzt, soweit es sich nicht um den einzelnen, auf ein Stadtquartier bezogenen Vertrag handelt. In den offiziellen Darstellungen werden die „Contratti di Quartiere" erster Generation von den zweiten unterschieden, indem letztere als „Contratti di Quartiere II" bezeichnet werden. Da die erste Generation hier keine Erwähnung findet, wird auf die nachgestellte Nummerierung zugunsten besserer Lesbarkeit verzichtet.

des öffentlich-subventionierten Wohnungsbaus erhobenen Abgabenquote zusammensetzen, den so genannten fondi Gescal, konnten durch Eigenmittel der Region Lombardei signifikant erhöht werden, woraus der Region zugleich ein großes inhaltliches Mitspracherecht erwuchs. Die angesprochenen Gebühren Ex-Gescal, die mittlerweile nicht mehr erhoben werden (daher das Ex), waren vom zuständigen italienischen Ministerium seit Jahren nicht mehr investiert worden und es drohte zuletzt die Gefahr, dass die Mittel vom Finanzministerium anderweitigen Projekten zugeführt zu werden würden (Interview Ro, Mailand, 21.03.2007). Die CdQ stellten zugleich einen Weg dar, diese Mittel wieder dem eigentlichen Verwendungszweck zuzuführen, nämlich der Re-Investition in den öffentlichen Wohnungsbestand. In der ursprünglichen Herkunft der finanziellen Mittel liegt daher schon ein wesentliches Moment für die inhaltliche Ausrichtung der CdQ als investives Programm.

Für die inhaltliche Umsetzung dieser zweiten Generation der CdQ auf dem Territorium der Region Lombardei stehen insgesamt rund 304 Mio. Euro zur Verfügung, deren Zusammensetzung sich etwa im Verhältnis von 3:2 zwischen der Region Lombardei und der

Tab. 3: Finanzierung nach Mailänder Stadtteil, aufgeschlüsselt nach Herkunft der finanziellen Mittel (in Euro)

Stadtteil	Gesamtsumme	Region	Stadt	A.L.E.R	andere
Gratosoglio	45.047.000	35.244.000	1.108.000	7.737.000	958.000
Mazzini	50.866.000	21.489.000	5.538.000	17.972.000	5.887.000
Molise Calvairate	60.692.000	34.286.000	6.751.000	11.615.000	8.040.000
Ponte Lambro	31.178.000	19.589.000	9.402.000	2.176.000	11.000
San Siro	45.420.000	27.244.000	3.263.000	8.387.000	6.527.000
Gesamt	233.224.000	137.852.000	26.062.000	47.887.000	21.423.000

Quelle: CELLA 2006, S. 60

Tab. 4: Finanzierung der Mailänder Stadtteile, aufgeschlüsselt nach Verwendungszweck (in Euro)

Stadtteil	Gesamtsumme	Infrastruktur	Sozialwohnungen	Soziale Aktivitäten	Anteil Soziales**
Gratosoglio	45.047.000	3.848.000	39.197.000	2.002.000	4,44 %
Mazzini*	50.866.000	9.772.000	35.410.000	1.704.000	3,63 %
Molise Calvairate	60.692.000	18.471.000	39.589.000	2.632.000	4,34 %
Ponte Lambro	31.178.000	9.521.000	20.356.000	1.301.000	4,17 %
San Siro	45.421.000	18.667.000	25.363.000	1.390.000	3,06 %
Gesamt	233.224.000	60.279.00	163.915.000	9.030.000	3,87 %

*Datenfehler in der Originalquelle nicht auflösbar   **am Gesamtvolumen

Quelle: CELLA 2006, S. 60, verändert

Republik Italien aufteilt (BARGIGGA 2005, S. 7). Die Tatsache, dass diese Mittel von den Kommunen bis auf ca. 2 Mio. Euro vollständig angefordert wurden, deutet auf die hohe Akzeptanz und die sich daraus ergebende Bedeutung des Programms hin (BRICOCOLI et al. 2007).

Im Rahmen der „Contratti di Quartiere" stehen den fünf Mailänder Stadtteilen insgesamt zwischen 30 und 60 Mio. Euro zur Verfügung (Ministero delle Infrastrutture e dei Trasporti della Repubblica d'Italia 2004) (Tab. 3), wobei der Anteil, der sozialen Aktivitäten zugewiesen ist, im Vergleich zu den übrigen Posten mit zwischen 3 % und 4 % auffallend gering ausfällt (Tab. 4).

6.2.2 „Contratti di Quartiere": Ausdruck einer neuen politischen Kultur

Wesentlich für die inhaltliche Ausgestaltung der „Contratti di Quartiere" durch die Region Lombardei ist aber unabhängig von der Aufwertung benachteiligter Stadtquartiere ein weiterer Faktor, der in einem Gespräch mit den Verantwortlichen der Region wie folgt dargestellt wird:

> „Das ministerielle Dekret lautete in etwa so: ‚Wir stellen Mittel zur Verfügung, um urbane Infrastrukturen zu verbessern und um benachteiligte Quartiere aufzuwerten, die insbesondere auch soziale Missstände aufweisen.' Und da hat die Region dieses aufgegriffen und konkretisiert. Viele dieser Missstände sind vor allem in den Quartieren des öffentlich subventionieren Wohnungsbaus angesiedelt. Also nehmen wir diese Mittel, um den öffentlichen Wohnungsbau und damit das öffentliche Erbe aufzuwerten und zu erweitern. Damit war ein Ziel, auch neue Sozialwohnungen zu schaffen. Allerdings wollten wir die Hilfe nicht nur auf Steine und Dinge limitieren, sondern auch Initiativen fördern, die auf das soziale Netz abzielen. Also haben wir die Kommunen aufgefordert, dass ihre Vorschläge auch Handlungsansätze beinhalten sollten, die nicht nur Häuser, Straßen, öffentliche Plätze, also Dinge betreffen, sondern auch eine soziale Komponente haben. Also irgendwie wollten wir so ein Programm schaffen, mit dem wir die Integration unterschiedlicher Politiken realisieren konnten." (Interview Sch, Mailand, 29.03.2007).

Insbesondere der letzte Satz dieses Zitats deutet auf eine zentrale Idee hin, welche die Region Lombardei bewusst innerhalb des neuen Programms umsetzen wollte, nämlich die Verknüpfung von Fachpolitiken und damit die Umsetzung eines in diesem Sinne integrierten Programms. Dadurch wird deutlich, dass die „Contratti di Quartiere" nicht nur ein Entwicklungsprogramm zur Aufwertung benachteiligter Stadtquartiere darstellen, sondern mit ihrer Hilfe zugleich die Umsetzung eines weiteren Zielbereichs verfolgt wird:

> „Die ökonomischen Ressourcen, also das Geld, sind daher ein Instrument, um Politiken zu beeinflussen. Diese Rolle nehmen wir spätestens seit dem Zeitpunkt ein, da die Region nicht mehr nur dafür da ist, die (national-)staatlichen Mittel an die nachfolgenden Verwaltungsebenen, die Provinzen und die Kommunen, weiterzugeben." (Interview Sch, Mailand, 29.03.2007)

Denn spätestens seit der zweiten Fördergeneration der „Contratti di Quartiere" sieht sich die Region in einem politischen Licht, welches sie nun zum inhaltlichen Handeln befugt und damit die gestalterische Verantwortung der Politiken zugleich zu einem wesentlich Grad auf die regionale Skala verlagert. Solche Verlagerungen zeichnen sich in den letzen Jahren auch jenseits der italienischen Landesgrenzen häufig ab und werden seit längerem in den Wissenschaften diskutiert (vgl. BRENNER 1997, 2004). Im Sinne des Subsidiaritätsprinzips, das in Italien kürzlich gestärkt und hier ebenso zur Anwendung kommt wie in Deutschland, nimmt die Zwischenebene der Region nun auch in Fragen der Sozialen Stadtentwicklung (vgl. ALISCH 1999; KÖNIG 2004) eine neue, zentrale Stellung ein.

Den gesetzlichen Hintergrund für diese Veränderungen stellt eine Verfassungsreform aus dem Jahr 2001 und insbesondere die Reformierung des 5. Titels des zweiten Teils der italienischen Verfassung dar. Mit dem nationalen Gesetz Nr. 248 vom 24.10.2001 wurde die Kompetenzverteilung zwischen Nationalstaat und den Regionen reformiert. Kern dieser Reformen war es, Nationalstaat, Regionen und Kommunen nicht mehr innerhalb des bestehenden hierarchischen Verhältnisses einander unterzuordnen, sondern vielmehr Parallelstrukturen zu schaffen, die sich über die institutionellen Grenzen hinweg durch unterschiedliche fachliche Zuständigkeiten ergänzten. Dabei stärkte das neue Verfassungsgesetz das Subsidiaritätsprinzip wesentlich und reagierte damit auf einen neuen, differenzierten Regionalismus, der sich in Italien in den letzten Jahrzehnten immer deutlicher abzeichnete. Zugleich sollte jedoch vermieden werden, zumindest ideologische Abspaltungsversuche einzelner Regionen weiter zu fördern. Verallgemeinernd kann die Aufteilung der Kompetenzen nun wie folgt beschrieben werden: Den Kommunen und Regionen obliegen nun all jene Bereiche, durch die ein lokales Gemeinschaftsinteresse ausgedrückt wird. Dass diese Reformen in ihrer Umsetzung auf starke Kritik stießen, vor allem deshalb, weil sie als nur oberflächlich und halbherzige Maßnahmen gelten (vgl. MINGIONE et al. 2001), sollte nicht darüber hinwegtäuschen, dass sie für die Ausgestaltung der „Contratti di Quartiere" eine große Rolle spielten:

> „Früher, sagen wir in den frühen 80er Jahren, war es die Rolle der Regionen schlicht staatliche Finanzressourcen an niederere Ebenen weiterzuleiten. Erst die Verfassungsreform des 5. Titels, die etwa Mitte 2000 [im Jahr 2001, Anm. d. Autors] durchgeführt wurde, hat den Regionen exklusive Kompetenzen im Bereich des öffentlichen Wohnungsbaus eingeräumt. Kompetenzen, die früher

> dem Nationalstaat zugesprochen waren, wurden nun auf die Regionen übertragen. Komplett übertragen. Und speziell die Kompetenz über den öffentlich finanzierten Wohnungsbau ist hier besonders wichtig. Der Nationalstaat hat also aktuell keine Kompetenzen mehr über diesen Bereich. Nur noch in Form der Innovativen Programme im städtischen Zusammenhang (programmi innovativi in ambito urbano, Anm. d. Autors) hat er sich ein Mitspracherecht vorbehalten. Der Nationalstaat hat die Kompetenz über die spezifischen Fachpolitiken abgegeben und hat dafür nun die Innovativen Programme. […] Von diesem Moment an hat die Region Lombardei die neue Möglichkeit, diese neue Macht, die sich aus der Reform ergeben hat, genutzt. […] (Interview Sch, Mailand, 29.03.2007)

Obgleich die CdQ als „programmi innovativi in ambito urbano" formal im Kompetenzbereich des Nationalstaats angesiedelt sind, hat sich die Region grundsätzlich ein hohes Mitspracherecht nicht zuletzt aufgrund des eigenen Finanzierungsanteils „erkauft" und damit ihren Kompetenzbereich zusätzlich erweitert. Diese Erweiterung der regionalen Kompetenzen ermöglichte nicht nur, auf neue Art und Weise in den Bereich des Wohnungsbaus investieren zu können, sondern man versuchte zugleich, über die finanzielle Investition hinaus weitere politische Ziele zu implementieren. Diese ergänzenden Ziele nutzen dabei das Programm zur Aufwertung benachteiligter Quartiere gezielt als Trittbrett oder Katalysator, um durch sie eine neue politische Kultur auch auf der kommunalen Ebene zu etablieren:

> „Die ‚Contratti di Quartiere' stellen für uns eine besondere Möglichkeit dar, die lokalen Umsetzungen der Fachpolitiken beeinflussen zu können. Das ist wirklich das erste Programm, in dem so deutlich wird, dass es sich nicht mehr nur um die Weitergabe von staatlichen Mitteln handelt, sondern darum, einen neuen Weg vorzugeben und neue Ziele zu formulieren." (Interview Sch, Mailand, 29.03.2007)

Anknüpfend an die eingangs dargelegten Überlegungen zu der Ausbildung von Zielbereichen im Rahmen von integrierten Programmen (JACQUIER 2005, vgl. Kapitel 2) entwickeln damit auch die „Contratti di Quartiere" einen zweiten Zielbereich und eignen sich von daher für eine gegenüberstellende Untersuchung mit dem Frankfurter kommunalen Programm. Neben den Veränderungen von „Steinen und Dingen" geht es der Region Lombardei nun auch um die Etablierung einer neuen politischen Kultur. Die Inhalte dieser neuen politischen Kultur beziehen sich im Rahmen der „Contratti di Quartiere" zum einen auf eine neue kooperative Zusammenarbeit zwischen Region und den lombardischen Städten und Gemeinden, zum anderen auf die Beteiligung der lokalen Bevölkerung an der Umsetzung auch stadtplanerischer Maßnahmen:

> „Und hier hat die Region ganz besonders die Beteiligung der lokalen Bevölkerung akzentuiert. Dabei hat sie das Prinzip der Subsidiarität beibehalten. Denn die Region steht im Dienste der Gesellschaft und nicht umgekehrt. Deshalb war es wichtig, mit den ‚Contratti di Quartiere' eine neue politische Kultur zu kreieren." (Interview Sch, Mailand, 29.03.2007)

Nicht zuletzt durch diesen Wandel ordnen sich die Quartiersverträge in die nunmehr währende Tradition partizipativer, europäischer Planung ein, deren Realisierung sich derzeit nahezu flächendeckend in den Städten Europas wieder findet (vgl. DONZELOT 2007; PARKINSON 2007; WALTHER & GÜNTHER 2007). Eine nur logische Konsequenz und auch ein Indiz hierfür ist in diesem Zusammenhang das Bedürfnis der Region Lombardei, den fachlichen Austausch über die Staatsgrenzen hinweg zu suchen:

> „Heute ist das interessante ja, dass für bestimmte Aspekte die Verbindung zwischen den Regionen in Europa viel stärker geworden ist. Und besonders seit in Italien die Kompetenzen der Regionen durch die Verfassungsreform des 5. Titels gestärkt wurden. […] Ein solcher Austausch mit den anderen europäischen Erfahrungen, die in diesem Themenfeld in den Quartieren gesammelt wurden, wäre vermutlich für unsere regionalen Aktivitäten sehr viel nützlicher […]." (Interview Sch, Mailand, 29.03.2007)

Die Notwendigkeit, eine „neue politische Kultur" in der Stadtverwaltung zu etablieren, wird auch von anderen Akteuren geäußert, insbesondere im Zusammenhang mit der Tatsache, dass die Stadt Mailand sich nicht an der Ausschreibung um die erste Fördergeneration der CdQ beteiligte:

> „Weil es in Mailand nie wirklich eine Kultur des so genannten integrierten Plans oder eines integrierten Programms zur Aufwertung [wörtlich: programma di riqualificazione, Anm. d. Autors] im eigentlichen Sinne gegeben hat. So gesehen ist Mailand nie wirklich die Stadt gewesen, die sich ganzheitlich den Problemen der Krisenquartiere zugewandt hätte. Man hat sich zwar stets mit den Problemen in den Quartieren auseinandergesetzt, aber wenn es etwas zu beheben gab, gut, dann hat man es eben technisch behoben […]. Alles war immer sehr nach Fachpolitiken und Zuständigkeiten organisiert, die drehten sich immer um das einzelne Problem." (Interview Ro, Mailand, 21.03.2007)

Diese Einschätzung der Stadtpolitik stammte von einem Vertreter der national stadtweit agierenden und national organisierten Mietergewerkschaft und lässt tief greifende und lang andauernde politische Konflikte zwischen den lokalen Akteuren und der Stadt Mailand erahnen, die nun im Zusammenhang mit dem Entwicklungsprogramm der „Contratti di Quartiere" erneut aufflammen. Das Ziel der Region Lombardei, über die „Contratti di Quartiere" eine neue politische Kultur anzustoßen, deren Ziel es ist, dass die politisch Verantwortlichen nicht nur eine veränderte Sichtweise auf die städtischen Quartiere werfen, sondern zudem den konstruktiven Meinungsaustausch mit den lokalen Akteuren und der Bevölkerung suchen, scheint zunächst ein allgemein geteilter Wunsch darzustellen, der oftmals geäußert wurde. Dennoch bleibt zu vermuten, dass eine solche Veränderung nicht nur von der Stadtverwaltung und der städtischen Politik zu initiieren sei, sondern sich vielmehr auch gegen etablierte, historische Konflikte durchsetzen muss, in die auch die lokalen Akteure der Quartiere und der Stadt integriert sind.

6.2.3 Auswahl der Quartiere

Während die Stadt Mailand, einwohnerstärkste Metropole und Hauptstadt der Lombardei, von einer Bewerbung im Rahmen der ersten Förderphase, den „Contratti di Quartiere I", aus heute nicht mehr bekannten Gründen abgesehen hatte, nahm sie nun in der zweiten Phase erstmals mit fünf Quartieren an der Ausschreibung teil und stellt sich somit den Herausforderungen einer integrierten Planung. Im Vorfeld dieser Untersuchung wurde in mehreren Gesprächen u. a. mit Angehörigen der städtischen Verwaltung der Stadt Mailand ein eher zögerlicher Umgang mit neuen Programmen zur Aufwertung der städtischen Peripherien konstatiert. Diese Einschätzung bezieht sich nicht nur darauf, dass die erste Fördergeneration der „Contratti di Quartiere" ungenutzt an der Stadt vorüberzog, sondern vor allem auf die Umsetzung der europäischen Gemeinschaftsinitiative URBAN II, die in den nördlichen Vierteln der Metropole seit dem Jahr 2000 realisiert wurde. Sowohl die Zielsetzung als auch die Durchführung des URBAN Programms galten als eher vage formuliert und schleppend durchgeführt und zeugten nicht wirklich von einem starken politischen Willen. Sowohl in der Fachwelt als auch in der Öffentlichkeit stieß insbesondere die Förderung nachhaltiger Mobilitätsformen in einem Stadtquartier, welches durch dramatische Exklusionsprozesse gekennzeichnet ist, auf relatives Unverständnis, zumal diese Thematik kaum sinnvoll quartiersspezifisch umzusetzen war.

Zuletzt gab es im Vorfeld der zweiten Generation der „Contratti di Quartiere" ein kommunal finanziertes Entwicklungsprogramm im Stadtteil Ponte Lambro, welches auf Vorschlag des aus Genua stammenden Architekten Renzo Piano initiiert wurde. Die von Piano vorgeschlagenen und in langjähriger Arbeit eines Verwaltungssektors der Stadt Mailand formulierten und erarbeiteten Ziele konnten innerhalb dieses kommunalen Programms nicht realisiert werden (vgl. MÖSSNER & WEHRHAHN 2006), flossen aber in das neue Programme mit ein, da Ponte Lambro heute eines der fünf Quartiere ist, in denen ein Contratto di Quartiere umgesetzt wird. Trotz aller Kritiken, die den bisherigen Ausführungen und Versuchen, eine integrierte, partizipative Stadtplanung auf dem Boden der Stadt Mailand durchzuführen, entgegen gebracht werden, kann die Stadt Mailand hierin immerhin auf eine knapp zehnjährige Erfahrung zurückblicken. Die Auswahl der Quartiere der „Contratti di Quartiere" erfolgte nicht zuletzt auf der Basis dieser Erfahrungen. Die Mailänder Quartiere sind Teil einer teils langjährigen Auseinandersetzung mit den Thematiken um soziale Exklusion und einem städtischen Zentrum-Peripherie-Gegensatz. Die lokalen Akteure in den Quartieren stehen zwar einem solchen Programm, nicht aber der politischen Diskussion, die die „Contratti di Quartiere" aufgreifen, durchaus erfahren gegenüber.

In der nationalen Ausschreibung zu den „Innovativen Programmen im städtischen Kontext – Contratti di Quartiere II", so der offiziell korrekte Namen, beschreibt das zuständige Ministerium die Charakteristika der zu fördernden Quartiere wie folgt:

> „Die Projekte der ‚Contratti di Quartiere' [...] sind in jenen Quartieren der Kommunen anzusiedeln, die charakterisiert sind durch (i) einen schlechten Zustand der Gebäude und des städtischen Umfeldes, (ii) die einen Mangel an städtischen Dienstleistungen und Infrastrukturen aufweisen und (iii) zudem einen schlechten sozialen Zusammenhalt im Zusammenhang mit mangelnder Wohnqualität aufweisen." (Completamento del Programma Innovativo in Ambito Urbano – Contratti di Quartiere II, Artikel II, Satz 1)

Die Auswahl der Quartiere erfolgte durch die Kommunalverwaltung vor dem Hintergrund bestehender Erfahrungen und Programme in den Quartieren und in enger Zusammenarbeit mit einer Gruppe von Stadtplanern und Architekten der Technischen Hochschule Mailands. Die Quartiere zählen wohl zu den problematischsten Wohnstadtteilen der Stadt – sowohl bezogen auf die Bevölkerungsstruktur, als auch auf den Wohnungsbestand, der überwiegend dem öffentlichen Wohnungsbau zuzuordnen ist. Damit unterscheidet sich die Struktur der Quartiere erheblich von den Frankfurter Stadtteilen, die insgesamt eher einem „Problemmittelfeld" zuzuordnen sind.

Die fünf auf dem Mailänder Stadtgebiet finanzierten Stadtteile sind das Quartier San Siro, Ponte Lambro, Gratosoglio, Calvairate-Molise und Mazzini (Abb. 2). Diese fünf Viertel lassen sich vereinfacht zwei städtischen Bereichen zuordnen: Auf der einen Seite finden sich mit Calvairate-Molise, Mazzini und San Siro innenstadtnahe Quartiere, deren Errichtung in die ersten 30 Jahre des letzten Jahrhunderts fällt und die heute einen historisch interessanten Baubestand aufweisen. Hingegen folgen die Stadtteile Ponte Lambro und Gratosoglio der architektonischen Logik des Siedlungsbaus der 1960er und 1970er Jahre (OLIVA 2002), welche die Realisierung monofunktionaler Viertel außerhalb der Stadt und außerhalb des städtischen Kontextes vorsah (RONDA 2005). Im lokalen Kontext wird bezogen auf diese beiden daher häufig von Schlafstädten gesprochen. Diese urbane Struktur deckt sich mit der in Deutschland herrschenden Dichotomie von Quartieren integrierter Entwicklungsprogramme (vgl. DIFU 2003). Zwei der Viertel, San Siro und Ponte Lambro, befinden sich überdies in relativer Nähe zu zwei städtebaulichen Großprojekten – dem von Norma Foster geplanten St. Giulia Monte-City und dem durch internationale Architekten verwirklichten Neubau des ehemaligen Messegeländes –, die als „Landmarks" eine neue politische, stadtplanerische Richtung der Stadt vorgeben.

Die Tatsache, dass heute fünf Mailänder Quartiere in das nationale Förderprogramm „Contratti di Quartiere" eingebunden sind, weitere zwei Quartiere über regionale Mittel gefördert werden (Stadera und Spaventa) und bis zum Jahr 2006 im Norden der Stadt großflächig die Europäische Gemeinschaftsinitiative URBAN durchgeführt wurde, soll nicht über die Tatsache hinweg täuschen, dass damit längst nicht alle benachteiligten Quartiere der Stadt gefördert werden. In einer Studie der Stadt Mailand in Zusammenarbeit mit der staatlichen Universität Mailand-Bicocca wurden mindestens 16 weitere Quartiere identifiziert, die eigentlich akuten Handlungsbedarf seitens der Stadt aufweisen (BOFFI et al. 2002). Die Einseitigkeit der Zuwendung der Stadt durch das Programm der CdQ ist den beteiligten Akteuren durchaus bewusst und Gegenstand allgemeiner Kritik, die auf die ausschließliche Fokussierung auf programmorientierte Planungen abzielt:

> „Daher kümmert sich die Stadt Mailand nur um sieben oder fünf Quartiere mit den ‚Contratti di Quartiere', andere Gebiete bleiben absolut sich selbst überlassen und sind von jeglicher Unterstützung ausgeschlossen." (Interview Ro, Mailand, 21.03.2007)

Diese Einseitigkeit wird vor allem von jenen Akteuren wahrgenommen, deren Handlungsfeld sich nicht nur auf die fünf „Contratti di Quartiere" beschränkt, sondern sich vielmehr im Gesamtzusammenhang aller von Exklusion betroffenen Gebiete abspielt. Zu diesen Akteuren zählen in erster Linie die beiden Mietergewerkschaften SUNIA und SI-CET, die als nationale Organisationen stadtweit agieren.

6.2.4 Organisationsstrukturen

Die Organisationsstruktur der „Contratti di Quartiere" orientiert sich eng an der Tradition einer europäischen integrierten Entwicklungspolitik. Als staatliches Programm verfolgen sie einen integrierten Handlungsansatz, unterliegen aber, ähnlich wie andere europäische Programme, gewissen Einschränkungen, die sich insbesondere in drei Punkten verdeutlichen: So ist die Verwendung der finanziellen Mittel ausschließlich zur Aufwertung des öffentlichen Baubestandes und öffentlicher Infrastrukturen vorgesehen; die Widmung der Mittel zur Aufwertung privaten Eigentums oder der Förderung privater Initiativen wird damit ausgeschlossen. Zwar können diese in der praktischen Umsetzung des Programms zu einem gewissen Grade berücksichtigt werden, private Aktivitäten stehen jedoch außerhalb einer direkten finanziellen Subventionierung. Gerade in jenen Quartieren, in denen sich der öffentliche Wohnungsbau städtebaulich in die private Bebauung eingliedert und zusammen mit ihm eine Einheit bildet, scheint diese Einschränkung durchaus fragwürdig, da eine Verwendung der finanziellen Mittel allein zur Lösung der Probleme des in öffentlicher Hand befindlichen Teils des Quartiers einer ganzheitlichen Sichtweise von sozialer Exklusion grundsätzlich widerspricht. Und sehr wohl wurde in Ponte Lambro im Vorfeld des Contratto di Quartiere diese Limitierung von den Anwohnern thematisiert, da die von den Anwohnern identifizierten Problembereiche sich auch in jenen Teilen des Quartiers manifestieren, in denen die private Bebauung überwiegt.

Diese Problematik findet sich allerdings in vielen Förderprogrammen wieder, so zum Beispiel auch in den Fördergebieten des deutschen Bund-Länder-Programms der Sozialen Stadt. Man begegnet diesem Problem in der Regel mit der Ausweisung eines die öffentlichen Wohnungsbauten umfassenden engeren Kerngebietes, um das herum dann ein Erweiterungsgebiet deklariert wird, in dem jedoch nur jene sozialen Aktivitäten gefördert werden können, die dem Viertel nachweislich als Ganzes dienen. Das war auch der Lösungsansatz im zuvor zitierten Mailänder Quartier Ponte Lambro (vgl. MÖSSNER & WEHRHAHN 2006).

Ein zweiter wichtiger Punkt der lombardischen Konkretisierung der CdQ betrifft die Zusammenführung und Integration vorhandener, organisatorischer Ressourcen, sowohl auf kommunaler und regionaler Verwaltungsebene, als auch auf der nachbarschaftlichen Ebene. An der Spitze einer solchen Integration sollen in der Lombardei die jeweiligen Kommunalverwaltungen und die Eigentümerin der Bauten, die regional organisierte Wohnungsbaugesellschaft A.L.E.R. (Aziende Lombarde Edilizia Residenziale) als „Köpfe eines Netzwerkes" stehen und unter deren Führung weitere Akteure und Handlungsressourcen erschlossen werden. Die Bezeichnung Contratto weist auf dieses integrative Element hin, das von einer „Pluralität von Akteuren geteilt wird, die sich auf die ein oder andere Art und Weise bemühen, gemeinsam in das Programm zu investieren, entweder auf der Basis ökonomischer Mittel oder über die Einbringung ihrer Person" (BARGIGGA 2005, S. 12).

Mit Hilfe dieser Struktur soll drittens ein möglichst effektives Planungsinstrumentarium entwickelt und sprichwörtlich „experimentiert" (BARGIGGA & BRICOCOLI 2005) werden, welches als geeignet erscheint, über die Ergänzung von Ressourcen der beteiligten Akteure eine neue Politikkultur (s. u.) effektiv umzusetzen. Hierfür wird ein integrierender und koordinierender Entwicklungsansatz als geeignet angesehen (BRICOCOLI et al. 2007, vgl. Kapitel 2). Dieser zielt vor allem auf die fachübergreifende Zusammenarbeit und die Stärkung der Kooperation zwischen staatlichen und zivilgesellschaftlichen Akteuren ab. Damit stellen sich auch innerhalb der CdQ zwei Zielbereiche dar, die wie oben in materiell und prozedural unterschieden werden können.

Eine solche angestrebte Koordinierung der Akteure geht einher mit der Zusammenführung von urbanen, sozialen Wohlfahrts- und Arbeitsmarktpolitiken, die für die Durchführung der CdQ von zentraler Wichtigkeit ist, um in geeigneter Weise den multidimensionalen Problemlagen in den peripheren Stadtteilen, „gemeinsam mit den Quartieren" (BRICOCOLI 2005, S. 14) begegnen zu können. Darüber hinaus sollen die Anwohner jener Quartiere gezielt in die Planungen mit einbezogen werden, um zum einen auch deren Ressourcen nutzen zu können und zum anderen die Akzeptanz des Programms in den Nachbarschaften zu stärken. Erfahrungen aus früheren Programmen verdeutlichten, dass gerade die Bewohner vor der Notwendigkeit des vorübergehenden Umzugs aus ihren Wohnungen zurückschrecken, da sich in einem solchen Falle nicht nur für sie das Risiko ergibt, dass ihre Wohnung von anderen Personen illegal besetzt wird, sondern vor allem auch Unstimmigkeiten im Rahmen des Mietvertrages ans Tageslicht kommen. So kommt es des Öfteren vor, dass Verträge noch auf andere Familienmitglieder ausgestellt sind, die

Abb. 2: Quartiere des Programms „Contratti di Quartiere" in Mailand
Quelle: Eigene Erhebung 2007

eventuell selbst nicht mehr in den Wohnungen leben und auf diese Weise ein Anrecht auf eine öffentlich finanzierte Wohnung verloren ginge. Zudem weisen einige der in den Quartieren lebenden Familien eine hohe Mietschuld auf, die in diesem Zusammenhang beglichen werden müsste. All diese Probleme machen eine „Begleitung der Bewohner" im Rahmen der baulichen Eingriffe aus Sicht der Wohnungsbaugesellschaft vonnöten.

Die CdQ stellen hinsichtlich dreier kommunaler Aufgabenfelder ein innovatives Programm dar, indem sie Neuerungen auf den Gebieten Finanzierung, Organisation und Inhalt verfolgen. An die Organisation der „Contratti di Quartiere" werden daher besondere Ansprüche gestellt. Auf den ersten Blick stellt sich das Organigramm der CdQ in Mailand als das Zusammenspiel dreier Verwaltungsebenen dar (Abb. 3) und folgt der eher klassischen Arbeitsteilung zwischen Politik, Verwaltung und Anwohnern. So findet sich erwartungsgemäß die politische Ebene an der Spitze des Programms, während das Programm in der Mitte eine technisch-administrative Ebene aufweist, die wiederum auf die lokale Ebene Einfluss nimmt. Praktisch stand jedoch bis zum Zeitpunkt der Kommunalwahlen im Jahr 2006 die Verwaltungsebene im Zentrum der „Contratti di Quartiere". Stadtverwaltung – und hier insbesondere der Settore Periferie – und Wohnungsbaugesellschaft stellten das Herz der „Contratti di Quartiere" dar.

Auf der politischen Ebene stehen die legitimierten Vertreter der Region Lombardei, der Stadt Mailand und der Consigli di Zona[14] der Zonen 4, 5 und 7. Daneben existiert ein so genannter Tavolo Politico, der als Runder Tisch die wichtigsten politischen Vertreter zusammenbringen soll, und ein Comitato Guida. Der Tavolo Politico setzt sich zusammen aus den Vertretern der Verwaltung und zwar sowohl der regionalen Verwaltung (hier Direktion Wohnungspolitiken) als auch aus Vertretern dreier kommunaler Dezernate: dem Dezernat „Sicurezza, Periferie e Prottezione Civile", in dem urbane Sicherheitsfragen und periphere Wohnstandorte zusammengeführt werden, dem mit Planungsaufgaben betrauten „Sviluppo del Territorio" und dem Sozialdezernat „Politiche Sociali". Ergänzt wird diese politisch-administrative Gruppe durch den Präsidenten der regionalen Wohnungsbaugesellschaft A.L.E.R., der regional organisierten Wohnungsbaugesellschaft.

Das Lenkungskomitee wiederum setzt sich zusammen aus einer Vielzahl von Vertretern, die neben den vorgenannten nun auch private Akteure, sowie Akteure der Handelskammer und der Universitäten, hier insbesondere die Technische Hochschule Mailand, umfasst. Ein Zusammentreffen dieser Gruppe fand allerdings nur ein einziges Mal statt, für

---

14 Der Begriff „Consigli di Zona" (im Singular Consiglio di Zona) entspricht entfernt in etwa einem deutschen Ortsbeirat. Die Stadt Mailand ist politisch-administrativ in neun Zonen unterteilt. Zu jeder dieser Zonen gibt es einen Consiglio di Zona, dessen politischer Einflussbereich damit wesentlich größer ist als etwa der des Ortsbeirats in Frankfurt. Bezogen auf den Kompetenzbereich jedoch sind beide politischen Organe allerdings durchaus vergleichbar, da ihnen eher beratende und weniger entscheidende Möglichkeiten eingeräumt werden. Entscheidend im weiteren Verlauf ist die Tatsache, dass der Consiglio di Zona über keine sanktionierenden Handlungsmöglichkeiten verfügt. Er kann zwar Vorschläge einreichen, aber deren Umsetzung nicht einfordern.

weitere Treffen wurde bislang keine Notwendigkeit gesehen (Interview Ro, Milano, 14.03.2007; Interview Co, Mailand, 16.03.2007).

Die Struktur dieser Ebene ist relativ verwoben und unklar, umfasst sie doch sowohl politisch-legitimierte Vertreter, als auch private und öffentliche Akteure, die starke auch finanzielle Abhängigkeiten untereinander aufweisen. Die Tatsache, dass das Lenkungskomitee allerdings von keinem der befragten Akteure in den Gesprächen benannt wurde, lässt die Vermutung zu, dass seine Gründung eher im Zusammenhang mit dem politischen Ideal „Governance", als zu seinem tatsächlichen politischen Einfluss steht. Tatsächlich sind die Präsenz und der Einfluss dieser obersten politischen Organisationsebene eher gering und wenn Akteure auftreten, dann handelt es sich meist um jene, die zugleich auch auf der nachfolgenden Ebene angesiedelt sind und wohl eher auf dieser agieren. Der sehr oft von den befragten Akteuren genannte Charakter der „Contratti di Quartiere" als

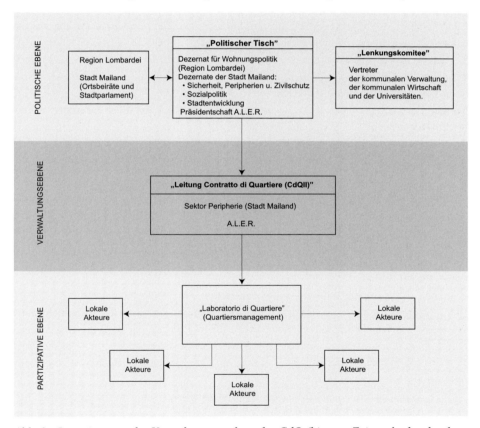

Abb. 3: Organigramm der Verwaltungsstruktur der CdQ (bis zum Zeitpunkt der durch die Kommunalwahlen 2006 bedingten verwaltungsinternen Umstrukturierung)
Quelle: CIGOGNINI 2006, S.15, verändert

„administratives Programm" deutet auch auf die oben angesprochene, zentrale Rolle der Stadtverwaltung innerhalb der Organisationsstruktur hin.

Diese technisch-administrative Ebene grenzt sich allerdings in Teilen nur undeutlich von der politischen Ebene ab, da zum Teil dieselben Akteure auf beiden Ebenen auftreten. Zugleich haben sich auf dieser Ebene zuletzt große Veränderungen vollzogen, als sich aufgrund der Neuwahlen der Oberbürgermeisterin und des Kommunalparlaments eine neue Verwaltungsstruktur entwickelte. Das Organigramm bezieht sich daher auf die alte Struktur, die bis Mitte 2006 in dieser Form bestand. Im Zentrum dieser Ebene und damit auch der CdQ stand ein Verwaltungssektor, der mit der praktischen Durchführung des Programms betraut war. Dieser Settore Periferie, der damals formal dem Dezernat für Sicherheit und Peripherie zugeordnet war, stand unter der Leitung eines Architekten, der eine Struktur entwarf, durch die jeweils einem Contratto di Quartiere ein Verwaltungsmitarbeiter zugeordnet war. Dieser Sektor Peripherie nahm bezogen auf die Durchführung der integrierten Programme in Mailand eine zentrale Rolle als Ansprechpartner für die Quartiere ein. Hier wurden zudem die wesentlichen Bestandteile eines integrierten Handlungsansatzes entwickelt, da dieser Sektor nicht nur für die Umsetzung dieses integrierten Entwicklungsprogramms zuständig war, sondern zudem auch andere ähnliche Programme betreute, unter anderem die zuvor genannte Europäische Gemeinschaftsinitative URBAN sowie das kommunale Entwicklungsprogramm im Stadtteil Ponte Lambro, das später Bestandteil des dortigen „Contratti di Quartiere" wurde. Dem Sektor fiel neben der administrativen Betreuung und Umsetzung der Programme zudem die Aufgabe einer Art „Denkfabrik für integrierte Programme" zu. Die ihm daraus erwachsende zentrale Rolle wurde von vielen Akteuren anerkannt und für wichtig erachtet:

> „In der alten Struktur gab es den Settore Periferie. Unabhängig davon, ob die Personen dort gute Arbeit geleistet haben oder nicht, so fand sich doch ein Ansprechpartner für die Quartiere. Man wusste, wo man einen Ansprechpartner finden konnte und wohin man seine Frage zu richten hatte." (Interview D, Mailand, 30.03.2007)

> „Das Grünflächenamt macht Grünflächen, das Straßenbauamt Straßen und oft passiert es, dass das Straßenbauamt eben nicht weiß, was das Grünflächenamt macht. Und da gab es dann den Sektor Peripherie, der die Vorgaben machte und informierte, was das Grünflächenamt zu machen hatte und was das Straßenbauamt machen sollte." (Interview Gto, Mailand, 14.03.2007)

> „Die hatten die Aufgabe, den Anwohnern zu erklären, was man eigentlich machen sollte. Und die mussten die Einzelaktionen koordinieren, auch die von einzelnen Vereinen und Organisationen, die es ja schon im Quartier gab. Und dann haben die auch A.L.E.R. eingebunden und auch die politischen Vertreter." (Interview dN, Mailand, 02.03.2007)

Insbesondere die letzte Aussage gibt näheren Aufschluss, da sie in Teilen inhaltlich nicht korrekt ist. Der Settore Periferie hatte tatsächlich niemals die Aufgabe, Politik und Anwohner zu beteiligen oder zu informieren, sondern nur, diese zu koordinieren. Die betreffende Person konnte das vielleicht nicht wissen, da sie erst später, nachdem dieser Sektor aufgelöst wurde, zu den CdQ hinzu stieß. Die Aussage ist aber vielleicht dennoch signifikant dafür, wie zurückblickend alle wichtigen Aufgaben eines integrierten Programms nun dem damaligen Sektor zugeordnet werden. So schwingt in dieser Aussage vielleicht auch der Wunsch nach einer zentralen Anlaufstelle innerhalb der städtischen Verwaltung mit und drückt die Brisanz des Fehlens einer solchen aus. Auf diese Veränderungen wird nachfolgend noch detaillierter eingegangen, da hier ein wesentliches Element der Vertrauenskonstellation in Mailand zu finden ist.

Im Zentrum der untersten, lokalen Ebene, die mit Partecipazione (Beteiligung, Partizipation) betitelt ist, findet sich in jedem Quartier ein Laboratorio di Quartiere (Quartierslabor), in dem das Quartiersmanagement angesiedelt ist. Das Laboratorio wurde in der Regel in leer stehenden Wohnungen oder quartierszentralen Anbauten untergebracht, in welchen die Quartiersmanager zu geregelten Öffnungszeiten Sprechstunden für die Anwohner abhalten und praktisch das partizipative Element des mit den CdQ einhergehenden integrierten Handlungsansatzes umsetzen und entwickeln sollen. Das Quartiersmanagement befindet sich, wie in Frankfurt, nicht in kommunaler Hand, sondern wurde an fünf private, externe Firmen vergeben. Diese fünf Firmen (Emmerre/ABCittà, Metodi, Martini Ass., Avventura Urbana und IRS) sind vertraglich an die Stadtverwaltung gebunden und werden durch sie finanziert.

Das Laboratorium wird zudem als exekutiver Arm der beiden primären Akteure des Programms, der Stadt Mailand und der regionalen Wohnungsbaugesellschaft A.L.E.R., im Quartier gesehen. Ein Selbstverständnis, das die dort arbeitenden Quartiersmanager vor allem zur Zeit des Stillstands oft nicht teilen (vgl. Kapitel 7). Während die Tätigkeit des Laboratoriums offiziell eng an die Realisierung des Quartiersvertrages gebunden ist, konnte im Alltag beobachtet werden, dass sich die Einrichtung über diese Aufgabenstellung hinaus zur zentralen, sozialen Anlaufstelle der lokalen Bevölkerung im Quartier wandelte. Diese außerhalb des Entwicklungsprogramms angesiedelten Tätigkeiten beziehen sich zum Beispiel auf die Vermittlung kleinerer Beschäftigungsverhältnisse und die Funktion als Ratgeber für Migranten auf ihrem Weg durch die öffentlichen Einrichtungen. In manchen Quartieren geben die in den Laboratorien arbeitenden Quartiersmanager auch soziale Hilfestellung insbesondere für ältere Bewohner und den in mindestens zwei Quartieren (San Siro und Calvairate-Molise) überaus hohen Anteil an psychisch kranken Menschen.

In den einzelnen Quartieren unterscheiden sich die tägliche Arbeit der einzelnen Laboratorien und ihr jeweiliges Aufgabenverständnis deutlich. So differieren die Aufenthaltsdauer der Quartiersmanager im Viertel und ihre Sprechstundenzeiten für die Anwohner: in manchen Vierteln sind diese begrenzt auf nur wenige Stunden pro Woche, in anderen ist das Quartier an fast allen Tagen der Woche für mehrere Stunden geöffnet. Die Einrichtung des Laboratoriums wird von der Stadt Mailand und der Wohnungsbaugesellschaft A.L.E.R. getragen; die Quartiersmanager rekrutieren sich allerdings aus privat organisierten Unternehmen und Organisationen, die sich auf die Durchführung von Partizipationsprozessen in peripheren und degradierten Quartieren spezialisiert haben. Jedes der fünf Laboratorien wird dabei von einem anderen Träger geleitet. Diese privaten Akteure gliedern sich in zwei Gruppen. Drei der Organisationen werden mehrheitlich von Architekten und Stadtplanern geleitet und stehen in einer relativ engen Beziehung zur Fakultät für Architektur und Stadtplanung der Technischen Universität Mailands, die besonders in der Anfangsphase der „Contratti di Quartiere" der Region und der Stadt Mailand beratend zur Seite stand. Von ihnen setzen sich zwei Organisationen ab, in denen mehrheitlich Psychologen arbeiten und die sich auf die Bildung und Stärkung der lokalen Gemeinschaften spezialisiert haben. Die inhaltliche fachliche Ausrichtung der jeweiligen Organisationen, so konnte beobachtet werden, spiegelt sich sowohl im Alltag des Laboratoriums wieder, also auch in der Selbstdefinition der Aufgabe und Rolle.

Alle Organisationen haben gleichermaßen einen Vertrag mit der Stadt Mailand geschlossen, welcher die inhaltliche und finanzielle Abhängigkeit gegenüber der Stadt dokumentiert. Untereinander herrscht eher eine Atmosphäre der Konkurrenz als der Kooperation. Obgleich in den Interviews alle Beteiligten die gleichen oder wenigstens ähnliche Probleme schilderten, kam es bislang nicht zu einem gemeinsamen Treffen und der Formulierung einer gemeinsamen Strategie – jedes Viertel agiert bislang alleingestellt. Zwei Organisationen haben sich aufgrund von Problemen in der Leitung zudem erst vor kurzem voneinander getrennt, gehen also aus den gleichen Ursprüngen hervor.

Neben dem Laboratorio di Quartiere existiert auf Quartiersebene ein so genanntes Quartierskomitee, welches je nach Stadtteil mehr oder weniger stark ausgebildet ist und in dem neben Anwohnern auch lokale Interessensgruppen vertreten sind.

Auffallend an dieser dreigeteilten Struktur sind zunächst zwei Strukturelemente: Auf der politischen und administrativen Ebene kommt es häufig zu Überschneidungen der selben Akteure. So finden sich beispielsweise die Dezernate mit ihren Vertretern auf beiden Ebenen wieder, da sie nicht nur administratives Verwaltungselement sind, sondern in der Person der Dezernatsleiter auch ein politisches Organ der Stadt darstellen. Während sie auf der politischen Ebene allerdings als gleichberechtigt erscheinen (im Tavolo Politico und im Comitato Guida), wird im Zentrum der technisch-administrativen Ebene die Leitung deutlich in die Hand eines Dezernats gelegt. Das hatte bereits zu Beginn des Programms den Unmut der anderen Dezernate erregt. Eine zweite Besonderheit ist in der schwachen institutionellen Anbindung der lokalen Ebene zu sehen, die einzig durch das

Laboratorio di Quartiere gewährleistet ist, deren Betreiber allerdings vertraglich und finanziell von der Stadtverwaltung abhängig sind. Eine klare Trennung von Weisungskompetenzen ist hier im Unterschied zur Struktur in Frankfurt zunächst nicht zu erkennen. Eine letzte Besonderheit betrifft die Eigentümer des öffentlichen Wohnungsbestands, A.L.E.R. Obgleich diese sowohl vor als auch nach dem Entwicklungsprogramm den direkten Kontakt zu den Bewohnern und dem Quartier aufrecht erhalten, finden sie sich nicht auf der untersten, lokalen Ebene wieder. Hier scheint hingegen das Laboratorio di Quartiere nun die Funktion des Ansprechpartners eingenommen und A.L.E.R. damit aus dieser Position verdrängt zu haben.

Wie kam es zu einer solchen Struktur? Es wurde zwar im Ausschreibungstext der Region eine klare Organisationsstruktur gefordert, ohne aber inhaltliche Anforderungen an eine Organisation der CdQ zu geben. Die Bereitschaft, wirklich neue Strukturen zu bilden, obliegt den Kommunen selbst. In Mailand ist zu erkennen, dass es sich grundsätzlich um eine formal-hierarchische Struktur mit klaren Ebenen handelt, die eng an den bestehenden Strukturen städtischer Verwaltung orientiert ist (politisch-technisch-nachbarschaftlich). Dies änderte sich auch nach der Neuorganisation im Zusammenhang mit den Kommunalwahlen nicht.

6.2.5 Neuwahlen und Phase des Umbruchs

Zu Beginn der Amtszeit der neuen Oberbürgermeisterin Letizia Moratti, die unter der Regierung Berlusconis zunächst von 1994-96 die Präsidentschaft der staatlichen Fernsehanstalt RAI innehatte und später, während der zweiten Amtsphase der Regierung Berlusconis, durch ihn zur Bildungsministerin ernannt wurde, folgt unter der neuen Regierung eine Phase der Reorganisation der Stadtverwaltung. Nach der Wahl Ende Mai/ Anfang Juni 2006, aus der Letizia Moratti, die für das Mitte-Rechts-Bündnis an den Start ging und mit einer Mehrheit von 52% gegenüber ihrem Konkurrenten des Mitte-Links-Bündnisses, Bruno Ferrante (47%), gewählt wurde, kam es zu einer Verschlankung der administrativen Struktur der Stadt, die vor allem eine Verringerung der Anzahl der Dezernate zur Folge hatte. In diesem Zusammenhang wurde der Sektor Peripherie aufgelöst. Die dortigen angestellten Mitarbeiter folgten, bis auf wenige Ausnahmen, ihrem früheren Leiter in andere Bereiche der Kommunalverwaltung und mit ihnen gingen die langjährigen Erfahrungen mit dem Umgang von integrierten Programmen verloren. Dieser Verlust war umso schwerwiegender, da die den Quartieren zugeordneten Mitarbeiter vor Ort präsent und bekannt gewesen waren und innerhalb des Partizipationsprozesses somit eine wichtige Rolle ausfüllten.

An die Stelle der Mitarbeiter trat ein neuer Sektor, der Settore Urbanistica, der dem Assessorato Sviluppo del Territorio zugeordnet, aber personell ungleich geringer ausgestattet ist. Hinter dieser politischen Entscheidung stand die gezielte Überlegung, das Programm „Contratti di Quartiere" einem neuen Dezernat zuzuordnen. Ähnlich wie in Frankfurt, dessen Programm ebenfalls mehrmals die Dezernate wechselte, nahm man bei dieser Veränderung allerdings kaum Rücksicht auf Kontinuitäten in der personellen Betreuung. Die Entscheidung des Wechsels wird aus Sicht eines leitenden Vertreters des neuen Dezernats mit sachlichen Argumenten belegt, die im Weiteren auf eine Politik der Stadt Mailand schließen lassen:

> „Mailand ist mitte-rechts. Turin zum Beispiel ist mitte-links, und dort werden die ‚Contratti di Quartiere' vom Sozialdezernat geleitet. Dem liegt eine paternalistische Idee zugrunde, wie ich meine, wenn man sagt: das arme Quartier ist benachteiligt, mein Eingreifen muss daher sozialer Art sein. Mailand sagt: Das Quartier ist benachteiligt, die Maßnahmen hiergegen leitet die Stadtplanung. Das ist keine banale Entscheidung; die kommunalen Verantwortlichkeiten der einzelnen Dezernate werden ja nicht wie Poker-Karten verteilt. Natürlich ist unser Ansatz nicht nur ein planerischer, aber wenn du hier nur den sozialen Ansatz verfolgst, dann kannst du das Programm auch jedem beliebig Anderen übertragen, oder niemandem. Denn dann fixierst du dich allein auf die Lösung von Partikularitäten und hast nicht mehr die generelle Lösung der Situation im Blick. Die Regierung Albertinis [früherer Oberbürgermeister eines Mitte-Rechts-Bündnisses, Anm. d. Autors] hat das Programm dem Dezernat für Sicherheit zugeordnet, weil die ‚Contratti di Quartiere' damals in einer Phase geboren wurden, in der die Verantwortungen und Aufgaben unter den Dezernaten bereits verteilt waren. Da ging es eher dann um politische Opportunitäten. Es war damals einfach unmöglich, das Programm gleich der Stadtplanung zu übertragen. Aber als die Kommunalregierung dann wechselte, war das einer der ersten Fehler, die korrigiert werden konnten." (Interview Gt1, Mailand, 14.03.2007)

Durch diese Aussage wird zum einen deutlich, dass die „Contratti di Quartiere" als politisches Programm von großer Wichtigkeit für die Kommunalpolitik sind und mit ihnen Politik gemacht werden kann. Wie jedes große Programm, so werden nun auch die CdQ genutzt, um im politischen Gedränge um Macht und Einfluss der Dezernate eine günstigere Ausgangslage einzunehmen. Damit wird den CdQ intrakommunale Bedeutung zuteil. Doch darüber hinaus wurde durch die Neuausrichtung der „Contratti di Quartiere" ein über die Stadtgrenzen hinaus sichtbares Zeichen für die Re-Positionierung städtischer Politik gesetzt; der Vergleich mit Turin wurde bereits zuvor auch von anderen Akteuren hergestellt und erfolgte an dieser Stelle sicherlich nicht zufällig. Spätestens seit den Neuwahlen treten die CdQ damit in eine neue Phase ein, da sie nun mit politischen Zielen aufgeladen erscheinen, die sich nicht nur auf die Art und Weise der Aufwertung von fünf sozial exkludierten, „benachteiligten" Stadtteile beziehen, sondern sich als Instrument zu eignen scheinen, überregional politische Interessen zu verdeutlichen und so nicht zuletzt in ein politisches Kräftemessen zwischen der Stadt Mailand und der Region Lombardei münden.

Während dieser Reorganisationsphase der Kommunalverwaltung, die sich vom Zeitpunkt der Neuwahlen im April 2006 bis ungefähr in den März 2007 hinein erstreckte, stand das Programm „Contratti di Quartiere" in Mailand still. In vielen Interviews wurde dazu angegeben, dass bis zu diesem Zeitpunkt keine Ansprechpartner von Seiten der Kommunalverwaltung zur Verfügung standen und dort keine Entscheidungen mehr getroffen wurden. Hinzu kamen Unstimmigkeiten über die Finanzierung, bzw. den Finanzierungsfluss, die sich unter anderem auf die Bezahlung der Quartiersmanager auswirkten. Diese fast einjährige Phase wurde von den Akteuren in den Quartieren wie folgt wahrgenommen:

> „Und dann gab es da diese unglaubliche Geschichte: in der alten Verwaltung, da gab es den Settore Periferie. Die haben die Aufgabe furchtbar gemacht, aber die waren da. Heute weiß man gar nicht mehr, an wen man sich wenden soll." (Interview D, Mailand, 30.03.2007)

Die Auswirkungen dieser Veränderungen werden von dieser Person, die eher als externer Beobachter fungiert, sehr deutlich benannt, indem auf die indirekten Zusammenhänge dieser Veränderungen verwiesen wird, die wiederum großen Einfluss auf das Vertrauen der Akteure haben:

> „Es war ja dramatisch. Verstehen sie die Schwierigkeit, für jene, die im Quartier arbeiten, jeden Tag, und einen Kontakt mit den Anwohnern herstellen sollen? Wie soll das bitte schön gehen? Welche Antworten soll man denn den Anwohnern geben, wenn auf der anderen Seite eine Verwaltung ist, die keine Ahnung mehr hat und nicht weiß, was sie macht und man auch gar nicht weiß, wen man da fragen sollte, weil eigentlich alle keine Ahnung haben? Das ist ein bisschen deprimierend, finden sie nicht? [...] Das macht so müde. Und ich glaube ja, dass die Müdigkeit eine große Rolle spielt. Er [der Quartiersmanager, Anm. d. Autors] ist eine intelligente Person. Als ich ihn kennen gelernt habe, war er voller Enthusiasmus. Aber jetzt sind es ja schon Monate, dass die (Quartiersmanager, Anm. d. Autors) nicht mehr bezahlt werden. Und die arbeiten trotzdem weiter. Man muss ja auch essen, trinken, die Miete bezahlen... Auch das ist wohl ein Problem, denke ich. Alles zusammen betrachtet, glaube ich, dass es viele Elemente sind, die das Ganze zum Erliegen gebracht haben." (Interview D, Mailand, 30.03.2007)

Diese Einschätzung wird von den Quartiersmanagern durchaus geteilt. Doch vor allem die Schwierigkeiten, die sich in der täglichen Zusammenarbeit mit den lokalen Akteuren im Quartier daraus ergeben, hatten für das Programm einschneidende Auswirkungen:

"Und dann waren da die Neuwahlen. Und plötzlich hatten wir keinen Ansprechpartner mehr auf Seiten der Stadt. Wer konnte jetzt auf unsere Fragen antworten? Und damit waren wir nicht alleine, also nur wir, die Accompagnatori Sociali[15]. Das betraf ja alle. [...] In diesem Moment war alles im Stillstand. Die neue Oberbürgermeisterin hatte beschlossen, die Struktur der Verwaltung neu zu strukturieren und da sind die Personen, die unsere Ansprechpartner waren, einfach abgezogen worden und sollten jetzt etwa ganz anderes machen, ok? Diese Phase war sehr kompliziert. Wir waren ohne festen Ansprechpartner, der auf unsere Fragen hätte antworten sollen, versuchten aber weiterzuarbeiten. Und dieser Konflikt hat sich auch später nicht gelöst. Denn dann, später, waren ja erst einmal Ferien. Und du weißt ja, wenn Ferien in Italien sind, dann kann man da nichts mehr machen. Dann steht die ganze Stadt still. Die Anwohner verreisen ja auch, und im August, da macht man eben nichts mehr. Und danach, im September, haben die lokalen Akteure einen Moment der Reflexion erbeten. Alles wurde überdacht und auch in Zweifel gezogen. Und als wir dann Ende September wieder angefangen haben, da ließen sie uns wissen, dass sie nicht mehr mitmachen wollten. Dann waren wir ganz alleine, ohne Stadt und ohne lokale Akteure." (Interview AR, Mailand, 05.03.2007)

Die Reorganisation der Stadtverwaltung betraf also nicht nur die Verbindung Laboratorio di Quartiere und Stadt, sondern hatte auch Auswirkungen auf die Kooperation unter den anderen Akteuren, unabhängig von der Stadtverwaltung. Die Ausweitung des Stillstands auch auf die Beziehungen zwischen Laboratorio di Quartiere und den lokalen Akteuren war der Beginn einer krisenhaften Situation, die allen fünf Quartieren in Mailand bestätigt wurde. Zugleich verdeutlichte sie auch die zentrale Position, die dem Laboratorio di Quartiere in dieser Situation zuteil wurde. Mitte 2006 begannen dann ein neuer Sektor und ein neues Dezernat die Arbeit an der Umsetzung der CdQ aufzunehmen, das Assessorato Sviluppo del Territorio. Auf die Frage, was in dem Jahr der Umstrukturierung geschehen wäre und welches die Gründe für diese Veränderungen gewesen sind, antworteten die Vertreter des Dezernats eher zögerlich:

"[...] Naja, da war eine Phase, in der man die Quartiere vorbereiten sollte, die fase preliminare. Dann gab es genau am Ende dieser Phase die Umstrukturierung und eine Veränderung in der Regierungsstruktur der ‚Contratti di Quartiere'. Jetzt war es eben eine andere, weil ja auch die Anforderungen an die ‚Contratti di Quartiere' jetzt ganz andere sind. Eben alles ist ein bisschen anders. [zögern] Die ‚Contratti di Quartiere' haben ja jetzt eigentlich erst begonnen [zögern], das bedeutet ja auch [zögern], dass es eine andere politische

---

15 Der Begriff des Accompagnamento Sociale ist grob als Quartiersmanagement zu bezeichnen. Wörtlich bedeutet es soziale Begleitung und zielt damit ab auf die Funktion des Quartiersmanagement.

> Aufmerksamkeit für die ‚Contratti di Quartiere' gibt. [Nachfrage nach der sich gewandelten Aufmerksamkeit] Also eine neue Fokussierung der ‚Contratti di Quartiere' und der problematischen Punkte. Jetzt machen wir das ganze Programm eben ein bisschen ‚light'." (Interview Gt1, Mailand, 14.03.2007)

Auf die Nachfrage, was unter „light" genau zu verstehen sei, vor allem hinsichtlich der Charakteristik eines integrierten Programms, wurde zunächst der Begriff „integriertes Programm" nicht verstanden, obgleich dieser im Italienischen eine durchaus gleiche Bedeutung aufweist und sowohl in der einschlägigen Literatur als auch in den Veröffentlichungen der Stadt oft Verwendung findet. Die Antwort, die sich als Dialog beider Vertreter des Dezernats (hier kurz als Gt1 und Gt2 bezeichnet) darstellt, lautete wie folgt:

> Gt1: „Als die ‚Contratti di Quartiere' begannen, gab es einen Sektor, der alles koordinierte. Der brachte nicht nur alle anderen Sektoren zusammen, sondern auch alle anderen Subjekte, die an den ‚Contratti di Quartiere' beteiligt sind: eben A.L.E.R. Es gab für jeden Contratto di Quartiere einen Ansprechpartner, an den man sich wenden konnte mit Informationen oder Fragen. Was immer du auch wissen wolltest, über Mazzini, Calvairate-Molise, San Siro, Ponte Lambro oder Gratosoglio, diese Person konnte es dir sagen. Hatten alle Kanäle in der Hand. Alle Kanäle liefen bei denen zusammen. Haben alles organisiert. Jetzt ist die Politik eine andere. Und damit hat sich auch die Art geändert, wie hier [im Assessorato, Anm. d. Autors] mit dem Problem umgegangen wird. So einfach ist das. [Pause] Nicht?"
> Gt2: „Ja,ja!"
> Gt1: „Habe ich das etwa schlecht gesagt?"
> Gt2: „Nein, das hast du sehr gut ausgedrückt."
> [beide lachen] (Interview Gt1 und Gt2, Mailand, 14.03.2007)

Dass die neue Sichtweise und Struktur der CdQ sich tatsächlich im Kernpunkt eines integrierten Programms, nämlich der Koordination von Fachpolitiken und Akteuren, verändert hatte und nun Schwächen aufwies, scheint im Dezernat sehr wohl bekannt zu sein. Dies konnte auch durch andere Befragungen bestätigt werden, die von einem „bucco nero" (einem schwarzen Loch) oder einem „bucco vuoto" (einem leeren Loch) der Stadtverwaltung sprechen (Interview Be, Mailand, 23.03.2007) und sich dabei vor allem auf die für die Koordinierung zentrale Funktion der Stadtverwaltung beziehen. Änderungen scheinen allerdings auch von den Mitarbeitern des Dezernats nur schwer durchsetzbar. Gründe hierfür liegen vor allem in der Einordnung und Wahrnehmung des Programms durch die Politik, die weniger die einzelnen CdQ fokussieren, als vielmehr eine Perspektive verfolgen, die zum einen die Quartiere in ökonomischen Wert setzen möchte und zum anderen sich eher auf eine gesamtheitliche Planung der Stadt konzentriert:

Gt1: „Genau. Früher war es der Ansatz des damaligen Dezernats und auch des damaligen Settore Periferie, sich auf das Programm allein zu konzentrieren. Dabei hatte der Settore Periferie eine fachübergreifende Funktion für die gesamte Stadtverwaltung. Heute ist das umgekehrt. Dieses Dezernat hat eine globale Sichtweise auf das Programm entwickelt, es geht eben jetzt um die Planung des gesamten Territoriums und nicht mehr um ein einzelnes Problem. [...] Es gefällt mir, die Peripherie ein wenig wie den Übungsplatz der Stadt zu betrachten, wo wir Lösungen und Strategien ausprobieren können, die wir dann auf andere Teile der Stadt übertragen können mit analogen Problemlagen. [...] Mehr als das soziale Problem der Peripherie stellen diese Quartiere doch eine architektonisch schöne Seite der Stadt dar, die, wie im Fall von San Siro, das im Zentrum der Stadt liegt. Auch Molise und Calvairate sind ja nur vier Schritte vom Zentrum entfernt. Nur Ponte Lambro nicht, die Armen dort haben ja eigentlich gar nichts, nur den Fluss Lambro und die Umgehungsautobahn... [...] Dieses Dezernat beschäftigt sich mit der gesamten Planung der Stadt. Wir müssen verstehen, dass neben einem Quartier wie Ponte Lambro gerade die größte Baustelle Europas entstanden ist, Rogoredo-St. Giulia. Genau gegenüber von Ponte Lambro werden keine Sozialwohnungen mehr gebaut, sondern hier ist das berühmte Projekt des Architekten Sir Norman Foster angesiedelt. Wohnungen zwischen 6.000 und 12.000 € pro Quadratmeter. Diese beiden Dinge [St. Giulia und Ponte Lambro, Anm. d. Autors] vereinen, das kannst du nur machen, wenn du ein Dezernat wie das unsrige hast und die ‚Contratti di Quartiere' nicht einem Assessorato Sicurezza e Periferie überlässt. Früher wurde der ‚Contratti di Quartiere' als Quartiersvertrag betrachtet, heute ist er ein Stadtvertrag."
Gt1: „Naja, oder eher ein Mosaik von einem Vertrag für die Stadt..." [beide lachen] (Interview Gt1 und Gt2, Mailand, 14.03.2007)

Innerhalb der ganzheitlichen Planungssichtweise werden die CdQ in räumliche und thematische Nähe zu den aktuell in Mailand entstehenden Großprojekten gesetzt. Ein Indiz für eine derartige Veränderung des politischen Schwerpunkts ergibt sich auch aus einer Episode während eines Kongresses in einer der städtischen Universitäten zum Thema der europäischen Peripherien und den integrierten, sozialen Entwicklungsprogrammen. Während die eingeladenen Gäste ihre Erfahrungen im Umgang mit sozialen Entwicklungsprogrammen im benachbarten Ausland darlegten, referierte der Leiter des Mailänder Planungsdezernats nicht etwa über die CdQ, sondern ausschließlich über die aktuellen Großprojekte der Stadt, wie den Planungen und den Neubau der neuen und alten Messe, das angesprochene Großprojekt von Norman Foster im Süden der Stadt und einigen Entwicklungen (Interview Mu, Mailand, 02.10.2007).

Zurückkommend auf die Situation in den Quartieren nach dem organisatorischen Umbruch der Stadtverwaltung und die Auflösung des Settore Periferie, äußern sich die neuen

Verantwortlichen, dass es nicht schwierig gewesen sei, in den Quartieren Verständnis für die Veränderung und die neue Aufgabenübertragung zu erhaschen.

Das Fehlen eines kompetenten Ansprechpartners auf Quartiersebene wird strukturell dadurch verschlimmert, dass sich im Zuge der Reorganisation der Kompetenzen innerhalb der Verwaltung neue Konkurrenzen ergaben, die sich auch im Zusammenhang mit den CdQ bemerkbar machten. War schon zuvor aus dem Organigramm der alten Struktur eine Verschneidung von Zuständigkeiten innerhalb der Dezernate ersichtlich, so verfestigte sich nun ein Konflikt zwischen dem Planungsdezernat Sviluppo del Territorio und dem Sozialdezernat der Stadt. Während die CdQ wie gezeigt innerhalb des Planungsdezernats im Detail an politisch-administrativer Aufmerksamkeit eingebüßt hatten, forderte das Sozialdezernat eine partielle oder vollständige Beteiligung und weitgehende Mitspracherechte, die über einzelne Projekte hinausgingen. Diese Konfliktsituation wurde dadurch unterstützt, dass zwar die Gesamtverantwortung für die CdQ weiterhin in der Hand der Planung lag, das Sozialdezernat aber die Verantwortung einzelner Projekte, die im Zusammenhang mit den CdQ lokal umgesetzt wurden, übertragen bekam. In den Quartieren war nun nicht mehr klar, wer in der Stadtverwaltung welche Kompetenz hatte und so antworteten auf die simple Frage nach der Organisation die meisten Akteure, darunter die Quartiersmanager, A.L.E.R. und die politischen Vertreter des Consiglio di Zona: „Buona domanda!" (zum Beispiel: Interview Co, Mailand, 16.03.2007; Interview Bt, Mailand, 23.03.2007). Selbst im Dezernat Sviluppo del Territorio brachte die Frage, ob dieses Dezernat nun alleinig für die CdQ zuständig sei, keine klare Antwort:

> Gt1: „Nein, also eigentlich arbeiten zwei Dezernate an der Umsetzung der CdQ. Dieses hier und das Sozialdezernat, dort wo es eben passt. Und ganz marginal ist eigentlich auch noch das Dezernat für Sicherheit beteiligt, von früher noch. Und ganz sporadisch auch noch das Schul- und Ausbildungsdezernat [Assessorato alla Formazione, Anm. d. Autors] und das für Arbeit auch, wenigstens soweit das die Jugendpolitik betrifft. Also du müsstest dich eigentlich an alle wenden. Ach, und eigentlich gibt es auch noch die Handelskammer, aber vermutlich wissen die nicht einmal, dass sie dabei sind." [lachen] (Interview Gt1, Mailand, 14.03.2007)

Dass die Umstrukturierung der Stadt Mailand nicht nur die technisch-administrative Ebene des früheren Organigramms betraf, sondern tatsächlich viel tiefer greifende Veränderungen zur Folge hatte, wurde insbesondere in den Gesprächen mit Vertretern der lokalen Politik deutlich:

> „Die alte Struktur wurde zwar erneuert. Erneuert, und zwar erst im Dezember [des Jahres 2006, damit sechs Monate nach der Wahl, Anm. d. Autors] mit

> einer Person, dem Architekten P. und seinem Buchhalter Gt1. Es gibt darunter immer noch nicht eine technische Struktur, die die Probleme der Viertel lösen kann. Die Stadt Mailand, das ist ganz deutlich, drängt nicht gerade, die Comitati di Quartiere zusammenzurufen. Die machen einfach nichts, um die Probleme zu lösen. Da haben wir [Politiker, Anm. d. Autors] Lösungsvorschläge eingereicht, sowohl für das Quartier Mazzini als auch für Calvairate-Molise. Aber wir haben keinen politischen Bezugspunkt auf der anderen Seite, der uns darin unterstützt hätte." (Interview Co, Mailand, 16.03.2007).

Als Grund für diese Untätigkeit wird aus Sicht der befragten Politiker beider großer Parteibündnisse (das Mitte-Rechts-Bündnis „Casa della Libertà" und das Mitte-Links-Bündnis „Ulivo") das Fehlen fachkompetenter Personen genannt, die ausreichend Erfahrung in der Durchführung des Programms aufweisen. Und tatsächlich wurde zwar von den neuen Verantwortlichen versucht, ehemalige Mitarbeiter des Settore Periferie für die neue Struktur zu gewinnen. Bis auf eine Mitarbeiterin waren diese Bemühungen allerdings erfolglos. Unklar bleibt allerdings, warum diese eine Mitarbeiterin, obgleich sie in der neuen Struktur aufgenommen wurde (im Interview mit dem neuen Dezernat hieß es dazu: „Wir haben die ,Contratti di Quartiere' nur genommen, damit wir Gt2 haben konnten", Interview Gt1, Mailand, 14.03.2007), von Seiten der Wohnungsbaugesellschaft A.L.E.R. als fehlender Ansprechpartner genannt wird, obgleich die betreffende Person durchaus noch dabei ist (Interview Ga, Mailand, 01.10.2007).

7 Governance mit und ohne Vertrauen

7.1 Vertrauen: die Suche nach Ordnungen

> „Trust can perform a multitude of functions. It can be a silent back-ground sustaining unproblematic and smooth-running cooperative relations. It can be a solution to the free-rider problem. It can help people to reconcile their own interests with those of others. It can provide political leaders with the necessary time to carry out reforms." (MISZTAL 1996, S. 95).

Vertrauen gilt als Voraussetzung für die täglichen Routinen innerhalb von integrierten Entwicklungsprogrammen, die zugleich das Ziel verfolgen, eine „soziale Ordnung" (MISZTAL 1996, S. 96) zu bilden. Vertrauen kann entweder in „abstrakte Systeme" (MISZTAL 1996, S. 92) gewährt werden, zu denen GIDDENS (1980/1996) sowohl symbolische Zeichen als auch Expertensysteme zählt, oder auf die Handlungen von Personen gerichtet sein. Die vorliegenden integrierten Entwicklungsprogramme, das Frankfurter Programm „Soziale Stadt – Neue Nachbarschaft" und die „Contratti di Quartiere" in Mailand, gelten in diesem Sinne als abstrakte Systeme der Planung bzw. als Agglomerat abstrakter Systeme, innerhalb derer das Vertrauen der beteiligten Akteure darauf abzielt, stabile Routinen und Strukturen zu schaffen, um Unsicherheiten im Planungsprozess zu minimieren und bestenfalls zu überwinden (vgl. Kapitel 3.4). Im Sinne von Governance greifen die Akteure beider Programme dabei auf „das Gesamt aller nebeneinander bestehenden Formen der kollektiven Regelung gesellschaftlicher Sachverhalte" (MAYNTZ 2004, o. S.) zurück, um die Ressourcen aller beteiligten Akteure für die Umsetzung des Entwicklungsprogramms zu nutzen. Dieser Schritt impliziert eine Situation planerischer Unsicherheit.

Ausgehend von der Notwendigkeit, eine stabile soziale Situation im Quartier zu schaffen, wurden in Frankfurt und Mailand auf staatliche Initiative hin integrierte Entwicklungsprogramme entwickelt. Die multidimensionale Problematik der sozialen Exklusion in den betreffenden Stadtvierteln erforderte einen neuen Verfahrensweg, über den nun neben der sektorenübergreifenden Zusammenarbeit staatlicher Akteure zudem nicht-staatliche Akteure an der Umsetzung des Programms beteiligt wurden. Wie in Kapitel 2 dargestellt, entwickeln die Programme dabei zwei unterschiedliche Zielbereiche, einen materiellen und einen prozeduralen im weiteren. Es ist der prozedurale Zielbereich, aus dem eine besondere Unsicherheit für die Akteure erwächst. Diese Unsicherheiten können auf endogene oder exogene Faktoren zurückgeführt werden (vgl. Kapitel 3.4). Als exogene Faktoren werden all jene angesehen, deren Ursache außerhalb des Systems und damit außerhalb des Einflusses der Personen liegen. Endogene Faktoren liegen dagegen im Einflussbereich der Akteure. Dem integrierten Handlungsansatz entsprechend stehen den Akteuren nun mehr Möglichkeiten der gemeinsamen Kooperation zur Verfügung, als sie eigentlich realisieren können. Zudem mangelt es ihnen an ausreichend Sicherheit generierenden Informationen über den jeweiligen Kooperationspartner. Die Kooperation erfordert daher Mechanismen zur Reduktion von Komplexität und Unsicherheit. Vertrauen stellt einen solchen Mechanismus dar (vgl. Kapitel 3.3, 3.4).

Erst auf der Basis erfolgreichen Vertrauens kann eine Sicherheit beinhaltende Ordnung erreicht werden. In Abhängigkeit des gewährten Vertrauens lassen sich nach MISZTAL (1996) drei unterschiedliche Ordnungen unterscheiden, auf die in Kapitel 7.4.2 am Beispiel beider Fallstudien eingegangen wird. Solche Ordnungen stellen damit das prozesshafte Ziel einer erfolgreichen Akteurskonstellation dar, die über die Ausbildung von Vertrauen im Rahmen von Governance einen Zustand herbeiführen oder beibehalten, in welchem die Bedingungen für intersubjektives, wechselseitiges Handeln erfüllt sind.

In den Kapiteln 5 und 6 wurden besonders jene Elemente der Programme aus Sicht der befragten Akteure hervorgehoben, die einen besonderen Einfluss auf die Kooperationsbildung der Akteure haben. Dazu zählten insbesondere die Ziele und Interessen, die die einzelnen Akteure mit dem Programm verbinden, und die Organisationsstrukturen, von denen aus sich Kooperationen entwickeln. Daneben ist sind der zeitlich-historische Kontext städtischer Politik und damit die Pfadabhängigkeit von Bedeutung, vor deren Hintergrund die aktuellen Bestrebungen betrachtet werden müssen und die lokal-spezifischen, kulturellen Besonderheiten thematisiert werden, die sich aus dem geschichtlichen Kontext ableiten und sozusagen den Boden darstellen, auf dem die Fallstudien aufbauen. Die Beachtung der Pfadabhängigkeit ergibt sich aus dem Ansatz des historischen Neo-Institutionalismus, dessen Grundzüge in Kapitel 3.2 dargestellt wurden.

Die Tatsache, dass in beiden Fallstudien die Kooperation mit anderen, darunter auch nicht-staatlichen Akteuren vorgesehen ist, stellt die Steuerungsfrage in das Zentrum der Unsicherheiten der Programme. Hier entwickeln die Akteure spezielle Routinen, die im Zusammenhang mit einer Suche nach Ordnung gesehen werden können. Das ist es wohl auch, was JACQUIER (2005, S. 364), bezogen auf den prozeduralen Zielbereich integrierter Programme, als das „desire for cooperation" bezeichnet. Mit den Routinen werden Erwartungshaltungen in den positive Ausgang von Handlungen und das positive Wirken von Institutionen verknüpft.

Diese Überlegungen lenken im Folgenden die Aufmerksamkeit zunächst auf die Unsicherheiten innerhalb des Frankfurter kommunalen Programms und der „Contratti di Quartiere", denen sich die einzelnen Akteure und Akteursgruppen ausgesetzt sehen. Anhand des Beispiels der kooperativen Steuerung durch die Stadt Frankfurt und der Träger des Quartiersmanagements werden Prozesse deutlich, die sich auch auf die Kooperation mit anderen Akteuren auswirken (Abb 4). In einem zweiten Schritt werden die Konsequenzen untersucht, die sich aus personellen und strukturellen Veränderungen innerhalb der Konstellation für das Funktionieren ergeben. Anhand dieser beiden Beispiele kann gezeigt werden, wie die positiven Erwartungen und damit das Vertrauen der Akteure

Governance mit und ohne Vertrauen 149

sowohl in Personen als auch in Institutionen zusammenhängen und aufeinander wirken. In Kapitel 7.3 werden die Unsicherheiten der „Contratti di Quartiere" dargestellt und auch hier das Zusammenwirken von personenbasiertem und institutionellem Vertrauen nachgezeichnet. Die Auswahl gerade dieser wenigen Beispiele erfolgte vor dem Hintergrund, dass sich an ihnen besonders deutlich die Überschneidung und Ergänzung von institutionellem und personenbasiertem Vertrauen zeigen lässt. Die Konstellationen innerhalb beider Programme stellen sich als sehr viel komplexer dar, als die folgende Darstellung zunächst implizieren mag. Zu ihnen gehören auch jene Akteure, denen die Teilnahme an der jeweiligen Konstellation verschlossen bleibt, und die sich damit einer empirischen Untersuchung entziehen. Vor diesem Hintergrund eines derart komplexen Gegenstandes wurde im Nachhinein die Entscheidung getroffen, die Darstellung auf

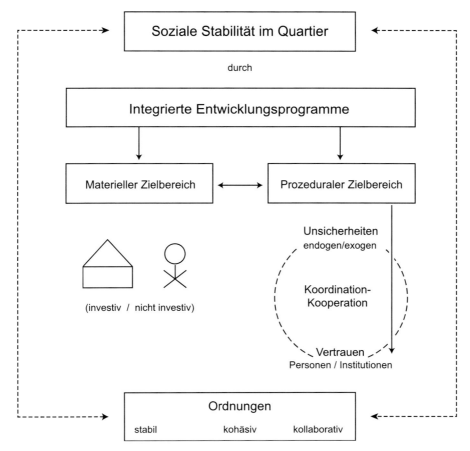

Abb. 4: Zusammenhang zwischen Integrierten Entwicklungsprogrammen, Zielbereichen, Unsicherheiten und Vertrauen
Quelle: Eigene Darstellung

wenige wesentliche Mechanismen der Vertrauensbildung zu bereinigen, um die Deutlichkeit der Prozesse zu erhöhen. Dabei wurden jedoch gerade jene Prozesse ausgewählt, die auch eine Aussagekraft auf andere Akteure für die Bildung von Vertrauenskonstellationen innerhalb der jeweiligen Programme zulassen.

In Kapitel 3 wurde in Anlehnung an die einschlägige Literatur dargestellt, dass sich institutionelles Vertrauen insbesondere dann ausbildet, wenn sich persönliche Beziehung nicht haben bilden können oder nicht stark genug waren. Institutionelles Vertrauen wird in einer solchen Betrachtung eher als nachrangige Ergänzung zu personenbasiertem Vertrauen verstanden (vgl. RUS & IGLIČ 2005). Ausgehend von der Frankfurter und der Mailänder Fallstudie muss dies in Frage gestellt werden. Abschließend wird das in den Beispielen identifizierte Vertrauen auf seine Funktion hinsichtlich der Schaffung von stabilen, kohäsiven und kollaborativen Ordnungen untersucht (Kapitel 7.4).

7.2 Beispiele für Unsicherheiten innerhalb des Frankfurter Programms „Soziale Stadt – Neue Nachbarschaft"

Ausgehend von der Organisationsstruktur und der Übertragung des Quartiersmanagement (QM) an die vier Wohlfahrtsverbände, stellt sich Unsicherheit des kommunalen Entwicklungsprogramms bezüglich der koordinativen Steuerung ein, die sich zwischen der Stadt Frankfurt und den Trägern des Quartiersmanagement im Sinne von Governance aufteilt. Es handelt sich hierbei um eine endogene Unsicherheit, die aus den ungleichen Informationslagen der Beteiligten resultiert. Zwar wurde diese Zusammenarbeit vertraglich geregelt und damit ein formeller Koordinationsmechanismus bedient – der Vertrag. Nachfolgend kann allerdings gezeigt werden, wie zusätzlich weitere institutionen und Strategien auf der Basis personenbasierten und institutionellen Vertrauens ausgebildet wurden, um die Unsicherheit zu verringern und die Koordination zwischen beiden Akteuren zu erleichtern.

Die Ausbildung personenbasierten Vertrauens setzt eine personelle Konstanz innerhalb der Kooperation voraus. Diese wurde durch politische Veränderungen bedroht. Im Zentrum des zweiten Beispiels steht somit eine exogene Unsicherheit, die sich durch den Wechsel zwischen unterschiedlichen Dezernaten ergab und deren Ursache im politischen System liegt. Besonders in der Anfangsphase des Programms nahm die Präsenz einzelner Personen eine zentrale Rolle ein. Hiervon ausgehend wird die personelle Abhängigkeit des Programms als dritte Unsicherheit des Programms untersucht, die aus exogenen und endogenen Faktoren besteht.

7.2.1 Vertrauensbasierte Steuerung durch die Träger des QM und die Stadt Frankfurt

Das kommunale Entwicklungsprogramm der Stadt Frankfurt ist ein staatliches Programm. Als solches wird es von der Stadt Frankfurt vollfinanziert, wodurch der Stadt formal allein die Steuerung zufällt (vgl. Kapitel 5). Aufgrund seiner nicht-investiven Ausrichtung nimmt das Quartiersmanagement jedoch nicht nur für die Umsetzung der staatlichen Steuerungsziele eine wichtige und zentrale Position ein, sondern das Quartiersmanagement steuert das Programm auch aktiv auf der Quartiersebene mit. Dabei fließen die eigenen Interessen und Ziele in den Steuerungsprozess mit ein. Die Übertragung des QM auf die nicht-staatlichen Träger resultiert damit aus einer kooperativen Steuerung, welche zu Beginn zwischen der Stadt und den Wohlfahrtsverbänden vertraglich geregelt wurde.

Ausgehend von der in Kapitel 3.3 dargelegten Definition von Vertrauen würde eine solche vertragliche Bindung zweier Akteure eigentlich das Vorhandensein von Vertrauen obsolet machen. Denn der Vertrag, aus dem beiden Abschlusspartnern Sicherheit erwächst, mache, so betont JUCHEM (1988, S. 99, vgl. Kapitel 3.3.2), aufgrund seiner Sicherheit generierenden Funktion Vertrauen überflüssig. Die Unsicherheit, die beide Partner innerhalb des kommunalen Programms eingehen, so sollte man meinen, sei durch die vertragliche Bindung ausreichend reduziert. Aus den geführten Interviews ergibt sich allerdings von Seiten beider Akteure, der Stadt und der Träger, dass dies im vorliegenden Fall nicht zutrifft. Der formelle Mechanismus allein war nicht geeignet, die Unsicherheit, in die sich beide jeweiligen Akteure begeben, zu verringern.

Von Seiten der Stadt besteht unabhängig der vertraglichen Bindung weiterhin die Notwendigkeit, das Programm prozesshaft und aktiv zu steuern und damit die Erfordernis, Einfluss auf die Quartiersmanager auszuüben, um letztendlich die Entwicklung des Programms sinnvoll zu steuern. Die Übertragung des Quartiersmanagement auf außerhalb ihres direkten Einflussbereichs stehende, nicht-staatliche Träger stellte eine Handlung dar, deren Auswirkungen zum Zeitpunkt der Übertragung nicht abzusehen waren. Es hätte ja sein können, dass nach der Übertragung des QM an die Träger diese damit stärker eigene Interessen verfolgen als gemeinsame Interessen ihrerseits und der Stadt. Auch von Seiten der Quartiersmanager besteht die Notwendigkeit der Kooperation mit der Stadt Frankfurt, insbesondere in jenen Situationen, in denen sie mit Problemen konfrontiert sind, die sie ohne die formal legitimierte Macht, die der Staat allein inne hat, nicht lösen können. Die Unsicherheit basiert demnach auf endogenen Faktoren, die in der ungleichen Informationslage über die Interessen, Zielsetzungen und die Bereitschaft zur gemeinsamen Kooperation des jeweiligen Partners zu suchen sind.

Sowohl die Stadt Frankfurt als auch das Quartiersmanagement befinden sich daher in einer Lage, aus der für beide das „desire for coordination" (JACQUIER 2005, vgl. Kapitel 2) resultiert. Auf der einen Seite erwächst durch die Übertragung des QM an die Träger der

Stadt ein Vorteil und nur durch die Einbindung nicht-staatlicher Akteure kann das angestrebte Ziel überhaupt erst erreicht werden. Auf der anderen Seite stellt die ungeregelte Aufteilung der Steuerung eine Unsicherheit für beide Akteure dar. In einem Gespräch mit dem damals zuständigen Dezernenten, der die damals gefällte Entscheidung der Einbindung nicht nur politisch getragen hat, sondern auch an deren inhaltlichen Ausgestaltung mitwirkte, werden zwei Mechanismen genannt, die von Seiten der Stadt wesentlich zur Reduzierung der Unsicherheit beitragen sollten:

> „Und die Übertragung an die freien Träger und deren vertragliche Bindung hat das [Programm, Anm. d. Autors] auch noch einmal ein Stück weit verbessert, wie z. B. dieses schnelle Reagieren, das auch dadurch befördert wird, weil sie [die Träger, Anm. d. Autors] müssen. Sie stehen ja in einer ganz gesunden Konkurrenz zueinander. Und es hat natürlich jeder freie Träger, weil er auch an anderen Punkten auf öffentliche Zuschüsse angewiesen ist, einen besonderen Ehrgeiz, es gut zu machen." (Interview V, Frankfurt, 01.02.2008)

Diese Aussage lässt auf den Glauben an das Wirken von Institutionen des Wettbewerbs und das Funktionieren eines Abhängigkeitsverhältnisses innerhalb des öffentlichen Fördersystems schließen. Es zeigt sich eine positive Erwartungshaltung und damit Vertrauen, das sich auf die positive Wirkung der Abhängigkeit des Trägers von der Stadt Frankfurt richtet und damit das Vertrauen in das institutionelle Gefüge „Öffentliche Hand/Privater Träger" richtet. Innerhalb dieses komplexen Systems gegenseitiger Abhängigkeiten spielen Erfahrungen eine wichtige Rolle. So basierte die Auswahl der Träger bereits auf der Tatsache, dass es „ja nach dem SHG Verbände gibt, also anerkannte Wohlfahrtsverbände, und unter denen ist das dann geregelt worden, das heißt, da kamen real nur vier, fünf, sechs in Frage." (Interview V, Frankfurt, 01.02.2007). Das Vertrauen in das öffentliche Fördersystem wird zusätzlich durch den formellen Mechanismus der gesetzlichen Verankerung gestützt. Zunächst erscheint das Vertrauen in den einzelnen Träger als gering ausgebildet.

Als weiterer Aspekt wurde das positive Wirken von Konkurrenz unter den Verbänden benannt. Hier bezieht sich das Vertrauen auf das Wirken von Institutionen, die die Konkurrenz der Träger untereinander regeln. In diese Wirkungsmechanismen wurde insofern die Erwartung gesetzt, als dass sie das Handeln des einzelnen Träger steuern sollten, da der Träger ansonsten befürchten muss, den öffentlichen Auftrag an seine Mitkonkurrenten zu verlieren. Die Stimulation der Konkurrenz durch die Stadt weist Elemente eines repressiven, auf der Androhung des Entzugs des öffentlichen Auftrags basierenden Ansatzes auf, von dem sich direkte Zwänge für den Träger ergeben, entsprechend der simplifizierten Formel eines freien Marktes: „Funktionierst du nicht, wie ich es als Kunde erwarte, geben ich den Auftrag an einen anderen." Allerdings wurde im Rahmen des Entwicklungsprogramms schnell deutlich, dass die Kontrolle über den einzelnen Träger allein aufgrund eines solchen formellen Mechanismus nicht als ausreichend erscheint und teilweise sogar bewusst vermieden wurde. Im konkreten Zusammenhang mit dem Quartiersmanagement findet sich in den Gesprächen kein Argument, das auf eine regelnde Konkurrenz verweisen würde. Aus Sicht eines Quartiersmanagers wird die vermeintliche Konkurrenzsituation sogar wie folgt beschrieben:

> „Wenn man Konkurrenz als positiven Wettbewerb versteht, dann gibt es natürlich Konkurrenzen zwischen den Trägern. Das ist ganz normal, völlig klar. Es gibt ja auch gewisse unterschiedliche Inhalte und weltanschauliche Ausrichtungen, also natürlich gibt es einen Wettbewerb unter den Trägern. Es gibt auch Konkurrenz, wenn es mal um Geld geht, auch das ist völlig klar. […] Aber man muss wirklich sagen, hier in Frankfurt gibt es seit vielen, vielen Jahren eine richtig gute Zusammenarbeit zwischen den Trägern. Ich nehme jetzt mal, wo ich früher herkam, den Jugend- und Wohlfahrtsausschuss, wo in inhaltlichen Fragen der großen Weichenstellung, der politischen Weichenstellung in der Stadt, die Träger und die Verbände immer außerordentlich konstruktiv zusammengearbeitet haben. Wenn es dann an die Mittelverteilung geht, klar, dann gibt es auch mal irgendwo ein paar Kämpfchen. […] Die Träger haben auch immer ganz kooperativ mit der Stadt zusammengearbeitet. Das ist auch ein Verdienst der Stadt, dass die Stadt Frankfurt immer auch das Gespräch mit den Trägern gesucht hat und dass sie immer sehr fair, zumindest in Grundsatzdebatten, war und das offensichtlich kooperativ gestaltet hat. So dass da immer eine Mitgestaltung in Frankfurt möglich war und das fördert dann auch die Zusammenarbeit generell. Und in diesem Neuland Soziale Stadt, da war es überhaupt keine Frage für unsere Verbände, dass wir von vornherein gesagt haben: wir entwickeln ein Programm, das ist ja Pionierarbeit, wir entwickeln das Programm gemeinsam. Alles andere wäre ja völlig blödsinnig, eigentlich." (Interview Qu, Frankfurt, 22.01.2007)

Aussagen wie diese deuten aber darauf hin, dass sich vielmehr über Aspekte der Konkurrenz hinweg ein trägerübergreifendes, kooperatives Arbeiten ausgebildet hat, wodurch der konkurrierende Aspekt zwar nicht gänzlich verdrängt, aber doch in den Hintergrund gerückt wird. Das Vertrauen seitens der Stadt in die positive Wirkung von Konkurrenz hätte zur Enttäuschung führen müssen. So wurden im QM stets Einzelerfahrungen zwischen den Quartiersmanagern ausgetauscht und erfolgreiche Projekte auch auf andere Viertel ausgeweitet und damit an andere Träger übertragen. Wie schwach tatsächlich die Konkurrenz zwischen den Trägern ausgebildet ist, verdeutlicht sich auch am Beispiel der Verteilung der neuen Fördergebiete im Rahmen der dritten Runde des Entwicklungsprogramms. Die Stadt hatte sich dafür entschieden, weiterhin nur die bestehenden vier Träger der zweiten Förderrunde zu beteiligen und keine neuen Träger hinzuzunehmen. Das deutet an, dass dem Konkurrenzgedanken tatsächlich nicht jene Bedeutung zufällt, die im Interview genannt wurde.

Waren die Träger für die dritte Runde durch die Stadt bestimmt, so mussten noch die ausgewählten Quartiere unter den vier Verbänden aufgeteilt werden. Dieser Aushandlungsprozess wurde von Seiten eines Trägers so dargestellt:

> „Und da bleibt es bei den vier Trägern: AWO, IB, Caritas und das Diakonische Werk. Da gibt es keine Konkurrenz. Es gab ein bisschen Konkurrenz über die Quartiere, aber wir haben uns innerhalb von zehn Minuten geeinigt. Die AWO wird den Atzelberg machen, in Seckbach, das war unsere zweite Präferenz." (Interview Ho, Frankfurt, 25.01.2008)

Aber auch in der konzeptionellen Entwicklung des Quartiersmanagement, das für die Träger zwar einerseits in der inhaltlichen Nähe ihrer Kerntätigkeit erscheint, im Detail aber durchaus ein neues Tätigkeitsfeld darstellte (vgl. Kapitel 5), stellte sich weniger ein Konkurrenzdenken als ein Miteinander ein:

> „Die Träger haben sich in der ersten Runde, in den ersten fünf Jahren, außerordentlich eng miteinander abgesprochen, über die Richtung, über die Arbeitsweise, über Inhalte und Konzeptionen und so weiter. Und wir haben auch bestimmte gemeinsame Projekte ins Leben gerufen, die für alle Stadtteile dann durchgeführt wurden. [...] Unter anderem die Nachbarschaftskonflikte und die -vermittlung, das ist so ein gemeinsam geborenes Kind. Und im weiteren Sinne kann man auch die ganzen Spielplatzsanierungen oder Spielplatzneubauten dazu zählen, die wurden auch in allen Quartieren durchgeführt. [...] Solche Dinge wurden gemeinsam entwickelt, also Standards des Quartiersmanagements, die wurden am Anfang von den Trägern gemeinsam entwickelt. Mittlerweile ist das ja alles Routine." (Interview Qu, Frankfurt, 22.01.2007)

Sowohl die Stadt Frankfurt als auch die Träger entfernten sich von einem konkurrierenden Gedanken. Besonders aus Sicht der Wohlfahrtsverbände stellt sich auf der Ebene der Stadt Frankfurt kein solcher Wettbewerb zu den anderen Trägern dar. Vielmehr wird ein konkurrierender Gedanke sogar bewusst vermieden. Günstig hierfür stellt sich nicht nur ein besonderer institutioneller Rahmen dar, innerhalb dessen sich die Träger anordneten – „das wurde so im Trägerverbund gemeinsam entwickelt" (Interview Qu, Frankfurt, 22.01.2007) –, sondern auch eine bereits tradierte Form der Zusammenarbeit mit der Stadt Frankfurt. So scheint zwischen der Stadt und den Trägern traditionell ein kooperatives Verhältnis zu bestehen, welchem von allen Akteuren in diesem Zusammenhang eine wichtige Rolle zugeteilt wird. Hier wird nun zum ersten Mal auf eine spezifische Frankfurter Situation verwiesen, in deren Umfeld sich die Träger, Fachverwaltung und Politik konstruktiv zusammen finden:

> „Die Caritas gibt es jetzt ja hier in Frankfurt seit 106 Jahren. Wir sind also, wenn man so will, mit dieser Stadt auch ein bisschen groß geworden, zusammen mit den anderen Trägern und den Dezernaten und der Politik." (Interview H, Frankfurt, 27.02.2007)

Diese historische Konsistenz wird von vielen Akteuren in ihrer Wichtigkeit bestätigt und als erklärender Faktor für die positive Zusammenarbeit genannt. Die Pfadabhängigkeit der Kooperation überträgt sich auch deutlich auf das Quartiersmanagement:

> „Wir haben hier seit zehn Jahren, so weit ich das überblicken kann, den Vertrag des Sozialen Friedens zwischen Politik und Trägern der Wohlfahrtspflege in Frankfurt und im Prinzip ziehen alle am gleichen Strang. Da ist nichts abgebaut worden oder eingebrochen und ich denke, die Kooperation zwischen Stadt und Trägern hat immer funktioniert. Da gibt es bereits eben eine Tradition." (Interview Ho, Frankfurt, 25.01.2007)

Der angesprochene Pakt oder Vertrag für den Sozialen Frieden in Frankfurt wurde parteiübergreifend erstmals in der Wahlperiode 2001-2006 mit dem Ziel geschlossen, Beständigkeit innerhalb der sozialen Strukturen der Stadt zu schaffen und zu erhalten. Für diesen Pakt standen nach Aussagen der Stadt für die betreffende Wahlperiode ca. 130 Mio. Euro zur Verfügung. Sehr viel stärker aber als diese finanzielle Sicherheit, die mit dem Pakt einherging, symbolisierte er ein Miteinander all jener Akteure in Frankfurt, die in einem sozialen Kontext arbeiten und stärkte deren institutionelles Vertrauen.

Damit stellt sich das Vertrauen der an der Konstellation „Steuerung des kommunalen Entwicklungsprogramm" (Abb. 5) beteiligten, wesentlichen Akteursgruppen – die Stadt Frankfurt und die Wohlfahrtsverbände – als auf Institutionen gerichtet dar: Zunächst richtet es sich von Seiten der Stadt auf die gesetzliche Verankerung der Träger der Wohnfahrtspflege. Die Erwartung einer positiven Kooperation wird durch das Sicherheit gebende Element des Systems der Wohlfahrtspflege gestärkt und kann als ein Grundstein der Kooperation gelten. Viel stärker aber als das Vertrauen in das abstrakte System der öffentlichen Förderung erscheint in den Beispielen die traditionell gute Zusammenarbeit in Frankfurt. Sie weist auch auf eine weitere Form des Vertrauens hin. Lokal-spezifische Institutionen, wie etwa der Frankfurter Soziale Frieden oder die langjährige Verbindung der Verbände mit der Stadt Frankfurt, binden ganz wesentlich das Vertrauen der beteiligten Akteure. Zudem ermöglichen sie neben dem aufgezeigten institutionellen Vertrauen eine weitere Form, das personenbasierte Vertrauen.

Im Umfeld der kooperativen Stimmung konnte sich eine weitere Form von Vertrauen ausbilden, die auch im Zusammenhang mit dem kommunalen Entwicklungsprogramm

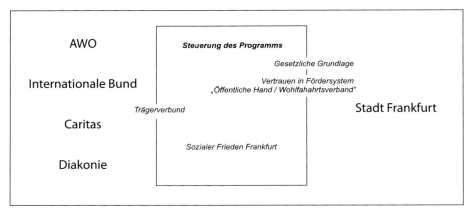

Abb. 5: Vertrauens-Konstellation im Zusammenhang mit der Steuerung des Programms durch institutionelles Vertrauen
Quelle: Eigene Darstellung

eine wesentliche Rolle einnimmt, personenbasiertes Vertrauen. Das ergibt sich insbesondere aus dem folgenden Zitat:

> „Ja nun, Frankfurt ist ja eine überschaubar große Stadt, da kennt man sich eben. Und also, die Caritas oder das Diakonische Werk oder der Internationale Bund – das sind ja alles richtig qualifizierte Einrichtungen. Und der Caritas-Direktor, der steht dann auch mit seiner Person in der Verantwortung gegenüber der Stadt." (Interview V, Frankfurt, 01.02.2008)

Der Rückgriff auf konkrete Personen wurde auch in anderen Interviews genannt. In Anlehnung an die Definition von MUTTI (1998, S. 42, vgl. Kapitel 3.3) verdeutlicht hier die Erwartung der Stadt Frankfurt in das Quartiersmanagement, das mit einer positiven Wertigkeit besetzt ist, sich aber in einer Situation der Unsicherheit vollzieht, dass das Vertrauen sich nicht nur auf Institutionen richtet, sondern auch auf Personen bezogen wird. Allerdings ergibt sich aus den Interviews, dass im Zusammenhang mit der Steuerung des Programms die personelle Ebene nachrangig erscheint. Viel stärker wurde in den Gesprächen die positive Erwartung in das institutionelle Umfeld des kommunalen Entwicklungsprogramms genannt. Bezogen auf das personenbasierte Vertrauen lösen sich die Einrichtungen nun auf in konkrete Individuen, auf die sich die Erwartungen beziehen. Nun steht nicht mehr der Wohlfahrtsverband innerhalb des Systems der öffentlichen Förderung im Zentrum, sondern der persönlich bekannte „Caritas-Direktor", der nun in der Verantwortung steht. Ihm gegenüber muss aber nun auch auf Seiten des abstrakten Systems „Stadt" eine Personifizierung erfolgen. Diese erfüllen vor allem in der Anfangsphase des Programms der damalige Dezernent und Bürgermeister und die Mitarbeiter der Steuerungsstelle. So standen plötzlich nicht mehr zwei abstrakte Elemente in einem koo-

Governance mit und ohne Vertrauen 157

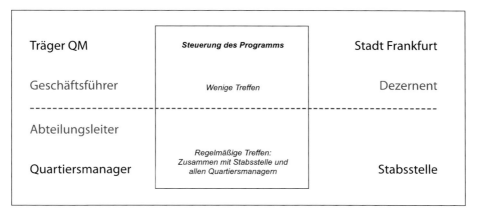

Abb. 6: *Vertrauens-Konstellation im Zusammenhang mit der Steuerung des Programms durch personenbasiertes Vertrauen*
Quelle: Eigene Darstellung

perativen Verhältnis, sondern es stehen sich zwei Personen gegenüber: Die Mitarbeiter der Steuerungsebene der Stadt Frankfurt und die Abteilungsleiter und Geschäftsführer der jeweiligen Wohlfahrtsverbände.

Die Ebenen, auf denen sich die Personen begegnen, erscheinen ihnen als gleichrangig und hierarchisch strukturiert (Abb. 6):

„Zu Beginn gab es da zwei Ebenen: Der damalige Dezernent hatte sich mit den Geschäftsführern zusammengesetzt, auf seiner Ebene damals. Dann gibt es in der Mitte noch eine Ebene […] " (Interview Ho, Frankfurt, 25.01.2008)

Die anfängliche Vertrauenskonstellation, die ergänzend zum oben dargestellten institutionellen Vertrauen nun auch auf personeller Ebene ansetzte, vollzog sich auf zwei hierarchischen Ebenen und brachte auf der einen Seite die Vertreter einer leitenden Ebene zusammen, hier den Dezernenten und die jeweiligen Geschäftsführer der Träger. Auf der anderen Seite entwickelte sich eine weitere Ebene, auf der programmorientiert diskutiert wurde und detailliert Probleme aufgegriffen werden konnten: die operative Ebene der steuernden Verwaltungsstelle der Stadt Frankfurt und der Quartiersmanager der Träger.

Das obige Zitat ist aber zunächst verkürzt wiedergegeben worden. Vollständig lautet der letzte Satz:

„Dann gibt es in der Mitte noch eine Ebene, die bedauerlicherweise auch eingeschlafen ist. Also derjenigen, die für die Soziale Stadt verantwortlich sind. Zeitlich gesehen ist das mit dem Wechsel vom Wohnungsamt ins Sozialamt passiert. Obwohl die Personen dieselben geblieben sind. Aber ich weiß es nicht, warum das eingeschlafen ist." (Interview Ho, Frankfurt, 25.01.2008)

Einen Erklärungsansatz für das „Einschlafen" des personenbezogenen Austauschs auf leitender Ebene ergibt sich vielleicht aus der folgenden Darstellung eines Quartiersmanagers:

> „Ja, es gibt so unterschiedliche Gesprächsrunden. In der Regel trifft sich aber die Stabsstelle mit den Quartiersmanagerinnen und -manager. Das sind dann die häufigeren Routinegespräche. [...] Aber so die Routinegespräche, die werden zwischen der Stabsstelle und den Quartieren geführt. [Nachfrage nach einem Treffen aller Quartiersmanager] Auch das. Also zusätzlich zu den Gesprächen mit der Stabsstelle treffen wir uns auch untereinander, das ist ja klar. [...] Alle zusammen. Das ist also wirklich immer noch so geblieben, wir verstehen uns als Trägerverbund und die Gespräche werden grundsätzlich immer zwischen allen geführt." (Interview Qu, Frankfurt, 22.01.2007)

> „Wir haben so ein loses Treffen der Quartiersmanager untereinander und wir haben mit unserer Steuerungsstelle alle acht Wochen ein Treffen. Und wir hatten früher auch noch ein Treffen mit den Trägern des Quartiersmanagement, mit unseren geschäftsführenden Abteilungsleitern." (Interview Pl, Frankfurt, 22.01.2007)

Es ist zu vermuten, dass sich die leitende Ebene auflösen konnte, da sich auf der operativen Ebene zwischen der Steuerungs- bzw. Stabsstelle der Stadt Frankfurt und den Quartiersmanagern eine effektive und funktionierende Kooperation institutionalisierte, die zwar weiterhin auf personenbasiertem Vertrauen fußte, zudem aber auch auf Vertrauen in das System der etablierten Kooperation zwischen Stadt und Träger.

7.2.2 Abhängigkeit von Personen und politischen Veränderungen

Wenngleich sich innerhalb des Frankfurter kommunalen Programms eine institutionelle Struktur abzeichnete, die die Kooperation der Akteure stützte und ermöglichte, so war der Bezug zu einzelnen Personen dennoch innerhalb des Programms weiterhin stark ausgeprägt. Zu Beginn war es vor allem die Person des damaligen Dezernenten, die das Programm wesentlich beeinflusste und auf die die Koordination des Programms ausgerichtet war. Die Erwartungen der Akteure waren entsprechend eng an seine Person gebunden, das Vertrauen in seine Person gerichtet. Die Person des Dezernenten schuf vor allem auf Seiten jener Akteure eine gewisse Sicherheit, die ihre positiven Erwartungen auch hinsichtlich einer politischen Konstanz ausrichteten: „Der war schon stark in der ganzen Sache." (Interview Ho, Frankfurt, 25.01.2008). Das trifft in erster Linie für die Träger des Quartiersmanagement zu, die auf der einen Seite im Frankfurter kommunalen Entwicklungsprogramm eine Weiterführung der Dezentralisierung der städtischen Gemeinwesenarbeit sehen (Interview H, Frankfurt, 27.02.2007), für die sich auf der anderen Seite aber auch das Quartiersmanagement als langfristige Erweiterung ihres Kerngeschäfts und damit als neues Aufgabenfeld darstellt. Für deren langfristige Planung stellte der Dezernent einen Garant für die Weiterführung dieser Frankfurter Strukturen dar.

Aufgrund politischer Veränderungen wechselte das Programm zusammen mit dem neuen Aufgabenfeld die Dezernate und war so zwischenzeitlich im Wohnungsamt angesiedelt. Dieser Wechsel scheint insbesondere vor dem Hintergrund der Entwicklungen in Mailand interessant. Als gemeinsamer Tenor äußerten sich alle befragten Akteure bezogen auf den Wechsel wie folgt: „Das war aber egal, das ist ja vom Prinzip her das Gleiche geblieben." (Interview Qu, Frankfurt, 22.01.2007). Das „Gleiche" war es aber nicht geblieben, denn mit dem Wechsel der Ämter vollzog sich durchaus eine inhaltliche Neuorientierung des Programms:

> „Vorher war er [der Dezernent, Anm. d. Autors] im Sozialamt, da hat er vielleicht die Idee dazu bekommen. Dann ging es aber in die Richtung Wohnungsamt und damit mehr in Richtung Wohnungswirtschaft. Die Stärke sehe ich jetzt nicht mehr [nachdem es wieder in das Sozialdezernat überging, Anm. d. Autors]." (Interview Ho, Frankfurt, 25.01.2008)

> „Wir waren erst im Jugend- und Sozialdezernat, dann im Wohnungsdezernat, und jetzt wieder im Jugend- und Sozialdezernat. Und als wir im Wohnungsdezernat waren, war es klar, dass da Ansätze liefen, die Wohnungsbaugesellschaften auch mehr mit einzubinden. Wobei ich persönlich wieder mir das auch mehr gewünscht hätte." (Interview Pl, 22.01.2007)

Dass das Programm mit dem Wechsel auch eine neue Akzentuierung erhielt, deckt sich auch mit der Sicht der Stabsstelle:

> „Das hat sich ja schon so ergeben als wir noch [...] im Wohnungsamt waren, weil da ja auch andere Kooperationen dran hingen. Das war ja auch kein losgelöstes Standbein. Wir waren integriert in den Bereich der Vermittlung von Wohnungen und damit lag der Fokus eher auf der Frage der Steuerung von Situationen im Zusammenleben, über die Belegungssteuerung. [...] Es war auch ein großer Vorteil, der Zugang zu den Wohnungsbaugesellschaften, und wurde durch die Zuständigkeit dort und durch die Zuständigkeit des Bürgermeisters auch für die Fragen der Wohnungsbaugesellschaften, deren Gesamtpolitik, erleichtert. Das war 2001 und folgend ein ganz wichtiger Ansatz, um – aus meiner Wahrnehmung wenigstens – das Programm auch soweit zu bringen, wie es heute ist. Das wäre möglicherweise anders gelaufen – ob besser

oder schlechter, das weiß man nicht – aber anders. Denn dann wäre der Fokus ein ganz anderer gewesen. Das sah man auch in den ersten zwei Jahren, der Fokus hat sich dann aber verschoben. Von daher glaube ich inzwischen auch, dass durch die Akzeptanz, die dadurch entstanden ist, […] wir jetzt die Chance haben, ganz anders noch mal einzusteigen in die Arbeit vor Ort." (Interview Sm, Frankfurt, 24.01.2007)

Dass sich trotzdem die Erwartungen der Akteure an das Programm nicht änderten, kann wiederum auf die personelle Konstanz des Programms unabhängig von einem Wechsel der Perspektive und der Ämter zurückgeführt werden:

„Es ist doch eine gewisse personelle Kontinuität da, zwei Mitarbeiter im Jugend- und Sozialamt, in dieser Stabsstelle, waren auch früher im Wohnungsdezernat und im Wohnungsamt mit dem Projekt befasst." (Interview Qu, Frankfurt, 22.01.2007)

Aus Sicht des damaligen Dezernenten und Bürgermeisters, auf den die Entscheidung zurückzuführen ist, den Wechsel in das Wohnungsamt zu vollziehen, wurde ein solcher Wechsel nicht als Nachteil gewertet:

„Nee, nee, weil die Betreuungspersonen, die das ja real machen, […], die sind ja jeweils die gleichen. Nein, als es ins Wohnungsamt kam, da mussten die sich schon neu reinarbeiten, aber die sind ja jetzt mit ins Sozialamt gegangen. Am Ende des Tages ist es immer die Frage, wie der politische Verantwortliche, wie engagiert sich der Verantwortliche darum kümmert. So ein Wechsel ist ja normal, aber da die real arbeitenden Leute mitgegangen sind, ist das kein Problem." (Interview V, 01.02.2008)

Dass die von allen Akteuren geäußerte personelle Konstanz als Begründung dafür genannt wird, dass ein solcher Wechsel problemlos für das Programm wäre, deutet auf die Bedeutung der verantwortlichen Personen hin. Das lässt das Programm nun als Konstellation erkennen, in der das personenbezogene Vertrauen sehr ausgeprägt ist. Das wirft zugleich Fragen nach den Konsequenzen auf, wenn die zentralen Personen des Programms wechseln. Zunächst bezieht sich das auf den damaligen Dezernenten und Bürgermeister, der nach einer Niederlage in einem Wahlkampf um das Amt des Oberbürgermeisters gegen die amtierende Oberbürgermeisterin infolge der neuen politischen Ausrichtung des Kommunalparlaments nicht mehr seine Position als Dezernent innehatte:

„Vandreike hatte ja auch darauf bestanden, zu Wahlkampfzeiten damals öffentliche Veranstaltungen mit den Quartiersmanagern zu machen, was natürlich auch wichtig ist, weil man das ja auch verkaufen muss, das Programm. Sowohl als Träger muss man sich präsentieren, als auch in der Politik. Um Öffentlichkeit und öffentliche Meinung werben, dass das dann erfolgreich wird. Von Herrn B. und von Frau B. habe ich so etwas noch nicht gehört. […] Der Stellenwert von Vandreike, der ist nicht mehr da. Und wenn ich jetzt auf den Zeitraum zwischen dem Beschluss der Stadtversammlung und bis heute blicke, da ist nun ein dreiviertel Jahr rum gegangen. Klar, da gab es wieder einen Dezernentenwechsel, aber ich habe manchmal den Eindruck gehabt: ‚Interessiert die das nicht mehr, wollen die das schieben ins nächste Jahr? Ins nächste Haushaltsjahr?' Aber der Beschluss war ja schon lange da, dass man das umsetzen muss. Na klar, der nächste Dezernent war ja auch schon im Abschied Richtung Kämmerei und Oberbürgermeisteramt." (Interview Ho, Frankfurt, 25.01.2008)

Eine große Skepsis gegenüber der Leitung seitens des damals neuen Dezernenten und, nachdem dieser dann in die Stadtkämmerei gewechselt hatte, gegenüber der darauf folgenden Dezernentin, stellt sich in den Aussagen der befragten Akteure als nicht relevant dar. Vielmehr scheint das Programm heute von der politischen Ebene entkoppelt zu sein, zumal in den Quartieren, wo es sich als unpolitisch erweist bzw. als gemeinsamer Interessenspunkt aller Parteien (Interview Lg, Frankfurt, 21.01.2008). Zwar scheint das Programm im Zusammenhang mit den in Frankfurt existenten starken Strukturen gesichert und die positive Erwartungshaltung der Akteure richtet sich im Wesentlichen auf diesen und weniger auf die Person des Dezernenten wie noch zu Beginn des Programms. Dennoch tauchen hin und wieder Fragen nach dem politischen Rückhalt auf:

„Das weiß ich jetzt nicht. Und das weiß auch wohl die Stabsstelle nicht. Und das ist aber immer ein ganz zentraler Punkt, denn wenn da kein Engagement und damit auch kein Dampf drauf ist, dann verläppert es, dann besteht zumindest die Gefahr, dass es verläppert." (Interview V, Frankfurt, 01.02.2008)

Die derzeitige Ausrichtung auf Personen konzentriert sich, so die Aussagen der befragten Akteure, weniger auf die politische Ebene als auf die Ausrichtung der administrativen Ebene. Hier repräsentieren die Mitarbeiter der Stabsstelle (der früheren Steuerungsstelle) eine wesentliche Planungssicherheit, nicht nur für die Quartiermanager und die Träger, sondern auch für die lokalen Akteure, die vor Ort an der Umsetzung einzelner Projekte beteiligt sind.

Auch auf der operativen Ebene tauchen im Rahmen des kommunalen Programms immer wieder Rückgriffe auf persönliche Verbindungen auf. Die enge Verbindung zu einzelnen Personen stellt sich als sinnvolle Ergänzung zu einem stabilen institutionellen Gefüge dar, scheint aber ohne dieses nicht wirklich hinsichtlich einer stabilen Struktur zu wirken. Auf die Frage, wie wichtig personenbezogenes Arbeiten für einen Träger in Frankfurt sei, wurde unter anderem geantwortet: „Irgendwo in der Republik hieß es mal ‚Seilschaften, Klüngel', heute heißt es wohl ‚Netzwerk'." (Interview Ho, Frankfurt, 25.01.2008) und damit ein Bild gezeichnet, das auf der einen Seite die Nützlichkeit der Netzwerke betont, weil sie die tägliche Arbeit erleichtern können:

> „Gut ist da schon, dass ich den Bezirksleiter des Grünflächenamtes seit sechs Jahren kenne, weil ich früher […] mit ihm gemeinsam Projekte gemacht habe. Und er hat dann irgendwie angerufen und gefragt: ‚Wie sieht es eigentlich aus, haben sie wieder Mittel oder wollen wir nicht etwas gemeinsam machen?' Also, zum Teil läuft es schon über gewachsene Kontakte." (Interview Pl, Frankfurt, 22.01.2007)

Auf der Seite jedoch scheinen sie nicht entscheidend für die Arbeit im Rahmen des kommunalen Programms zu sein:

> „Ich weiß nicht, zumindest weiß man, wo wer sitzt und wen man ansprechen kann, um vielleicht eine Idee vorzutragen. Aber dann kommt das schon noch auf eine fachliche Ebene. Ich kann jetzt nicht irgendwo hingehen und sagen: ‚Komm gib mir mal soundso viel Euro und dann machen wir das.' Das geht ja nicht von heute auf morgen. […] Ich denke mir, zum Beispiel diese Woche, da haben wir eine Freiwilligenagentur gegründet und haben Projekte gesammelt, die wir machen wollen. Und die Kollegin, die da jetzt schon seit längerem tätig ist, hat einen Kontakt zum Schuldezernat geknüpft und hat mit dem Referenten was ausgemacht. Gut, den kenne ich eben aus dieser Arbeit der Straßensozialarbeit von vor 15 Jahren. Das ist also eine Ebene, wenn wir so sagen wollen, wo man sich trifft, wo man dann fachlich miteinander diskutiert. Aber wir hätten das auch ohne gemacht." (Interview Ho, Frankfurt, 22.01.2007)

Während hinsichtlich der Demonstration politischer Kontinuitäten eine politische Person zu Anfang wichtig war, um die Akteure auf die Sicherheit generierenden Institutionen hinzuweisen, scheint in der täglichen Arbeit des Quartiersmanagement zwar eine Personenbezogenheit existent, aber bei der Durchführung konkreter Projekte nicht Voraussetzung zu sein. Personenbasiertes Vertrauen scheint im Rahmen des kommunalen Programms institutionelles Vertrauen zu ergänzen, aber nicht zu überwiegen.

7.3 Beispiele für Unsicherheiten innerhalb der „Contratti di Quartiere"

Die Unsicherheiten in Mailand und der Versuch ihrer Reduktion durch Vertrauen können nachfolgend anhand dreier Beispiele verdeutlicht werden. Zum einen bezieht sich dies auf eine Unsicherheit, die sich aus dem Anspruch der Regionalverwaltung ergibt, über die „Contratti di Quartiere" eine Veränderung der politischen Handlungsweisen zu etablieren. So sollen Fachpolitik übergreifende, integrierte Handlungsweisen als Prinzipien einer neuen politischen Kultur innerhalb der Kommunalverwaltungen verankert werden. Mithilfe der CdQ soll also das politische System verändert werden, um angemessener auf aktuelle Herausforderungen reagieren zu können. Die Unsicherheit äußert sich für die Akteure zunächst darin, dass sie mit den neuen Prinzipien der Planung Neuland betreten und ihnen Informationen zur konkreten Etablierung und Umsetzung zunächst fehlen. Die Faktoren dieser Unsicherheit stellen sich zudem als exogene Faktoren dar und liegen damit außerhalb ihres direkten Einflusses.

Diese Unsicherheitslage stellt sich zunächst für die Regionalverwaltung der Lombardei, die den Auftrag hatte, um die neuen Prinzipien herum ein Programm auszuarbeiten und für dieses nachfolgend auf Seiten der Stadtverwaltungen und lokalen Akteure zu werben.

Die Unsicherheit der Region überträgt sich daher im Verlauf auf die anderen städtischen und lokalen Akteure, die an der Umsetzung der „Contratti di Quartiere" beteiligt sind. Hier sind es insbesondere die Labortori di Quartiere und die Quartiersmanager, für die sich eine komplexe Situation ergibt, da sie im Rahmen dieser Planungen vor der Herausforderung stehen, innerhalb einer nur kurzen Zeit die Grundzüge der neuen partizipativen Planung lokal zu etablieren. Erneut führen exogene Faktoren zu einer Unsicherheit, die sich diesmal auf die Umsetzung des Programms bezieht.

Als endogene Unsicherheit wird letztlich die unterschiedliche Auffassung der Aufgabendefinition und -abgrenzung der Laboratori di Quartiere und damit einhergehend der Stellenwert des partizipativen Elements der CdQ verstanden. Infolge der Versuche der Umsetzung reagieren die beteiligten Akteure nun in unterschiedlicher Art und Weise darauf. Die Mannigfaltigkeit der Reaktionen verdeutlicht sich in den unterschiedlichen Vorstellungen, die mit der Aufgabendefinition und -abgrenzung der Laboratori di Quartiere einhergehen. Diese Unsicherheit ergibt sich daher nicht aus dem System der „Contratti di Quartiere", sondern vermittelt sich über die Kommunikation der Beteiligten.

7.3.1 Die neue politische Kultur in Mailand

Die Region Lombardei nimmt, wie in Kapitel 6 dargestellt, eine wichtige Rolle im Rahmen der Umsetzung der „Contratti di Quartiere", insbesondere zu Beginn der Planungen, ein. Ihre Position bestimmt sich durch das starke Interesse, mithilfe der CdQ eine für sie neue „politische Kultur" innerhalb der Verwaltung der Region, aber auch in den Kommunalverwaltungen zu verankern. Diese neue politische Kultur sieht sich, so konnte in Kapitel 6 dargelegt werden, gegenläufigen Zielen insbesondere seitens der Stadtverwaltung Mailands gegenüber und ihre Verwirklichung scheint durch diese „bedroht".

Die von der Region Lombardei gewählte Strategie zur Durchsetzung ihres Ziels orientiert sich an einer Instrumentalisierung der neuen, partizipativen Elemente des Planungsprozesses. Durch diese heben sich die CdQ als Planungsinstrument von früheren Programmen ab und stellen etwas „Neues" dar. Die Region entwickelte damit einen Planungsprozess, der neben der Realisierung von planerischen Zielen die Störung etablierter Verfahrenswege vorsah. Eine solche Störung des normalen Planungsprozesses, so LUHMANN (1962, S. 638) in einem anderen Zusammenhang, eröffne die Möglichkeit, Veränderungen einzuleiten. Diese Störung verdeutlichte sich in zwei unterschiedlichen Bereichen der CdQ: Zum einen handelt es sich hierbei um die Beteiligung von Anwohnern an den Planungen, zum anderen um die sektorenübergreifende Zusammenarbeit und die Koordinierung unterschiedlicher Fachpolitiken und somit um den Kern eines integrativen Handlungsansatzes:

> „Die ‚Contratti di Quartiere' stellen ein Programm dar, mit dessen Hilfe wir besonders die lokalen Politiken beeinflussen wollen. Zum ersten Mal sieht man nun deutlich, dass es für die Region nicht mehr länger um die Verteilung von Ressourcen geht, sondern darum, einen neuen politischen Weg aufzuzeigen. Innerhalb dieses neuen Weges hat die Region […] versucht, den Aspekt der Partizipation der Bevölkerung hervorzuheben. Zentraler Angelpunkt stellt dabei für uns auch das Subsidiaritätsprinzip dar, das als eines der typischen Elemente regionaler Politik zu identifizieren ist. Grundsätzlich geht es also darum, dass die Verwaltungen für die Bürger da sind und nicht anders herum. Das ist ein wichtiges kulturelles Element, das über die Konkretisierung der Steuerung der CdQ weitergegeben werden muss." (Interview Sch, Mailand, 28.03.2007)

Beide Neuerungen zwingen die beteiligten Akteure, ihren etablierten und Sicherheit gebenden Planungsprozess aufzugeben. Doch gleichzeitig sieht sich die Region Lombardei hierdurch auch selbst mit neuen Unsicherheiten konfrontiert. Daher stellt die Störung, die sich auch für die Region Lombardei aufgrund der Einführung einer neuen Planungskultur ergibt, grundsätzlich für alle Akteure ein Risiko dar. Die Regionalverwaltung betritt hier politisches Neuland und riskiert das Scheitern ihrer Ziele. Dieses Risiko, das sich in der experimentellen Ausrichtung der CdQ niederschlägt, zeichnet sich für die Befragten deutlich ab:

> „Wir hofften auf eine gute Zusammenarbeit für die Realisierung dieses Ziels, auf der Basis einer gemeinsamen Übereinstimmung aller Beteiligten. Dieser Schritt ist natürlich viel schwieriger, weil es natürlich viel einfacher wäre, die Beziehungen zu den anderen einfach an die Verteilung von Geld zu knüpfen, also: ‚Ich gebe dir das Geld und du machst, was ich sage!'. Das, was wirklich aus der ganzen Geschichte erwächst, also was wirklich im Hintergrund passiert, wie die Sache wirklich ausgeht, dazu kann ich nichts sagen, dazu kann

niemand etwas sagen, denn das kann keiner kontrollieren. Dieses Programm ist aufgrund seiner innovativen Elemente und der Interdisziplinarität der Beteiligungen ein einzigartiger Übungsplatz, um den herrschenden Modus der Zusammenarbeit zu verändern." (Interview Sch, Mailand, 29.03.2007)

Gerade in diesem Gespräch wurde nun besonders deutlich, dass es parallel zu den „materiellen Planungszielen" noch einen Prozess „im Hintergrund" gibt. Ein solcher Hintergrundprozess wurde später noch von weiteren Akteuren bestätigt, wodurch sich der empirische Beleg für die konzeptionelle Überlegung ergibt, dass es innerhalb von integrierten Programmen neben der Ausbildung von materiellen Zielen auch zur prozesshaften Verfolgung von eher prozeduralen Zielen kommt (vgl. Kapitel 2).

Insbesondere vor dem Hintergrund der zuvor dargestellten, hohen finanziellen Eigenbeteiligung seitens der Region Lombardei und einer nicht zuletzt dadurch erwachsenen großen, öffentlichen Aufmerksamkeit, die den CdQ zuteil wird, bedeutet ein solch offen gehaltenes Programm ein erhebliches Risiko für die an der Umsetzung beteiligten Personen. Dass dieser Punkt während der Umsetzung der CdQ kaum an Bedeutung einbüßte, verdeutlichte die immer wiederkehrende Betonung der CdQ als experimentelles, exploratives Programm, das einem „Übungsplatz", einer „Sporthalle" gleiche. Der politische Druck auf die Regionalverwaltung erhöhte sich auch dadurch, dass zu Beginn der CdQ auf Seiten vieler Kommunalverwaltungen das Programm zunächst noch auf Skepsis und vielleicht auch Unverständnis stieß:

> „Das Paradoxe ist – und nun, nach vier Jahren kann man das ja auch so sagen –, dass wir eine Richtung vorgegeben hatten, finanzielle Mittel zur Verfügung gestellt hatten und auch ein Punktesystem zur genauen Bewertung kommunaler Projekte vorgaben. Und trotzdem haben nicht alle [Kommunen, Anm. d. Autors] davon Gebrauch gemacht. Manche haben tatsächlich entschieden, die Gelder lieber nicht abzufragen, wahrscheinlich weil sie auch keine Ahnung hatten, was das Ganze eigentlich sollte. Das Überraschende ist dann aber wieder, dass am Ende doch alle mitgemacht haben. Entweder doch aus freier Überzeugung, oder weil sie gemerkt haben, dass das einen Wert hat, der von uns induziert wurde. Wir haben da ein verrücktes pressing gemacht [...]." (Interview Sch, Mailand, 29.03.2007)

Die Region Lombardei sah sich gleich zu Beginn der Planungen zwei Unsicherheiten ausgesetzt: Während sich die CdQ selbst für die Region als neu und als „passaggio del tutto innovativo" (völlig innovativer Schritt, Interview Sch, Mailand, 29.03.2007) darstellten, musste zeitgleich und unabhängig dieser eigenen Unsicherheiten um die Akzeptanz der Kommunalverwaltungen für das Programm geworben werden.

Von Seiten der Region begegnete man den Unsicherheitslagen mit zwei unterschiedlichen Strategien: Indem über die Hinzuziehung und enge Zusammenarbeit mit der Technischen Hochschule Mailand Wissen von außen hinzugezogen werden konnte. In Anlehnung an OFFE (2001) kann dies als Rückgriff auf formelle Koordinationsmechanismen interpretiert werden. Durch die Übertragung fachlicher Verantwortung auf externe Experten vertraute die Regionalverwaltung in die Institution des universitären Wissens und damit in ein fremdes Expertensystem. Doch zugleich wurde dieser formelle Koordinationsmechanismus durch eine Reihe personenbezogener Mechanismen ergänzt. So entwickelte sich zwischen diesen Beteiligten eine Reihe persönlicher Verbindungen. Im Laufe mehrerer Treffen wurde diese persönliche Ebene ausgebaut und so konnten gegenseitige personenbezogene Erwartungen aufgebaut werden. Bezogen auf die Hinzuziehung externer Experten stellt sich die Reduktion der Unsicherheitslagen daher als Zusammenspiel von formellen und informellen Koordinationsmechanismen dar.

Zudem veränderte die Regionalverwaltung ihre eigene Rolle gegenüber den Kommunalverwaltungen nach eigenen Aussagen dahingehend, dass sich die Region nun unabhängig von der hierarchischen Positionierung innerhalb des administrativen Mehrebenensystems, das sich zuletzt in der Ausschreibung der „Contratti di Quartiere" niederschlug, als eine Art „Begleiter" oder „Berater" für die kommunalen Verwaltungen bei der Durchführung der CdQ versteht. So entwickelte die Region eine Rolle, die sie selbst als „una forma die accompagnamento alle amministrazioni" (eine Form der Begleitung, Interview Sch, Mailand, 29.03.2007) bezeichnet. Die Regionalverwaltung entschied sich damit gegen jenen formellen Mechanismus, den OFFE (2001) in der Ausübung demokratisch legitimierter Macht sieht, zugunsten eines partnerschaftlichen, paritätisch orientierten, informellen, kommunikativen Ansatzes zu den Kommunalverwaltungen, die „wie wir so etwas ja auch noch nie gemacht hatten" (Interview Sch, Mailand, 29.03.2007). Diese neue Rolle wurde auch dadurch unterstrichen, dass beispielsweise durch zwar nicht oft, dennoch regelmäßig stattfindende Veranstaltungen, in denen die Region eine Art von kommunaler Fortbildungen anbot, sie sich selbst auf Seiten der „Lernenden" beteiligte und somit eine gemeinsame Ebene mit den Kommunen herzustellen versuchte. Diese Veranstaltungen sollten eine Gemeinschaftlichkeit im Umgang mit dem „neuen" Programm symbolisieren und die Aufmerksamkeit weg von alt-hierarchischen Strukturen lenken.

Auch hier greift anstatt eines formellen Mechanismus ein informeller. Im Unterschied zur Heranziehung von Expertenwissen basierte dieser allerdings hier nicht auf konkreten Personen und damit auf die mit der Kopräsenz einhergehenden „facework commitments" (GIDDENS 1980/1996, S. 105, siehe auch WAGENBLASS 2004, S. 60), sondern vielmehr auf „faceless commitments" (ebenda), bei denen das Vertrauen in die Leistungsfähigkeit von Expertensystemen und ihr Fachwissen gesetzt wird.

Nicht nur im Verhältnis zu den Kommunalverwaltungen erwies sich dieses auf informellen Koordinationsmechanismen basierende System als durchaus fragil und anfällig. Auch innerhalb der Regionalverwaltungen erforderte die erweitere, integrierte Sichtweise der Direktion für Wohnungspolitik eine institutionelle Eingliederung in die Wirkungsweise der anderen Abteilungen und Politiken. Während versucht wurde, auf einem eher informellen Weg für Verständnis für einen Wandel zu werben, fehlte eine institutionalisierte Entsprechung des Wandels:

> „Wahrscheinlich müssten auch wir als regionale Verwaltung eine größere Aufmerksamkeit gegenüber jenen Instrumenten haben, die unabhängig von dem Aspekt der Freiwilligkeit diese Sache besser strukturieren. Auch, weil wir schließlich die Macht dazu haben, zu normieren, also Regeln und Gesetze zu erlassen. Das ist sicherlich eine Frage, auf die wir hier früher oder später noch stärker zurückkommen müssen. Auch deshalb, weil wir selbst [bezieht sich hier nun direkt auf die eigene Direktion für Wohnungspolitik, Anm. d.Autors] in eine Struktur eingebettet sind, in der wir ja nur als ein Teil neben den anderen Direktionen auftreten können. [...] Viele der Dinge, die wir passieren sehen, sind das Resultat des langfristigen Einflusses von Normen, Regularien und Gesetzen. Und wahrscheinlich reicht es also nicht aus, nur auf der Ebene der Freiwilligkeit anzusetzen, wenn gleichzeitig die alten Mechanismen der Regularien und Gesetze weiterhin eine Veränderung blockieren. Man sollte daher auf beiden Ebenen ansetzen." (Interview Sch, Mailand, 28.03.2007)

Einer der Bereiche, in denen das Fehlen solcher Regularien und Normen deutlich zu Tage trat, stellte die Finanzierung sozialer Aktivitäten im Rahmen der CdQ dar. Zwar nahmen sie als Auslöser der oben skizzierten „Störung" eine zentrale Stellung innerhalb des Programms ein, um die Interessen und Ziele der Region gegenüber den anderen Akteuren zu realisieren. Paradoxerweise hatte es die Region allerdings vernachlässigt, diesen Faktor, der für sie eine tragende Rolle einnimmt, in geeigneter Art und Weise gegenüber außen abzusichern. Dadurch, dass dieser Part nun durch die Ko-Finanzierung seitens der Kommunen erbracht werden musste und damit exakt durch jene Akteure, die man eigentlich mit seiner Hilfe beeinflussen wollte, wurde die Realisierung der Ziele der Region gefährdet.

> "Also das [die Finanzierung sozialer Aktivitäten innerhalb der CdQ, Anm. d. Autors] fehlt in unserem Konzept. Wir haben da wohl auf halbem Wege angehalten, weil wir einfach kein Geld dafür gefunden haben. Auch nicht von den anderen Direktionen. Aber glücklicherweise haben sich bislang eigentlich die Kommunen darüber nicht beschwert." (Interview Sch, Mailand, 28.03.2007)

Diese Einschätzung seitens der Regionalverwaltung kann durch die mit anderen Akteuren geführten Interviews nicht bestätigt werden. Tatsächlich wird das Fehlen einer direkten

Finanzierung der sozialen Aktivitäten als deutliches Zeichen gewertet, sowohl von Seiten der Quartiersmanager, die sich dadurch in weitere finanzielle Abhängigkeiten gedrängt sahen, zunächst zur regionalen Wohnungsbaugesellschaft A.L.E.R., später zur Stadtverwaltung Mailands. Gleichzeitig benutzt die Stadtverwaltung diesen Umstand dazu, nachträglich eine Finanzierung in nicht-investive, soziale Maßnahmen zu verringern, mit dem Argument: „Eine Finanzierung sozialer Aktivitäten in den Quartieren ist in den CdQ ja gar nicht vorgesehen!" (Interview Gt1, Mailand, 14.03.2007; auch noch über ein halbes Jahr nach dieser Aussage konnte eine solche Argumentation häufig angetroffen werden, s. Interview Gal, Mailand, 01.10.2007).

Die Unsicherheitslage auf Seiten der Regionalverwaltung der Lombardei und speziell der dortigen Direktion für Wohnungspolitiken kann zusammenfassend auf das unausgeglichene Zusammenspiel von informellen und formellen Koordinationsmechanismen reduziert werden. Während auf der einen Seite personenbasierte Beziehungen effektiv genutzt werden konnten, um die eigenen Ziele unter Hinzuziehung externer Expertensysteme zu sichern, wurden Schritte unternommen, die einen Abbau von Unsicherheitslagen eher erschwerten, als erleichterten. So wurde versucht, durch den Einsatz informeller Mechanismen von Kommunikation und „Freiwilligkeit" die Stadtverwaltungen von der Beteiligung an einem neuen und komplexeren Weg der Programmumsetzung zu überzeugen, ohne dass dabei allerdings personenbasierte Koordinationsmechanismen aufgebaut wurden. Der Verzicht auf formelle Mechanismen lässt insoweit erahnen, dass die Ziele der Region nicht erreicht werden konnten, als dass der entscheidende Störmechanismus, über den eine Beeinflussung der Akteure erfolgen sollte, nicht länger der formellen Kontrolle der Region unterstand.

7.3.2 Der Faktor Zeit

Die Planungen der „Contratti di Quartiere" teilen sich in drei Phasen auf, denen eine weitere Bewerbungsphase der einzelnen Viertel vorgeschaltet wurde. Die einzelnen Phasen sind eine erste so genannte „fase preliminare" (Vorbereitungsphase), gefolgt von einer das Programm definierenden „fase definitiva" und schließlich einer Ausführungsphase, der „fase esecutiva". Das entspricht der gängigen Dreiteilung der Durchführung von Planungen aller Art und ist vergleichbar mit der in Deutschland gebräuchlichen Phaseneinteilung in Entwurfsplanung, Ausführungsplanung und Bauplanung. Die CdQ sind somit eingebettet in einen formalen Planungsprozess, der u. a. einen klar strukturierten, zeitlichen Rahmen aufweist.

In jedem der fünf Programmgebiete wurde zu Beginn der fase preliminare ein Quartiersmanagement etabliert, mit dessen Leitung externe private Firmen beauftragt wurden (vgl. Kapitel 6). Sie hatten zu Beginn die Aufgabe, auf der Basis eines Konzeptes, das die Grundlage der Bewerbung der Stadt Mailand und A.L.E.R. um die „Contratti di Quartiere" darstellte, nun ein konkretisierendes Konzept auszuarbeiten, das entsprechend den regionalen Anforderungen die Einbindung und Partizipation der Bevölkerung vorsah. Die Grundlage, die als Ausgangspunkt genommen wurde, war zuvor von der oben erwähnten Gruppe von Stadtplanern der Technischen Hochschule Mailand ausgearbeitet worden:

> „In dieser Bewerbungsphase haben die Stadt Mailand und A.L.E.R. zusammen einen externen Berater hinzugezogen – wieder die Technische Hochschule Mailand. Die sind mit ihrer Gruppe hierher gekommen, nicht nur hierher, sondern die haben sich um alle fünf Quartiere gekümmert. Dann haben sie ihre Untersuchungen gemacht, die Vereine und Organisationen angehört, die Situation überblickt und dann die vorläufige Bewerbung geschrieben. Also, die Technische Hochschule hat das Projekt ausgearbeitet, A.L.E.R. und die Stadtverwaltung haben es der Region präsentiert, die wiederum dem Ministerium, das Ministerium hat ‚ok' gesagt: alle haben gewonnen. So weit war alles gut. Dann erst sind wir in das Viertel gekommen und haben gemerkt, das Projekt gibt es ja schon. Wir konnten ja nun nur noch den Inhalt füllen." (Interview AR, Mailand, 05.03.2007)

Problematisch war zudem, dass diese erste Phase zeitlich sehr kurz bemessen war und unmittelbar auf der Bewerbungsphase der „Contratti di Quartiere" aufbaute. Für die erste Phase, die „fase preliminare", stand den Quartiersmanagern ein Zeitraum von nur wenigen Monaten zur Verfügung. Diese zeitliche Eingrenzung wurde von den Quartiersmanagern als zu kurz eingeschätzt und als Zwang ausgelegt:

> „Wir sind hier als Quartiersmanager im Mai 2005 in das Viertel gekommen. Das war die Vorbereitungsphase, in der wir einen Piano di Accompagnamento [Begleitungsplan[13], Anm. d. Autors] ausarbeiten sollten. Das war noch von A.L.E.R. finanziert, die ersten sechs Monate, also bis Dezember. Neben der Ausarbeitung des Piano di Accompagnamento nutzten wir die Zeit, um das Viertel kennen zu lernen. Also wir sind erst im Mai hierher gekommen und im Dezember 2005, Januar 2006 gab es schon die nächste Phase des Contratto di Quartiere, für den wir dann den richtigen, endgültigen Piano di Accompagnamento Sociale vorlegen mussten. […] Zuerst haben wir also eine Reihe von Treffen organisiert, mit allen Organisationen, die in diesem Quartier bereits waren. […] Also, mit den Personen die hier in den öffentlichen Einrichtungen der Stadt arbeiten, auch mit den Vertretern von A.L.E.R. natürlich und auch

---

13 Der Piano di Accopagnamento Sociale stellt den Kern der Partizipation der örtlichen Bevölkerung dar. Mit ihm werden allerdings unterschiedliche Inhalte verbunden. Auf der einen Seite beinhaltet er den Anspruch eines weitgehenden Partizipationsprozesses, auf der anderen Seite sollte er das Ziel verfolgen, die Bevölkerung beim Auszug aus ihren Wohnungen zu unterstützen, damit diese renoviert werden konnten.

> mit allen Organisationen, Kooperativen, ehrenamtlichen Vereinen. […] Und was ist dann passiert: manche haben uns geantwortet: ‚Ach wie schön, dieses Programm!', aber die meisten haben eigentlich gleich gesagt; ‚Ich werde von hier niemals weggehen; der Umbau der Wohnungen interessiert mich nicht!' Aber verstehst du, wir hatten gar keine Zeit auf diese Konflikte einzugehen und das vorläufige Konzept zu überarbeiten. Daher sind heute das vorläufige und das definitive Projekt quasi identisch. Und dann ist es aufgrund von vielen Problemen mit den Anwohnern dazu gekommen, dass gesagt wurde, dass das definitive Projekt doch noch nicht so richtig definitiv sei und dass man das noch modifizieren könne. Aber dann wusste wirklich niemand mehr, was man jetzt noch machen konnte und was nicht." (Interview AR, Mailand, 05.03.2007)

Eine erste Unsicherheitslage generierte sich aus der straffen zeitlichen Planung, die mit den eigenen professionellen Ansprüchen der Quartiersmanager kollidierte. Dass es hierbei allerdings auch zu Ausnahmen kam, zeigte das Beispiel in San Siro. In wenigen Wochen wurde es in einem konstruktiven, konfliktträchtigen Prozess gemeinsam mit den Akteuren geschafft, die bestehenden Planungen im Rahmen eines Partizipationsprozesses zu modifizieren. So limitierend auch hier die zeitliche Begrenzung gesehen wurde, konnte man dieser dennoch auch positive Effekte abgewinnen:

> „Auf dem Papier steht geschrieben Accompagnamento sociale e partecipazione. Und sie stellen sich darunter zwei Dinge vor: Zum einen, dass die Durchführung der einzelnen Projekte des CdQ zusammen mit den Anwohnern gemacht würde. Dafür sah der CdQ aber nur drei Monate vor. In diesem Fall, hier in San Siro, führte das aber zu einer extrem interessanten Situation. Eigentlich war nämlich vorgesehen ein Gebäude abzureißen, 135 Familien umzusiedeln und anstelle des alten ein neues Gebäude zu errichten. Aber hier wurde nun eine wirkliche partizipative Planung durchgeführt. Denn die Anwohner waren sehr sauer über diese Entscheidung, die Gewerkschaft hat sie in ihrem Protest unterstützt und auch A.L.E.R. war sehr elastisch und hat gemerkt, dass man das nicht mit starker Hand durchziehen kann. Und so schafften wir in nur drei Monaten eine Lösung, zwischen Juni und September 2005 mit dem ganzen August dazwischen… Am 28.05.2005 sind wir hierher gekommen und sofort haben uns alle angegriffen, weil sie nun erwarteten, dass wir sofort loslegen würden. Aber in diesen drei Monaten haben wir wirklich vielleicht die wichtigste Sache durchgeführt: großer Konflikt aber auch große Mediation und letztlich Wiederaufnahme und Veränderung der Planungen. Jetzt werden vier Treppenhäuser saniert, aber nicht das gesamte Haus abgerissen, und nun werden nur noch 50 Familien umgesiedelt. Das war ein Kompromiss, der aus dem Konflikt hervorging." (Interview SC, Mailand, 09.03.2007)

Die zeitliche Begrenzung der Vorbereitungsphase auf nur wenige Monate hatte nicht nur zur Folge, dass den Quartiersmanagern selbst kaum Zeit blieb, sich in die lokalen Gegebenheiten einzustimmen, da sie als Externe nicht über das nötige Vorwissen verfügten. Das zeitliche Limit wurde insgesamt als Zeichen dafür ausgelegt, dass dem Programmpunkt der Partizipation von Seiten der „kontrollierenden" Stellen, als die in allen Fällen einstimmig die Stadt Mailand und die Wohnungsbaugesellschaft A.L.E.R. identifiziert wurden, keine große Bedeutung beigemessen wurde: „Wenn man Partizipation wirklich machen möchte, dann gibt man dem ganzen mehr Zeit!" (Interview SC, Mailand, 09.03.2007), war der Tenor der Quartiersmanager. Zwar konnte in einem Fall wenigstens der zeitliche Zwang konstruktiv genutzt werden, spätestens zu diesem Zeitpunkt aber sanken die Erwartungen seitens der Quartiersmanager in die Absicht der regionalen und kommunalen Verwaltungen, dem partizipativen Ansatz im Rahmen der CdQ ausreichend Raum zu geben.

7.3.3 Aufgabendefinition der Laboratori di Quartiere

> „Letztes Mal bei der Versammlung des Consiglio di Zona, da stand ein älterer Herr auf und, während die Politiker über Links und Rechts debattierten – was die Rechte macht und was macht die Linke macht –, da sagte er: ‚Ihr redet immer nur über Rechts und Links, aber wo ich wohne, da gehen die Aufzüge rauf und runter und nicht links und rechts. Und jetzt gehen sie nicht mehr!'. Und das sind eben die wahren Probleme, praktische Dinge, und hier sehen wir uns als Vermittler." (Interview Be, Mailand, 23.03.2007)

Bezüglich der Aufgabendefinition der Quartiersmanager lassen sich drei unterschiedliche Sichtweisen identifizieren. Zwei der fünf mit dem Quartiersmanagement beauftragten Firmen sehen ihre Aufgabe auch darin, eine Gemeinschaft im Quartier zu entwickeln. Dem Entwicklungsprogramm fällt hier die Funktion zu, die Anwohner durch diesen äußeren Anlass in eine Situation zu versetzen, ihr Miteinander stärker auszubilden. Durch den Rückgriff auf Prozesse, die sich unter dem Schlagwort des Empowerment zusammenfassen lassen, versucht ein solcher Ansatz, an den Ursachen für soziale Exklusion anzusetzen. Andere Quartiersmanager beziehen ihre Aufgabe eher auf einen Aspekt der sozialen Exklusion. Sie wollen den Anwohnern eine Möglichkeit geben, sich an den Planungen zu beteiligen und sehen sich daher als Vermittler zwischen den städtisch-staatlichen Einrichtungen und den Bewohnern. Diese Sichtweise wird kontrastiert von jener der Stadtverwaltung und der Wohnungsbaugesellschaft, die das Quartiersmanagement als eigenen verlängerten Arm im Quartier sehen und ihm die Aufgabe zusprechen, einen möglichst reibungslosen Ablauf der investiven Maßnahmen zu ermöglichen.

Derart gegensätzliche Perspektiven, die sich mit dem Quartiersmanagement verbinden, werden nicht erst im Rahmen der CdQ deutlich. Bereits vorher, in früheren anderen Programmen, wurde die Funktion und Aufgabe des Quartiersmanagements stark diskutiert. Die Unsicherheit der Quartiersmanager resultierte daher nicht nur aus der zeitlichen Begrenzung der ersten Programmphase, sondern auch aus zurückliegenden Erfahrungen im Umgang mit der Stadtverwaltung und der Wohnungsbaugesellschaft A.L.E.R.. So waren mindestens zwei der privaten Firmen, denen das Quartiersmanagement der CdQ übertragen wurde, bereits in früheren Programmen mit einem Quartiersmanagement in anderen Stadtvierteln beauftragt gewesen. Aus diesen konkreten Erfahrungen resultierte eine schwach ausgeprägte positive Erwartungshaltung in das Handeln seitens der Stadt und A.L.E.R.. Eine wesentliche Beeinflussung kann aber darüber hinaus der in Kapitel 6 bereits angesprochenen, grundsätzlichen und allgemeinen Einschätzung der Mailänder Verwaltungskultur zugesprochen werden, die sich unabhängig konkreter Personen entwickelte und von all jenen Akteuren geteilt wird, die sich bereits seit langem mit den benachteiligten Quartieren der Stadt auseinandersetzen und natürlich ihre über die Jahre gewonnenen Vorbehalte nun mit in die Ausführung der CdQ einfließen ließen:

> „Weil es in Mailand nie wirklich eine Kultur des so genannten integrierten Plans oder eines integrierten Programms zur Aufwertung [wörtlich: programma di riqualificazione, Anm. d. Autors] im eigentlichen Sinne gegeben hat. So gesehen ist Mailand nie wirklich die Stadt gewesen, die sich ganzheitlich den Problemen der Krisenquartiere zugewandt hätte. Man hat sich zwar stets mit den Problemen in den Quartieren auseinandergesetzt, aber wenn es etwas zu beheben gab, gut, dann hat man es eben technisch behoben […]. Alles war immer sehr nach Fachpolitiken und Zuständigkeiten organisiert, die drehten sich immer um das einzelne Problem." (Interview Ro, Mailand, 21.03.2007)

Die Quartiersmanager sahen sich in diesem Umfeld einer weiteren Unsicherheitslage ausgesetzt, die aus den eigenen Ansprüchen und Vorstellungen resultierte, auf welche Art sie nun eine partizipative Planung in den Quartieren durchführen wollten und konnten. Hierbei sahen sie sich den Vorstellungen der Geldgeber, in deren finanzieller vertraglicher Abhängigkeit sie sich ja befanden, gegenüber gestellt. Hinzu kamen institutionelle Hindernisse, sowie gegensätzliche Interessen weiterer Akteure.

Neben den oben erwähnten zeitlichen Einschränkungen wurde zunächst die fehlende Flexibilität der planerischen Rahmenbedingungen thematisiert:

> „90 Tage ist nicht genug Zeit, um die Meinungen zu sondieren und eventuell Neues zu machen – auch wenn es hier in diesem Fall ganz gut ging. Wenn man eine partizipative Planung machen möchte, muss man einfach mehr Zeit haben. Und zweitens muss man auch die Voraussetzung überhaupt haben die bestehenden Planungen auch ändern zu können. Aber wenn der Architekt sagt: ‚Das musste ich so machen, weil es gibt da einen Plan, der ist größer als das

> Quartier hier, an den muss ich mich halten!', dann kann man einfach nichts
> mehr verändern." (Interview SC, Mailand, 09.03.2007)

Eigene Vorstellungen sahen sich zudem dem Widerstand der Stadtverwaltung und der Wohnungsbaugesellschaft ausgesetzt:

> „Also habe ich ja am Anfang die Idee gehabt, im Rahmen des CdQ [...] ein
> Zentrum einzurichten, in dem alle Stricke zusammenlaufen und wo die Menschen einen Ansprechpartner finden. Das wurde mit großem Enthusiasmus
> seitens der Bewohner aufgefasst. [...] Es fehlt nämlich komplett eine Koordinierungsstelle, die die lokalen Akteure und Ressourcen zusammenführt. Dadurch werden auf der einen Seite Ressourcen verschwendet, auf der anderen
> Seite ist es für die Anwohner manchmal sehr verwirrend, weil plötzlich die
> Zuständigkeiten nicht mehr klar verteilt erscheinen. Wenn sie einen Ansprechpartner brauchen, werden sie dann nur herumgeschickt. Unser erster Ansatz
> war es daher, ein einziges Zentrum im Quartier zu etablieren, in dem alle Fäden der Sozialarbeit zusammengeführt werden. [...] Das war mein persönliches Ziel, aber es erwies sich als ‚Science Fiction', denn in diesem Moment
> des Programms stellte sich unsere Arbeit als in kompletter Krise befindlich
> heraus. Denn plötzlich merkten wir, dass wir gar nicht damit beauftragt waren,
> eine solche Sache zu realisieren. Der Contratto di Quartiere war etwas ganz
> anderes. Da hieß es nur: ‚Das sind die Planungen der Vorhaben, ihr habt jetzt
> die Anwohner darüber zu informieren!'" (Interview Be, Mailand, 23.03.2007)

Der politische Wille zur Partizipation seitens der Stadtverwaltung und der Wohnungsbaugesellschaft wurde von den befragten Quartiersmanagern bezweifelt:

> „Die Planer der Technischen Hochschule hatten da ein hervorragendes Projekt vorgelegt. Und die Stadt dachte da einfach ein bisschen Geld hineinzugeben und fertig. [...] Am Anfang haben sie uns da ganz klar gesagt: Im Contratto ist dieses und jenes vorgesehen, ihr könnt nun noch entscheiden, welche
> Farbe die Häuser haben sollen. Das können dann die Anwohner entscheiden:
> ob gelb oder grau oder beige – nicht einmal ob blau [...]." (Interview Be, Mailand, 23.03.2007)

Dies führte bei einigen Quartiersmanagern zu einem persönlichen, professionellen Dilemma:

> „Ich habe eine große persönliche Leidenschaft für diese Aufgabe. Aber es enttäuscht mich, wenn ich dann nur noch die Aufgabe zugeteilt bekomme, die
> Ausführungen der Planungen zu erleichtern, also die Bewohner ruhig zu stel-

len. [...] Die Stadtverwaltung hatte eine Vorstellung und sagte: ‚Ihr sollt das Image, die Ideen der Stadt Mailand in die Quartiere tragen!' Wir waren also de facto der verlängerte Arm der Kommune, der wir gar nicht sein wollten. [...] Unsere Ansicht war auf der einen Seite, dass wir nicht die Kommune sind, sondern ein Berater der Kommune. Auf der anderen Seite galt unser Interesse den praktischen Problemen der Anwohner. Denn unserer Meinung nach wäre es besser, jenen gegenüber, die von der Stadtverwaltung enttäuscht sind, als ein Partner, als Vermittler zu begegnen, der eine konstruktive Verbindung zur Stadt herstellen kann und quasi moderiert." (Interview Be, Mailand, 23.03.2008)

Hinsichtlich der Funktion des Quartiersmanagement kam erschwerend hinzu, dass das Quartiersmanagement sich in finanzieller Abhängigkeit zunächst der Wohnungsbaugesellschaft, später dann der Stadtverwaltung befand:

„Nein, wir sind nicht die Kommune! Natürlich sind wir ein Büro, das von der Kommune finanziert wird. Und natürlich können wir nicht sagen, dass wir mit der Kommune nichts zu tun hätten. Aber wir sind diejenigen, die vermitteln müssen zwischen der Stadtverwaltung und den Anwohnern, die konkrete Probleme haben." (Interview Be, Mailand, 23.03.2008)

7.4 Vertrauen in integrierten Entwicklungsprogrammen
7.4.1 Personenbasiertes und institutionelles Vertrauen in den Fallstudien

Zu Beginn der Untersuchung der Vertrauenskonstellationen in beiden Fallstudien wurde zwischen personenbasiertem und institutionellem Vertrauen unterschieden (vgl. Tabelle 6). In beiden Fallstudien tauchen beide Formen von Vertrauen auf. Dabei stellen sie sich nicht als unabhängig voneinander dar, sondern vielmehr als sich gegenseitig beeinflussend. Beide Formen von Vertrauen zielen darauf ab, für die Akteure Handlungssicherheit zu schaffen und Unsicherheiten im Alltag abzubauen.

Besonders deutlich wurde dies zunächst im Frankfurter kommunalen Entwicklungsprogramm. Auf der städtischen Steuerungsebene des Programms wurde zu Beginn Vertrauen in zwei Institutionen aufgebaut, die, so die Erwartung der Verantwortlichen, komplexitätsreduzierend wirken und Sicherheit bilden. Es handelt sich hierbei um die Funktion, die die Wohlfahrtsverbände innerhalb des bundesdeutschen Sozialstaats einnehmen, also das System der freien Wohlfahrtspflege. Das Vertrauen der damaligen politischen Entscheidungsebene bestand konkret in der Erwartung positiver Effekte durch die Einbindung der Verbände in die Steuerung des Programms. Als zweites Argument wurde genannt, dass sich durch die Beteiligung mehrerer Verbände positive Konkurrenzen entwickeln würden, die zur gegenseitigen Kontrolle der einzelnen Träger führen sollten.

Zunächst sind es formelle Koordinationsmechanismen, die die gemeinsame Arbeit absichern: Die Stadt Frankfurt sah für sich ausreichend Sicherheit, da sie als staatlicher Akteur über die Hoheit verfügt, auf der Basis von Marktmechanismen den Trägern Aufträge zukommen zu lassen, die mit der Finanzierung dieser verbunden sind. Die Träger, so stellt sich die Lage zunächst dar, befinden sich damit in einer starken, regulierenden Abhängigkeit von der Stadt und würden aus diesem Grunde allein den Anforderungen und Sichtweisen der Stadt folgen. Aus den Interviews wird allerdings ersichtlich, dass diese

Tab. 5: Personenbasiertes und institutionelles Vertrauen in Frankfurt und Mailand

	Frankfurt	**Mailand**
Personenbasiertes Vertrauen	Personelle Kontinuität Akteure sind sich überwiegend bekannt Ständige quartiersübergreifende Kopräsenz Kaum Konkurrenzen Klare Kommunikationswege Geringe Interdisziplinarität, fast alle Akteure kommen aus dem Bereich der Sozialarbeit	Personelle Diskontinuitäten Akteure sind sich teils bekannt Keine quartiersübergreifende Kopräsenz Starke Konkurrenzen Unklare Zuständigkeiten und keine klaren Kommunikationswege Hohe Interdisziplinarität, Personen kommen aus unterschiedlichen fachlichen Bereichen
Institutionelles Vertrauen	Keine Instrumentalisierung durch die Politik System Wohlfahrtspflege Frankfurter Sozialer Frieden Hierarchiestruktur wurde im Laufe aufgelöst; Kaum Neuschaffung von Institutionen, bestanden schon vorher Aufgabe des Quartiersmanagement wird von allen Beteiligten geteilt	Programm wird von der Politik instrumentalisiert Keine historische Basis, eher problematisches Erbe Hierarchiestruktur wurde im Laufe verstärkt Versuch, neue Institutionen zu schaffen, bestanden vorher nicht Aufgabe des Quartiersmanagement größtenteils unklar
Zusammenwirken	Ausgeprägtes personenbasiertes Vertrauen, basiert auf stark ausgeprägtem institutionellem Vertrauen, das auf Institutionen aus der Zeit vor dem Programm zurückgeführt werden kann	Ausgeprägtes personenbasiertes Vertrauen, findet keine Ergänzung durch institutionelles Vertrauen, das kaum bis gar nicht ausgeprägt ist

Quelle: Eigene Darstellung

Konkurrenz zwischen den Trägern selbst überwunden werden konnte und damit dieser Koordinationsmechanismus nicht mehr griff. Eine einseitige Abhängigkeit des Träger von der Stadt Frankfurt konnte bei genauer Betrachtung in Frage gestellt werden, nicht zuletzt dadurch, dass die Stadt auf die Ressourcen der Träger des QM zurückgreifen musste, um ihr Programm erfolgreich zu lancieren. Die Wohlfahrtsverbände und die Stadt Frankfurt fanden sich damit auf einer Ebene gegenseitiger Abhängigkeit wieder. Formelle Mechanismen, wie etwa die einmalige Formulierung und Unterzeichnung des Vertrages konnten hier nicht weiterführen.

An dieser Stelle wird die Aufmerksamkeit auf informelle Koordinationsmechanismen gelenkt. Hier ergab die Unterscheidung in personenbasiertes Vertrauen und institutionelles Vertrauen, dass ergänzend zu den formellen Mechanismen, Kopräsenz und direkte Kommunikation der Akteure untereinander die notwendige Sicherheit generierten. Das personenbezogene Vertrauen der befragten Akteure richtete sich auf einzelne Personen aus und wurde von Kommunikationen und Kopräsenz genährt. Über das Wissen um eine direkte Durchwahl etwa und die betreffende Person, die am anderen Ende der Leitung den Telefonhörer abnimmt, oder das Kennen einer Person aus einem anderen, früheren Projekt, vollzieht sich eine personenbezogene Kommunikation, als deren Grundlage das Wissen über die Reputation der Beteiligten angesehen werden kann, welches sich wiederum aus positiven Erfahrungen in der Vergangenheit ergibt und nun die Erwartung in das Eintreten eines positiven Ereignisses in der Zukunft rechtfertigt. Gleichzeitig zur personenbasierten Reputation stellen das Wissen und Kennen eines routinierten Ablaufs ebenfalls ergänzend einen wichtigen Faktor dar, der zur Bildung von Vertrauen in Frankfurt beiträgt. Eine Voraussetzung für den Aufbau einer positiven Reputation und die Sicherheit, innerhalb routinierter Abläufe richtig zu agieren, ist dabei der Faktor Zeit. Innerhalb des Frankfurter Entwicklungsprogramms ist auffallend, dass die beteiligten Personen sowohl auf Seiten der Stadt als auch auf Seiten der Träger und der Quartiersmanager, aber auch anderer Akteure, bereits seit vielen Jahren und nicht selten Dekaden in diesem Bereich tätig sind. Das Frankfurter Entwicklungsprogramm kann damit auf eingespielte Arbeitsabläufe zurückgreifen, die auf der Ebene von Personen gebildet werden, sich darüber hinaus aber als Routinen institutionalisierten.

Innerhalb des kommunalen Entwicklungsprogramms „Soziale Stadt – Neue Nachbarschaft" lässt sich daher zunächst durchaus eine starke Fokussierung auf Personen feststellen, die den befragten Akteuren bekannt sind und deren Reputation eingeschätzt werden kann. Wie oben erwähnt, ist es vor allem die anfängliche Ausrichtung auf politisch aktive Persönlichkeiten, die die Erwartungen der befragten Akteure in das Programm vereint.

Im Laufe des Programms nehmen allerdings diese personenbezogenen Mechanismen merklich ab. Zwar wird weiterhin die personelle Konstanz auf Seiten der Stabsstelle der Stadt Frankfurt von allen befragten Beteiligten als positiv und wichtig hervorgehoben, es ist aber merkbar, dass sich mittlerweile funktionierende Routinen ausgebildet haben, in die ihrerseits nun die Akteure ihre Erwartungen setzen. Der Hintergrund dafür ist in der Tatsache zu sehen, dass diese Routinen nicht gänzlich neu sind, sondern bereits vor der Lancierung des Programms bestanden. Hier sind informelle, stadtweite Abkommen wie etwa der erwähnte Vertrag für den Sozialen Frieden in Frankfurt zu nennen, aber vor allem das etablierte Zusammenspiel zwischen der Stadt Frankfurt und den Trägern der freien Wohlfahrtsverbände.

Personenbezogenes Vertrauen scheint wichtig für die erfolgreiche Umsetzung des Frankfurter Programms, allerdings wird es an entscheidenden Stellen von institutionellem Vertrauen wenn nicht abgelöst, so doch wenigstens ergänzt. Das kommunale Entwicklungsprogramm in Frankfurt profitiert wesentlich von etablierten Strukturen und die Auswahl der Wohlfahrtsverbände deutet darauf hin, dass hier gezielt dieses Potenzial genutzt wurde.

Im Gegensatz hierzu vermittelt das Mailänder Entwicklungsprogramm ein anderes Bild. Die „Contratti di Quartiere" sehen sich im Unterschied zum Frankfurter Programm und bezogen auf den Untersuchungszeitraum mit sehr viel größeren Problemen konfrontiert, die sich vor allem vor dem Hintergrund einer nur in Ansätzen funktionierenden Kooperation der Akteure ergeben. Zu einem ähnlichen Schluss kommt auch GRANATA (2005), die die Kooperation im Rahmen der „Contratti di Quartiere" als sich in einem „Regime von Unsicherheit" vollziehend beschreibt. Als Konsequenz deutet sie auf den Mangel an Vertrauen hin.

Grundsätzlich war mit den CdQ ein politischer Anspruch verbunden, eine neue Politik in der Stadt Mailand zu etablieren. Dieses Ziel sollte zu einem veränderten institutionellen Arrangement führen, innerhalb dessen die beteiligten Akteure kooperativ zusammen finden. Für die Realisierung dieses Zieles wurde die soziale Frage innerhalb des investiven Programms instrumentalisiert. Zunächst wurde das von der Regionalverwaltung formulierte Ziel von vielen Akteuren, vor allem in den Quartieren, begrüßt und zugleich mit hohen positiven Erwartungen verknüpft. Diese Erwartungen konzentrierten sich dabei allerdings nicht, wie in Frankfurt, auf einzelne Entscheidungsträger, wenngleich auch die lombardische Version der CdQ auf wenige Personen innerhalb der Regionalverwaltung zurückzuführen ist. Aufgrund fehlender Kopräsenz und kaum vorhandener personenbasierter Kommunikation traten diese Personen auf der Quartiersebene kaum in Erscheinung. Damit konzentrierten sich die Erwartungen vor allem auf die Inhalte und Vorgaben, die von der Regionalverwaltung ausgearbeitet wurden. Diese Erwartungen wurden ein erstes Mal enttäuscht, als bekannt wurde, dass das Finanzierungskonzept der Region sich nicht deckungsgleich mit den inhaltlichen Ansprüchen gestaltete und daher soziale Aktivitäten nicht durch die regionale Finanzierung gedeckt zu sein schienen. Viele der befragten Akteure wiesen immer wieder erklärend für ihre tiefe Skepsis auf dieses Versäumnis der Region hin, wenngleich die Finanzierung durch die Kommunen gedeckt sein sollte und sich daher objektiv eher als technisch-administrativer Vorgang darstellt.

Symboliken wie diese erschwerten die Ausbildung von institutionellem Vertrauen der Akteure im Rahmen der „Contratti di Quartiere". Weiter erschwerend kam die Tatsache hinzu, dass die Regeln und Normen der „Contratti di Quartiere" es erforderten, den Partizipationsprozess in sehr kurzer Zeit zu planen. Auch dieser Punkt hatte zur Folge, dass eher geringe Erwartungen in die Einhaltung der Ziele gesetzt wurden. Ein weiteres großes Hindernis für den Aufbau von institutionellem Vertrauen stellt die labile Struktur der Verwaltung der Stadt Mailand dar, die innerhalb der Contratti in eine führende Position gehoben worden wurde, in der sie zum Ziel der Erwartungen der lokalen Akteure geriet. Mit der Auflösung des anfänglich mit der Durchführung betrauten Verwaltungssektors der Stadt wurden die Erwartungen in die Stadt Mailand komplett zerstört.

In den Interviews wurde im Unterschied zu Frankfurt selten auf langjährige Kontakte zu anderen Akteuren verwiesen. Unabhängig davon war dennoch zwischen einzelnen Akteuren personenbasiertes Vertrauen festzustellen. Tatsächlich wurde bezogen auf konkrete Personen oftmals erwartungsvoll von ihrem Handeln gesprochen. Ergab sich ein erhofftes Ereignis nicht, so wurde das Nicht-Handeln der Personen durch nicht funktionierende Institutionen sich entschuldigt. Erschwerend kommt hinzu, dass bedingt durch die Umorganisation der Verwaltung infolge politischer Wahlen anders als in Frankfurt keine personelle Konstanz gegeben war.

So stellt sich in Mailand zusammenfassend eine Situation dar, in der das Fehlen von institutionellem Vertrauen nicht durch personenbasiertes Vertrauen aufgewogen werden kann. Erwartungen in Personen werden nur insofern positiv gesetzt, als sich diese vor dem Hintergrund der Erwartungen in das Funktionieren der Strukturen als realisierbar einschätzen lassen. Das geringe Ausmaß an institutionellem Vertrauen beeinflusst dann zwangsläufig eine geringe Ausprägung an personenbasiertem Vertrauen. Diese Erkenntnis deckt sich mit der Fallstudie in Frankfurt. Hier wurden die Erwartungen in das positive Handeln der Personen durch positive Erfahrungen und Erwartungen in ein erfahrungsgemäß gut funktionierendes institutionelles Gefüge begünstigt.

Aufgrund der Fokussierung auf informelle Koordinationsmechanismen scheinen beide integrierten Entwicklungsprogramme wesentlich von der Ausbildung institutionellen Vertrauens abhängig zu sein, welches aus der Erwartung in funktionierende Institutionen erwächst.

7.4.2 Vertrauen und soziale Ordnung in integrierten Entwicklungsprogrammen

Vertrauen wird die Funktion zugesprochen, Ordnungen zu schaffen (FUKUYAMA 1995; MISZTAL 1996). Im Zusammenhang mit Governance werden diese sozialen Ordnungen nun nicht mehr allein über die hierarchische Steuerung von Prozessen erbracht. Durch den Begriff Governance drückt sich eine Veränderung hinsichtlich der „condition of ordered rule" aus (RHODES 1996, zitiert nach PETERS & PIERRE 2004, S. 77), innerhalb derer nun Vertrauen eine besondere Rolle zufällt. Vertrauen bildet sich innerhalb von Koordinationsprozessen, an denen staatliche wie nicht-staatliche Akteure beteiligt sind. Da nun nicht nur mehr *ein* Weg der Reduktion von Komplexität und planerischer Unsicherheit möglich ist, erweitert sich zugleich die Bandbreite für mögliche Ordnungen.

Zwar gab es in der Planungsgeschichte wohl kaum reine „top-down" Planungsprozesse, sondern es waren an der Umsetzung staatlicher Planung stets auch nicht-staatliche Akteure beteiligt, was sich zuletzt in einer Anzahl theoretischer Ansätze verdeutlicht (Regime, Elitismus, Pluralismus etc.). Dennoch unterschieden sich diese politischen Ansätze von einem integrierten, mit Governance zu fassenden Ansatz. Denn eine Politik, die dem Anspruch folgt, unterschiedliche Akteure zu beteiligen und sich damit gegenüber unterschiedlichen Modi der „Regelungen gesellschaftlicher Sachverhalte" (MAYNTZ 2004, o. S.) öffnet, ohne dass dabei die Beteiligung etwa starken Reglementierungen unterläge, kann nicht mehr nur ein Ziel und einen Zustand der Ordnung verfolgen. Die Vielzahl von Interessen, Wertvorstellungen, Ideologien und Weltansichten führen zwangsläufig in ein Kaleidoskop unterschiedlicher Wege der Zielsetzung und deren Umsetzung.

Wenn Vertrauen zu einem wesentlichen Mechanismus innerhalb von Governance zählt, dann impliziert Governance mehrere Ordnungen. Für Vertrauen gibt MISZTAL nicht nur *eine* Ordnung, *einen* stabilen gesellschaftlichen Zustand, sonder drei verschiedene wieder, in denen Vertrauen eine stets spezifische Rolle spielt (MISZTAL 1996, S. 96). Ausgehend von der einleitenden Definition, gemäß derer Vertrauen als positive Erwartungshaltung in das Handeln von Personen oder das erfolgreiche Zusammenwirken von Regeln und Routinen verstanden werden kann, fragt MISZTAL, „[…] what kind of function trust plays in each of these orders?" (1996, S. 96). Zu diesen drei Ordnungen zählt MISZTAL eine stabile Ordnung (stable order), eine zusammenhaltende Ordnung (cohesive order) und letztlich eine partnerschaftliche, auf Zusammenarbeit ausgerichtete Ordnung (collaborative order).

Bezogen auf die stabile Ordnung fragt MISZTAL, wie eine bestehende Ordnung geschützt werden kann (MISZTAL 1996, S. 96) und fokussiert damit die (Selbst-)Erhaltung eines stabilen Systemzustandes. Vertrauen wird hier in Anlehnung an LUHMANN (1968/2000) die Funktion als Mechanismus der Systemerhaltung zugesprochen. In Frankfurt führt das kommunale Entwicklungsprogramm die etablierte Kooperation in der städtischen Sozialarbeit, die sich zwischen staatlichen und nicht-staatlichen Akteuren aufteilt, weiter. Das Programm greift dabei auf langjährige, etablierte Strukturen zurück. Damit wirkt das Entwicklungsprogramm unabhängig von seinem Wirken in den Stadtquartieren stabilisierend auf das System.

Ganz anders stellt sich die Lage bezogen auf diese Ordnung im Rahmen des Mailänder Programms dar, welches gerade mit dem Ziel verbunden ist, bestehende Strukturen aufzubrechen und nicht weiterzuführen. Wenn man davon ausgeht, dass es sich vor den CdQ um einen stabilen Planungszustand handelte, stellen die Contratti einen Bruch dieser Stabilität dar. Es ist ausdrückliches Ziel, wie zuvor ausgeführt, die alte Stabilität zu stören, um eine neue stabile Ordnung, oder in Worten der Akteure: eine neue politische Kultur zu verankern. Durch das Programm ist es stellenweise gelungen, die Schwachstellen der Akteure, hier insbesondere der Stadtverwaltung und -politik Mailands aufzuzeigen. Bis heute steht neben dem Bruch alter Stabilität die Schaffung einer neuen aus. In der letzen Zeit war zu vernehmen, dass sich auf Seiten der Stadtverwaltung ein neuer zentraler Sektor gebildet habe, der, in Anlehnung an frühere Strukturen, von Seiten der Stadt die Arbeiten zu den „Contratti di Quartiere" aufgenommen hat. Eine solche Struktur, das zeigt das Beispiel der Stabsstelle in Frankfurt, zieht Erwartungen auf sich und bildet Vertrauen aus. Damit wäre dies ein erstes Merkmal für eine neue stabile Ordnung.

Bezogen auf die kohäsive Ordnung fragt MISZTAL nach den familiären und freundschaftlichen Bindungen und damit dem wem und den Akteuren eines Vertrauensprozesses. Entgegen der ersten Ordnung wird hier Vertrauen auf der Basis von „familarity, bonds of friendship, and common faith and values" gebildet. Sowohl in Frankfurt als auch in Mailand nehmen personenbasierte Prozesse einen wichtigen Stellenwert ein. Innerhalb von Governance scheint ihnen aber eine geringere stabilisierende Wirkung zuzufallen, als dies die Literatur vermuten ließ. Während in Frankfurt der freundschaftliche Umgang der Akteure eine hilfreiche Ergänzung der täglichen Arbeit darstellt, ist der Fall in Mailand komplexer. Hier findet sich auf der einen Seite eine Vielzahl starker freundschaftlicher Bande, die stellenweise die einzige Grundlage für eine in Teilen erfolgreiche Zusammenarbeit darstellen. Insbesondere in jenem Moment, indem den Akteuren eine institutionelle Sicherheit abhanden ging, bewirkten diese Ressourcen ein Aufrechterhalten des Systems und vorübergehende Stabilität, die allerdings nicht nachhaltig wirkte.

Das leitet zu einer dritten Ordnung über, die sich aus der gegenseitigen Zusammenarbeit ergibt und deren Grundlage die Kooperation der Akteure darstellt. Im Zentrum dieser Ordnung sieht MISZTAL Solidarität, gegenseitigen Respekt und die Vermeidung nicht kooperativer Verhaltensweisen. Diese Eigenschaften finden sich in den Interviews mit den Akteuren und den Beobachtungen alltäglicher Routinen in Frankfurt durchaus wieder. Begünstigend ist hierfür anzumerken, dass sich die an der Umsetzung des Frankfurter Programms beteiligten Akteure aus einem homogenen fachlichen Umfeld zusammensetzen. Fast alle befragten Akteure arbeiten, ob ehrenamtlich oder professionell, bereits viele Jahre im Bereich der Jugend- und Sozialarbeit, respektive Sozialpolitik. Das stärkt die Solidarität untereinander und erleichtert einen gegenseitig respektvollen Umgang für die Tätigkeit des anderen. Die Grundlage hierfür ist in der konstant nicht-investiven Ausrichtung des Programms zu finden.

In Mailand hingegen wird nur selten Solidarität gegenüber anderen Akteuren ausgedrückt oder spürbar. Ein Mangel an gegenseitigem Respekt wurde sogar von manchen Akteuren direkt geäußert. Insgesamt stellen sich auch häufig nicht-kooperierende Verhaltensweisen ein, sei es etwa durch den Boykott der lokalen Akteure infolge der Umorganisation der Verwaltung oder etwa durch die Auflösung des Verwaltungssektors durch die städtische Politik. Die Aussage eines Leiters der Wohnungsbaugesellschaft gegenüber einem Quartiersmanager, dass dieser sich sein eigenes Netzwerk suchen solle und nicht auf seine Bekanntschaften zurückgreifen kann, verfestigt diese Einschätzung. Die Gründe hierfür sind mannigfach. Es ist aber zu vermuten, dass die Tatsache eine Rolle spielt, dass das Programm von Beginn nicht darauf abzielte, bestehende Strukturen weiterzutragen, sondern neue zu entwerfen. Durch den Verlust des strukturellen Halts entwickelte sich eine große Konkurrenz zwischen den Akteuren.

Zusammenfassend kann der Versuch unternommen werden, anhand der Untersuchung und der Beobachtung von Vertrauenskonstellationen ihr Wirken hinsichtlich der drei Ordnungen zu klassifizieren. Das kommunale Entwicklungsprogramm „Soziale Stadt – Neue Nachbarschaft" stellt sich als stabiles Programm dar, das bezogen auf den prozeduralen Zielbereich alle drei Ordnungen über personenbasiertes und institutionelles Vertrauen schafft. Es kann hinsichtlich dieses Zielbereichs daher als erfolgreich beurteilt werden. Die „Contratti di Quartiere" schaffen bezogen auf ihren prozeduralen Zielbereich, der von den befragten Akteuren im Vergleich zu Frankfurt sehr viel deutlicher herausgestellt wurde, keine Ordnung und müssen daher als eher instabiles Programm eingeschätzt werden.

Die Einschätzung dieses prozeduralen Zielbereichs kann nicht unabhängig von der Ausbildung eines materiellen Zielbereichs verstanden werden, der zuletzt das Ziel verfolgt, soziale Exklusion in den Stadtteilen zu vermeiden. In wieweit die erfolgreiche Ausbildung eines prozeduralen Zielbereichs sich allerdings auch positiv auf die Umsetzung des materiellen niederschlägt, kann an dieser Stelle für beide Programme nicht dargelegt werden.

8 Schlusswort und offene Fragen

Ordnungen entstehen aus Vertrauen, Vertrauen reagiert auf Unsicherheiten, Unsicherheiten ergeben sich aus Governance und Governance stellt sich als planerische Antwort auf gesellschaftliche Problemlagen dar.

In den vorliegenden Fallstudien handelt es sich um zwei integrierte Entwicklungsprogramme, die als staatliche Programme lanciert wurden, die aber ohne die Kooperation mit nicht-staatlichen, privaten Akteuren nicht umzusetzen sind. Die Entwicklungsprogramme folgen dabei einem integrierten Handlungsansatz, der an der konkreten Sachpolitik orientiert ist, die sich in beiden Fallstudien auf benachteiligte Wohnquartiere und das damit verbundene gesamtgesellschaftliche Problem der sozialen Exklusion bezieht. Damit reagieren die Programme „auf grundlegenden Veränderungen, die die entwickelten kapitalistischen Gesellschaften insgesamt betreffen" (KRONAUER 2008, S. 149, vgl. Kapitel 2).

Allein die multidimensionale Problemlage in den Quartieren stellt sich als komplex für die Steuerung dar. Erhöht wird im Rahmen von Governance die Komplexität dadurch, dass nun über die im Idealfall partnerschaftliche Steuerung eine Vielzahl von Akteuren an der Lösung des Problems beteiligt ist. Da es sich dabei sowohl um staatliche als auch zivilgesellschaftliche Akteure oder um Akteure des Marktes handelt, kommt es zu einem Nebeneinander unterschiedlicher Steuerungsmodi (MAYNTZ 2004). Obgleich sich das integrierte Entwicklungsprogramm auf einen territorial begrenzten Raum bezieht (FROESSLER 1994, S. 14), erstreckt sich seine mit der Umsetzung betraute Akteurskonstellation über unterschiedliche Verwaltungsebenen und Gruppierungen der Stadt. Innerhalb der Stadtpolitik bilden diese Programme eigene, relationale Räume aus.

Bezogen auf beide Räume, das territoriale Quartier und den relational durch die Akteure gebildeten Raum, lassen sich infolge zwei Zielbereiche identifizieren. Bezogen auf das Quartier geht es um die Umsetzung investiver, in der Regel baulicher Maßnahmen, bzw. nicht-investiver, sozialer Ziele. Im Interesse dieser Untersuchung steht die Akteurskonstellation und damit jener Zielbereich, der sich im Sinne von Governance auf die Koordination der Akteure gerichtet ist.

In beiden Fallstudien lassen sich diese zwei Zielbereiche sowohl theoretisch wie empirisch eindeutig unterscheiden und werden als materieller und prozeduraler Zielbereich unterschieden. Im Rahmen der Koordination der Akteure hinsichtlich eines prozeduralen Zielbereichs geht es um die Erprobung geeigneter Koordinationsmodi. Hier spielt neben formellen Mechanismen, wie Herrschaft, Geld und Wissen (OFFE 2001) vor allem Vertrauen eine wesentliche Rolle.

Die Arbeit ging der Frage nach, wie sich im Rahmen der integrierten Entwicklungsprogramme die Akteure zusammenfinden, um geeignete Koordinationsmechanismen auszubilden. Dazu wurde in der Untersuchung gegenstandsbezogen zwischen personenbasiertem und institutionellem Vertrauen unterschieden. Genauer wurde dann nach der Funktion von Vertrauen allgemein und dem Zusammenwirken von personenbasiertem und institutionellem Vertrauen speziell gefragt.

Es konnte gezeigt werden, dass in beiden Fallstudien das Vertrauen der Akteure sowohl auf Personen als auch auf Institutionen gerichtet war. In der Literatur wird institutionelles Vertrauen dann als wesentlicher Mechanismus begriffen, wenn personenbasiertes Vertrauen aufgrund mangelnder persönlicher Verbindungen nicht ausreichend ausgebildet wird. In den Fallstudien stellt sich ein anderes Verhältnis von personenbasiertem und insittutionellem Vertrauen dar.

Insbesondere in Frankfurt war das Vertrauen der Akteure in wenige Personen zwar wichtig, wurde aber schnell durch starke Institutionen ergänzt. Diese Institutionen, die nicht im Rahmen des Entwicklungsprogramms gebildet wurden, sondern bereits existierten und eine starke Pfadabhängigkeit aufweisen, erwiesen sich im Kontext der Programmsteuerung als wesentliche Voraussetzung für die positive Erwartungshaltung der Akteure. Mit Fortschreiten des Programms nahm die personelle Ebene sogar ab.

Das Mailänder Programm konnte nicht im Gegensatz dazu auf tradierte institutionelle Strukturen zurückgreifen, die sich auf die Bildung einer Kooperation begünstigend hätten auswirken können. Allerdings war das personenbasierte Vertrauen zwischen den Akteuren hoch. Dass das Programm jedoch zeitweilig stillstand und die Akteure sich sogar der Kooperation entzogen, verdeutlicht, dass personenbasiertes Vertrauen auch hier nicht in der Lage ist, ein fehlendes oder nicht funktionierendes institutionelle Gefüge zu ersetzen.

Als weiterführende These lässt sich von diesem Ergebnis ableiten, dass über die Ausbildung von personenbasierten Vertrauen, die Akteure durchaus in der Lage sind, kurz- und mittelfristig Unsicherheiten eines Planungsprozesses zu minimieren und somit handlungsfähig bleiben. Langfristig scheint aber nur ein auf Institutionen gerichtetes Vertrauen ausreichend Sicherheit für die Akteure zu schaffen. Solche Institutionen stellen sowohl informelle, etablierte Abkommen dar, wie etwa der in Frankfurt im Jahr 2001 geschlossene Pakt zur Wahrung des sozialen Friedens oder trägerübergreifende Bündnisse, die das Maß an Konkurrenzen auf ein geringeres Niveau reduzieren.

Wie lässt sich das erklären? Ein erster Erklärungsansatz wurde in dieser Arbeit mithilfe des Rückgriffs auf die Arbeiten von MISZTAL (1996, 2000) dargestellt. MISZTAL identifiziert in Abhängigkeit von Vertrauen drei Ordnungen, die sich aus der unterschiedlichen

Funktion von Vertrauen herleiten. Eine erste Funktion führt zu der Erhaltung eines stabilen Systems. Hier stellt sich Vertrauen als „routine background to everyday interaction" dar und vermittelt den Akteuren Vorhersehbarkeit und Verlässlichkeit. Diese stabile Ordnung tritt allein im Frankfurter kommunalen Entwicklungsprogramm ein, nicht aber in Mailand. Eine kohäsive Ordnung bezieht sich auf die Verbindung der Akteure. Dies ist in beiden Fallstudien gegeben. Die dritte, kollaborative Ordnung, die die Zusammenarbeit stützt, ist wiederum nur in Frankfurt gegeben.

Welche Rückschlüsse lassen sich aus dieser Feststellung für Governance in integrierten Entwicklungsprogrammen ziehen? Auf die Wichtigkeit integrierter Entwicklungsprogramme hat zuletzt wieder die Europäische Kommission in der Leipzig-Charta verwiesen (BMVBS 2007). Über Governance-Konstellationen sollen aktuelle Herausforderungen städtischer Entwicklung erfolgreich angegangen werden, so der Tenor der Charta. Dieser Einschätzung kann nun mit Hilfe der Ergebnisse dieser Arbeit widersprochen oder diese wenigstens relativiert werden. So stellen sich auf Koordination basierende Programme insbesondere dort als schwierig da, wo die Kooperation nicht auf ein bestehendes institutionelles Gefüge zurückgreifen kann. Die dann resultierende Fokussierung auf Personen erhöht das Risiko der Programme, da personenbasiertes Vertrauen eben nicht langfristig in der Lage zu sein scheint, Unsicherheiten zu minimieren. Die unpopuläre Alternative des Rückgriffs auf hierarchische, rein-staatliche Programme stellt sich heute als anachronistisch dar. Längst sind die Prinzipien der kommunikativen Planung (SELLE 2007) in den unterschiedlichen Förderprogrammen tief verankert und aus diesen nicht mehr wegzudenken. Unabhängig von der Effektivität dieser Planung ist ein Abweichen davon kaum vorstellbar und stellt sich als unrealistischer Anspruch an die Planung dar. Viel eher stellt sich ein anderer Schluss in Anlehnung an die beiden Fallstudien dar. In Frankfurt begünstigen zwei Faktoren die Einbettung des Programms in eine stabile Umgebung dar.

Zum einen wurde mit der Einbindung der freien Wohlfahrtsträger bewusst auf bestehende, stabile Strukturen zurückgegriffen. Im Vergleich dazu wurden in Mailand private Firmen mit der Umsetzung des Quartiersmanagement beauftragt, die untereinander keine derartigen Strukturen ausgebildet hatten.

Zum anderen wurde durch die nicht-investive Ausrichtung des Frankfurter Programms von Beginn an die Komplexität entscheidend reduziert, da sich zum einen die kooperierenden Akteure im Gegensatz zu Mailand aus einem homogenen fachlichen Bereich zusammenstellten, zum anderen der finanzielle Umfang geringer ausfiel und dadurch die bürokratische Flexibilität erhöht wurde. Das führt zur Überlegung, ob in integrierten Programmen sinnvollerweise investive und nicht-investive Maßnahmen zusammengeführt werden.

Zuletzt deutet sich ein hoher normativer Gehalt des Begriffs Governance an, der oftmals zu einem unüberlegten Umgang mit dem Instrumentarium des integrierten Handlungsansatzes führt. Die Aussage, dass Governance grundsätzlich gut ist, findet sich im Zusammenhang mit derartigen Planungen häufig wieder. Nach über zehnjährigen Programmlaufzeiten in Italien und Deutschland scheint es angebracht, kritischer mit einem solchen Instrument umzugehen.

Vertrauen stellte sich im Laufe der Untersuchung als empirisch schwer zugängliches Thema dar. Wenngleich die Relevanz nicht nur im Zusammenhang mit Governance und integrierten Entwicklungsprogrammen, sondern auch in den Sozialwissenschaften allgemein hoch ist, so fehlt noch immer eine klar zu vollziehende Operationalisierbarkeit. Daher sah sich auch diese Arbeit mit der Herausforderung konfrontiert, das Phänomen aufzugreifen und aus dem zur Verfügung stehenden, empirischen Material zu extrahieren. Dieser Prozess stellte sich insofern stellenweise als unbefriedigend dar, als dass unabhängig von einer strukturierten Auswertung oft Fragen offen bleiben müssen, die sich im Zusammenhang mit einem naturwissenschaftlichen „Wie?" des Vertrauensprozesses ergeben. Obwohl die Ansprüche an Vertrauen als zentrales wissenschaftliches Thema hoch sind, sind der empirischen Sozialforschung hier Grenzen gesetzt. Die totale Ergründung des Bildungsprozesses von Vertrauen wird sich wohl nie gänzlich sozialwissenschaftlich darlegen. Dieses Limit zieht sich auch durch diese Arbeit.

Ein weiterer wissenschaftlicher Ansatzpunkt, der im Rahmen dieser Arbeit nicht bearbeitet werden konnte, bezieht sich auf eine kritische Betrachtung des planerischen Instrumentariums der integrierten Entwicklungsprogramme. Beim Lesen der Arbeit, der Interviews und der einschlägigen Literatur deutete sich ein Diskurs an, der mit eindeutiger Begrifflichkeit das System „Quartier und Quartiersförderung" beschreibt. Ausdrücke wie „Planungsinstrumente", „Laboratorium", „experimentieren", „planerische Turnhalle" oder „Peripherie" zeugen von einem weiteren Untersuchungsbedarf, der sich im Anschluss an diese Arbeit stellt. Hier geht es nun um die gesellschaftliche Sichtweise des Quartiers, das „benachteiligt" ja „ausgeschlossen" sein soll. In der Arbeit wird stellenweise kritiklos die gesellschaftlich etablierte und geteilte Ansicht vertreten, dass sich mit Hilfe eines Instrumentariums eines Programms tatsächlich im Quartier Veränderungen herbeiführen ließen.

Beide Kritikpunkte, die Vernachlässigung des dahinter stehenden gesellschaftlichen Diskurses, in dem auch diese Arbeit eingebettet ist, und die interdisziplinär zu führende wissenschaftliche Annäherung an das Phänomen Vertrauen weisen auf zukünftigen Forschungsbedarf hin.

9 Literaturverzeichnis

AALBERS, M. (2007): Geographies of Housing Finance: The Mortgage Market in Milan, Italy. In: Growth and Change 38 (2), S. 174-199.

ACKERMANN, R. (2001): Pfadabhängigkeit, Institutionen und Regelform. Tübingen (Einheit der Gesellschaftswissenschaften 120).

AEHNELT, R. (2007): Lernen aus integrierten Programmen. In: WEITH, T. (Hrsg.): Stadtumbau erfolgreich evaluieren. Münster, S. 57-74.

ALISCH, M. (1998): Stadtteilmanagement: Zwischen politischer Strategie und Beruhigungsmittel. In: ALISCH, M. (Hrsg.): Stadtteilmanagement. Voraussetzungen und Chancen für die soziale Stadt. Opladen, S. 7-22.

ALISCH, M. (1999): Soziale Stadtentwicklung als Politik mit einer neuen Qualität. In: MIRBACH, T. (Hrsg.): Entwürfe für eine soziale Stadt. Amsterdam, S. 152-167.

ANFANG, P. & D. URBAN (1994): „Vertrauen" – soziologisch betrachtet. Ein Beitrag zur analyse binärer Interaktionssysteme. Stuttgart (SISS-Schriftenreihe des Instituts für Sozialwissenschaften der Universität Stuttgart 1/1994).

ASTLEITHNER, F. & A. HAMEDINGER (2003): Urban Sustainability as a New Form of Governance: Obstacles and Potentials in the Case of Vienna. In: Innovation 16 (1), S. 51-75.

ATKINSON, R. & L. CARMICHAEL (2007): Neighbourhood as a New Focus for Action in the Urban Policies of West European States. In: SMITH, I., E. LEPINE & M. TAYLOR (Hrsg.): Disadvantaged by where You Live? Neighbourhood Governance in Contemporary Urban Policy. Bristol, S. 43-63.

ATKINSON, R. & K. KINTREA (2000): Owner-occupation, Social Mix and Neighbourhood Impacts. In: Policy & Politics 28 (1), S. 93-108.

ATKINSON, R. & K. KINTREA (2001): Disentangling Area Effects: Evidence from Deprived and Non-deprived Neighbourhoods. In: Urban Studies 33 (12), S. 227-2298.

AXELROD, R. (1987): Die Evolution der Kooperation. München.

BACHARACH, M. & D. GAMBETTA (2001): Trust in Signs. In: COOK, K. S. (Hrsg.): Trust in Societies. New York, S. 148-184.

BACHE, I. & M. FLINDERS (2004): Themes and Issues in Multi-level Governance. In: BACHE, I. & M. FLINDERS (Hrsg.): Multi-level Governance. Oxford, S. 1-11.

BAIER, A. (2001): Vertrauen und seine Grenzen. In: HARTMANN, M. & C. OFFE (Hrsg.): Vertrauen. Die Grundlage des sozialen Zusammenhalts. Frankfurt am Main, S. 37-84.

BALDUCCI, A. (2008): Assemblaggi parziali. In: Territorio 46, S. 7-8.

BARALDI, C., G. CORSI & E. ESPOSITO (1997): GLU. Glossar zu Nikas Luhmans Theorie sozialer Systeme. Frankfurt am Main.

BARGIGGA, F. (2005): Un nuovo modello di governance per l'intervento nei quartieri. In: BARGIGGIA, F. & M. BRICOCOLI (Hrsg.): Politiche per la casa e strumenti di riqualificazione urbana. Montefalcone (Gorizia), S. 6-9.

BARGIGGA, F. & M. BRICOCOLI (2005): I CdQ come campi di apprendimento, i progetti come spazi di negoziazione In: BARGIGGIA, F. & M. BRICOCOLI (Hrsg.): Politiche per la casa e strumenti di riqualificazione urbana. Montefalcone (Gorizia), S. 12-13.

BATHELT, H. & J. GLÜCKLER (2003): Wirtschaftsgeographie. Stuttgart.

BECKER, H., T. FRANKE, R.-P. LÖHR & V. RÖSNER (2002): Drei Jahre Programm Soziale Stadt – eine ermutigende Zwischenbilanz. In: Deutsches Institut für Urbanistik (Hrsg.): Die soziale Stadt: eine erste Bilanz des Bund-Länder-Programms „Stadtteile mit besonderem Entwicklungsbedarf – die soziale Stadt". Berlin, S. 12-51.

BENZ, A. (2004): Governance – Modebegriff oder nützliches sozialwissenschaftliches Konzept? In: BENZ, A. (Hrsg.): Governance – Regieren in komplexen Regelsystemen. Eine Einführung. Wiesbaden, S. 11-28.

BENZ, A., S. LÜTZ, U. SCHIMANK & G. SIMONIS (2007): Einleitung. In: BENZ, A., S. LÜTZ, U. SCHIMANK & G. SIMONIS (Hrsg.): Handbuch Governance. Theoretische Grundlagen und empirische Anwendungsfelder. Wiesbaden, S. 9-25.

BIJLSMA-FRANKEMA, K. & A. C. COSTA (2005): Undertanding the Trust-Control Nexus. In: International Sociology 20 (3), S. 259-282.

BISCHOFF, A., K. SELLE & H. SINNING (2007): Informieren, Beteiligen, Kooperieren. Kommunikation in Planungsprozessen. Eine Übersicht zu Formen, Verfahren und Methoden. Dortmund (Kommunikation im Planungsprozess 1).

Bundesministerium für Verkehr, Bau und Stadtentwicklung (2007a): Deutsche EU-Ratspräsidentschaft. Ergebnisse für die europäische Raum- und Stadtentwicklung: Leipzig Charta zur nachhaltigen europäischen Stadt. Leipzig, 24./25.05.2007.

Bundesministerium für Verkehr, Bau und Stadtentwicklung (2007b): Integrierte Stadtentwicklung als Erfolgsbedingung einer nachhaltigen Stadtentwicklung. Hintergrundstudie zur „Leipzig-Charta zur nachhaltigen europäischen Stadt" der deutschen EU-Ratspräsidentschaft. Berlin.

Bundesministerium für Verkehr, Bau und Stadtentwicklung (2007c): Verwaltungsvereinbarung über die Gewährung von Finanzhilfen des Bundes an die Länder nach Artikel 104b des Grundgesetzes zur Förderung städtebaulicher Maßnahmen (VV-Städtebauförderung 2007) vom 13. Februar 2007, Berlin.

Bundesministerium für Verkehr, Bau und Stadtentwicklung & Bundesamt für Bauwesen und Raumordnung (2007): Städtebauliche Aufwertungsstrategien in benachteiligten Stadtquartieren. Gute Praxisbeispiele in Europa. Hintergrundstudie zur „Leipzig Charta zur nachhaltigen europäischen Stadt" der deutschen EU-Ratspräsidentschaft. Bonn, Berlin.

BOFFI, M., G. MARTINOTTI, G. NUVOLATI & F. ZAJCZYK (2002): L'Atlante dei bisogni delle periferie milanesi: una mappatura micro-territoriale. Milano.

BÖHNKE, P. (2006): Am Rande der Gesellschaft. Risiken sozialer Ausgrenzung. Opladen.

BORLINI, B. & F. MEMO (2008): Il quartiere nella città contemporanea. Milano.

BOURDIEU, P. (1983): Ökonomisches Kapital, kulturelles Kapital, soziales Kapital. In: KRECKEL, R. (Hrsg.): Soziale Ungleichheiten. Göttingen, S. 183-198.
BOURDIEU, P. (1997): Ortseffekte. In: BOURDIEU, P. (Hrsg.): Das Elend der Welt: Zeugnise und Diagnosen alltäglichen Leidens. Konstanz, S. 159-167.
BRENNER, N. (1997): Globalisierung und Reterritorialisierung: Städte, Staaten und die Politik der räumlichen Redimensionierung im heutigen Europa. In: WeltTrends 17, S. 7-30.
BRENNER, N. (2004): New State Spaces: Urban Governance and the Rescaling of Statehood. Oxford.
BRENNER, N. & N. THEODORE (2002): Preface: From the New Localism to the Spaces of Neoliberalism. In: BRENNER, N. & N. THEODORE (Hrsg.): Spaces of Neoliberalism. Urban Restructuring in North America and Western Europe. Oxford, Malden, Melbourne, Berlin, S. v-xi.
BRETSCHNEIDER, M. (2004): Hauptprobleme der Stadtentwicklung und Kommunalpolitik 2003. Berlin.
BRICOCOLI, M. (2005): Disegnare le politiche e governanre i processi. In: BARGIGGA, F. & M. BRICOCOLI (Hrsg.): Politiche per la casa e strumenti di riqualificazione urbana. I Contratti di Quartiere II in Lombardia. Milano, S. 14-17 (Architettura sostenibile report).
BRICOCOLI, M. (2007): Territorio, contrattualizzazione e politiche urbane: scomposizioni e ri-composizioni dell'azione pubblica nelle plitiche di quartiere. In: MONTELEONE, R. (Hrsg.): La contrattualizzazione nelle politiche sociali. Forme ed effetti. Roma.
BRICOCOLI, M. (2008): Non di solo locale. Riflessioni sulle politiche di quartiere in Italia. In: Territorio 46.
BRICOCOLI, M., E. GRANATA, D. PONZINI & P. SAVOLDI (2007): Politiche della casa tra competizione e progetto. Effetti positivi e criticità nella risposta locale ai bandi regionali. Milano.
BRUNETTA, G. (1992): Riuso delle aree industriale dimesse e riqualificazione delle periferie. In: CAMAGNI, R. & M. C. GIBELLI (Hrsg.): Alta tecnologia e rivitalizzazione metropolitana. Milano, S. 131-159.
BRÜTTING, R. (Hrsg.) (1997): Italien-Lexikon: Schlüsselbegriffe zu Geschichte, Gesellschaft, Wirtschaft, Politik, Justiz, Gesundheitswesen, Verkehr, Presse, Rundfunk, Kultur und Bildungseinrichtungen. Berlin (Grundlagen der Romanistik 20).
BUCK, N. (2001): Identifying Neighbourhood Effects on Social Exclusion. In: Urban Studies 38 (12), S. 2251-2275.
BUDE, H. & A. WILLISCH (2006): Das Problem der Exklusion. In: BUDE, H. & A. WILLISCH (Hrsg.): Das Problem der Exklusion. Ausgegrenzte, Entbehrliche, Überflüssige. Hamburg, S. 7-23.

BUDE, H. & A. WILLISCH (2008): Die Debatte über die „Überflüssigen". Einleitung. In: BUDE, H. & A. WILLISCH (Hrsg.): Exklusion. Die Debatte über die „Überflüssigen". Frankfurt am Main, S. 9-30.

BUHR, P. (2005): Ausgrenzung, Entgrenzung, Aktivierung: Armut und Armutspolitik in Deutschland. In: ANHORN, R., F. BETTINGER & J. STEHR (Hrsg.): Sozialer Ausschuss und Soziale Arbeit. Positionsbestimmung einer kritischen Theorie und Praxis. S. 199-218.

BURGERS, J. & F. MUSTERD (2002): Understanding Urban Inequality: A Modell Based on Existing Theories and an Empirical Illustration. In: Int. Journal of Urban and Regional Research 26 (2), S. 403-413.

CAMERON, A. (2005): Geographies of Welfare and Exclusion: Initial Report. In: Progress in Human Geography 29 (2), S. 194-203.

CAMERON, A. (2006): Geographies of Welfare and Exclusion: Social Inclusion and Exception. In: Progress in Human Geography 30 (3), S. 396-404.

CAPPAI, G. (1997): Raum und Migration: Formen und Funktionen der Reproduktion des heimatlichen Raumes am Beispiel einer sardischen community. Marburg (Kea 10).

CARRUTHERS, B. G. (2007): Rules, Institutions, and North's Institutionalism: State and Market in Early Modern England. In: European Management Review 4 (1), S. 40-53.

CASTEL, R. (2009): Negative Diskriminierung. Jugendrevolten in den Pariser Banlieus. Hamburg.

CELLA, M. (2006): La partecipazione a Milano. In: CELLA, M. (Hrsg.): Un contratto per la città: I Contratti di Quartiere II a Milano. Milano, S. 10-13.

CIGOGNINI, M. (2006): Organismi e struttura di governo. In: CELLA, M. (Hrsg.): Un contratto per la città. I Contratti di Quartiere II a Milano. Milano, S. 14-15 (architettura sostenibile report).

COLOMY, P. (1998): Neofunctionalism and Neoinstitutionalism: Human Agency and Interest in Institutional Change. In: Sociological Forum 13 (2), S. 265-300.

COOK, K. S., T. YAMAGISHI, C. CHESHIRE, R. COOPER & M. MATSUDA (2005): Trust Building via Risk Taking: A Cross-Societal Experiment. In: Social Psychology Quarterly 68 (2), S. 121-142.

CREMASCHI, M. (2008): Limiti e prospettive dell'azione locale. In: Territorio 46 S. 85-88.

DALLINGER, U. (2007): Die Wiederentdeckung sozialer Regeln – Institutionen bei Durkheim und North. In: Österreichische Zeitschrift für Soziologie 32 (1), S. 66-93.

DANGSCHAT, J. (2008): Exclusion – the New Amercian Way of Life? In: BUDE, H. & A. WILLISCH (Hrsg.): Exklusion. Die Debatte über die „Überflüssigen". Frankfurt am Main, S. 138-145.

DEUTSCH, M. (1958): Trust and Suspicion. In: Journal of Conflict Resolution 2 (4), S. 265-279.

Dezernat für Soziales und Jugend der Stadt Frankfurt am Main (2002): Frankfurter Sozialbericht. Teil V: Segregation und Wohngebiete mit verdichteten sozialen Problemlagen. Frankfurt am Main (Reihe Soziales und Jugend 25).

Deutsches Institut für Urbanistik (2000): Das Hamburger Programm zur Sozialen Stadtteilentwicklung. Bericht zur Programmsteuerung und -organisation. http://www.sozialestadt.de/veroeffentlichungen/arbeitspapiere/band3/4_hamburg.phtml (Arbeitspapiere zum Programm Soziale Stadt 3).

Deutsches Institut für Urbanistik (2002a): Die soziale Stadt: eine erste Zwischenbilanz des Bund-Länder-Programms „Stadtteile mit besonderem Entwicklungsbedarf – die soziale Stadt". Berlin.

Deutsches Institut für Urbanistik (2003): Soziale Stadt – Strategien für die Soziale Stadt, Erfahrungen und Perspektiven – Umsetzung des Bund-Länder-Programms „Stadtteile mit besonderem Entwicklungsbedarf – die soziale Stadt". Berlin.

Deutsches Institut für Urbanistik (2002b): Hauptprobleme der Stadtentwicklung und Kommunalpolitik 2001. Berlin.

DiGaetano, A. & E. Strom (2003): Comparative Urban Governance. An Integrated Approach. In: Urban Affairs Review 38 (3), S. 356-395.

DiMaggio, P. J. & W. W. Powell (1983): The Iron Cage Revisited: Institutional Isomorphism and Collective Rationality in Organizational Fields. In: American Sociological Review 48 (2), S. 147-160.

Donzelot, J. (2007): Stadtpolitik in Frankreich. In: IzR – Informationen zur Raumentwicklung (6), S. 371-380.

Drieschner, F. & M. Klingst (2005): Raus aus dem Ghetto: Deutschland hat noch keine französischen Verhältnisse. Aber viele Einwanderer grenzen sich selbst aus. In: Die Zeit, 10.11.2005.

Deutscher Städte und Gemeindebund (2001): Positionspapier des Deutschen Städte- und Gemeindebundes zum Weißbuch „Europäisches Regieren" der Europäischen Kommission. In: KOM 428 vom 25. Juli 2001 http://www.dstgb.de/index_inhalt/homepage/positionspapiere/inhalt/new_governance: http://www.dstgb.de/index_inhalt/homepage/positionspapiere/inhalt/new_governance (Stand: 17.05.2007).

Einwiller, S. (2003): Vertrauen durch Reputation im elektronischen Handel. St. Gallen.

Endress, M. (2001): Vertrauen und Vertrautheit. Eine phänomenologisch-anthropologische Grundlegung. In: Hartmann, M. & C. Offe (Hrsg.): Vertrauen. Die Grundlage des sozialen Zusammenhalts. Frankfurt/Main, New York, S. 161-203.

Endress, M. (2002): Vertrauen. Bielefeld.

Engels, D. (2006): Lebenslagen und Exklusion. Thesen zur Reformulierung des Lebenslagenkozepts für die Soziaberichterstattung. In: Sozialer Fortschritt 5, S. 109-117.

Euler, R. (1994): Zeichen der Hoffnung für Frankfurts „Bronx". Bewohner verschönern ihre Häuserblocks. In: Frankfurter Allgemeine Zeitung, 11.07.1994, S. 33.

FERRARI, M. & C. ROSSO (2008): Integrazioni precarie. Il dilemma dell'integrazione dei migranti nelle politiche sociali locali: il caso di Brescia. Messina (Working Papers, Centro Interuniversitario per le ricerche sulla Sociologia del Diritto e delle Istituzioni Giuridiche 26).

FLICK, U. (2007): Qualitative Sozialforschung: eine Einführung. Reinbek bei Hamburg.

FOOT, J. (2001): Milan since the Miracle: City, Culture and Identity. Oxford.

FOOT, J. (2006): Mapping Diversity in Milan: Historical Approaches to Urban Immigration. Milano.

FRANKE, T. (2007): Neighbourhood Management for Integrative District Development. In: Innovation 20 (2), S. 119-132.

FRANKE, T. & W.-C. STRAUSS (2008): Integrierte Stadtentwicklung in Stadtregionen. DIFU arbeitet für neues EsWoSt-Forschungsvorhaben. In: DIFU-Berichte 2, S. 16.

FROESSLER, R. (1994): Stadtviertel in der Krise. Innovative Ansätze zu einer integrierten Quartiersentwicklung in Europa. Dortmund (ILS-Schriften 87).

FUKUYAMA, F. (1995): Trust: the Social Virtues and the Creation of Prosperity. New York.

FÜRST, D., M. LAHNER & K. ZIMMERMANN (2004): Neue Ansätze integrierter Stadtteilentwicklung: Placemaking und Local Governance. Erkner (RegioTransfer 4).

GAMBETTA, D. (2001): Kann man dem Vertrauen vertrauen? In: HARTMANN, M. & C. OFFE (Hrsg.): Vertrauen. Die Grundlage des sozialen Zusammenhalts. Frankfurt/Main, New York, S. 204-237.

GAMBETTA, D. & H. HAMILL (2005): Streetwise. How Taxidriver Establish Their Customer's Trustworthiness. New York.

GHETTI, V. & S. PASQUINELLI (2003): La co-progettazione: tra dire e fare. In: Prospettive Sociali e Sanitarie 22, S. 10-13.

GIDDENS, A. (1980/1996): Konsequenzen der Moderne. Frankfurt/Main.

GIDDENS, A. (1984/1997): Die Konstitution der Gesellschaft. Grundzüge einer Theorie der Strukturierung. Frankfurt/Main.

GIRTLER, R. (1992): Methoden der qualitativen Sozialforschung. Anleitung zur Feldarbeit. Wien.

GÖHLER, G. & R. KÜHN (1999): Institutionenökonomie, Neo-Institutionalismus und die Theorie politischer Institutionen. In: EDELING, T., W. JANN & D. WAGNER (Hrsg.): Institutionenökonomie und Neuer Institutionalismus. Opladen, S. 17-42.

GRANA, M. (2009): Lontani dal centro. Gli interventi pubblici nelle periferie. Rom.

GRANATA, E. (2005): Cooperare in regime di incertezza. In: Territorio 34, S. 65-66.

GUALINI, E. (2002): Institutional Capacity Building as an Issue of Collective Action and Institutionalisation: Some Theoretical Remarks. In: CARS, G., P. HEALEY, A. MADANIPOUR & C. DE MEGALHÃES (Hrsg.): Urban Governance, Institutional Capacity and Social Milieux. Aldershot, S. 29-44.

GUIDUCCI, R. (1993): Periferie: le voci dei cittadini. Milano.

GÜNTHER, S. (2007): Soziale Stadtpolitik. Institutionen, Netzwerke und Diskurse in der Politikgestaltung. Bielefeld.

HALL, P. A. & R. C. R. TAYLOR (1996): Political Science and the Three New Institutionalisms. In: Political Studies 44 (5), S. 936-957.
HALLERÖD, B. & D. LARSSON (2008): Poverty, Welfare Problems and Social Exclusion. In: Int. J. Soc. Welfare 17 (1), S. 15-25.
HARDIN, R. (1992): The Street-Level Epistemology of Trust. In: Analyse & Kritik 14 (2), S. 152-176.
HARTMANN, M. (2001): Einleitung. In: HARTMANN, M. & C. OFFE (Hrsg.): Vertrauen. Die Grundlage sozialen Zusammenhalts. Frankfurt am Main, S. 7-34.
HASSE, R. & G. KRÜCKEN (1999): Neo-Institutionalismus. Bielefeld.
HÄUSSERMANN, H., M. KRONAUER & W. SIEBEL (2004): Stadt am Rand: Armut und Ausgrenzung. Einleitung. In: HÄUSSERMANN, H., M. KRONAUER & W. SIEBEL (Hrsg.): An den Rändern der Städte. Frankfurt am Main, S. 7-40.
HÄUSSERMANN, H. & W. SIEBEL (2001): Segregation und Integration – Überlegungen zu einer alten Debatte. In: Zeitschrift für Kommunalwissenschaften 1, S. 68-79.
HÄUSSERMANN, H., W. SIEBEL & D. LÄPPLE (2008): Stadtpolitik. Frankfurt am Main.
HEALEY, P. (2007): Urban Complexity and Spatial Strategies: Towards a Relational Planning for Our Times. New York.
HEALEY, P., G. CARS, A. MADANIPOUR & C. D. MEGALHAES (2002): Transforming Governance, Institutional Analysis and Institutional Capacity. In: CARS, G., P. HEALEY, A. MADANIPOUR & C. D. MEGALHAES (Hrsg.): Urban Governance, Institutional Capacity and Social Milieux. Aldershot, S. 70-89.
HELFFERICH, C. (2008): Die Qualität qualitativer Daten: Manual für die Durchführung qualitativer Interviews. Wiesbaden.
HELLMANN, K.-U. (2004): Solidarität, Sozialkapital und Systemvertrauen. Formen sozialer Intergration. In: KLEIN, A., K. KERN, B. GEISSEL & M. BERGER (Hrsg.): Zivilgesellschaft und Sozialkapital. Herausforderungen politischer und sozialer Integration. Opladen, S. 131-150.
HILL, P. B. (2002): Rational-Choice-Theorie. Bielefeld.
HILLMANN, F. (2000): Italien – das europäische „Ellis Island" der 90er Jahre? In: SCHMALS, K. M. (Hrsg.): Migration und Stadt. Entwicklungen, Defizite, Potentiale. Opladen, S. 183-201.
HINTE, W. (2002): Von der Gemeinwesenarbeit über die Stadtteilarbeit zum Quartiermanagement. In: THOLE, W. (Hrsg.): Grundriss Soziale Arbeit. Opladen, S. 535 - 548.
HINTE, W. (2007): GWA – eine Erfolgsgeschichte? In: HINTE, W., M. LÜTTRINGHAUS & D. OELSCHLÄGEL (Hrsg.): Grundlagen und Standards der Gemeinwesenarbeit: Ein Reader zu Entwicklungslinien und Perspektiven. S. 7-13.
HOLTKAMP, L. (2007): Local Governance. In: BENZ, A., S. LÜTZ, U. SCHIMANK & G. SIMONIS (Hrsg.): Handbuch Governance. Theoretische Grundlagen und empirische Anwendungsfelder. Wiesbaden, S. 366-377.
HOOD, C. (1991): A Public Management for All Seasons? In: Public Administration 96 (1), S. 3-19.

Institut für Stadtforschung und Strukturpolitik (Hrsg.) (2004): Die Soziale Stadt. Ergebnisse der Zwischenevaluierung. Bewertung des Bund-Länder-Programms „Stadtteile mit besonderem Entwicklungsbedarf – die Soziale Stadt" nach vier Jahren Programmlaufzeit. Berlin.

Institut für Stadtforschung und Strukturpolitik (Hrsg.) (2004): Die Soziale Stadt. Ergebnisse der Zwischenevaluierung. Bewertung des Bund-Länder-Programms „Stadtteile mit besonderem Entwicklungsbedarf – die Soziale Stadt" nach vier Jahren Programmlaufzeit. Berlin.

JACQUIER, C. (2005): On Relationships between Integrated Policies for Sustainable Urban Development and Urban Governance. In: Tijdschrift voor Economische en Sociale Geografie 96 (4), S. 363-376.

JANN, W. & K. WEGRICH (2004): Governance und Verwaltungspolitik. In: BENZ, A. (Hrsg.): Governance – Regieren in okmplexen Regelsystemen. Eine Einführung. Wiesbaden, S. 193-214.

JASCHKE, H.-G. (1997): Öffentliche Sicherheit im Kulturkonflikt: Zur Entwicklung der städtischen Schutzpolizei in der multikulturellen Gesellschaft. Frankfurt am Main.

JASPER, K. (2001): Evaluation im Rahmen des Landesprogramms „Stadtteile mit besonderem Erneuerungsbedarf" – Ergebnisstand im Expertenkreis Evaluation. In: ILS-NRW (Hrsg.): Reader zum Workshop „Monitoring und Controlling in Stadtteilen mit besonderem Entwicklungsbedarf". Hamm/Westfalen, S. 9-12.

JESSOP, B. (1998): The Rise of Governance and the Risks of Failure: the Case of Economic Development. In: ISSJ 155, S. 29-45.

JONAS, A. E. G. & A. WHILE (2005): Governance. In: ATKINSON, D., P. JACKSON, D. SIBLEY & N. WASHBOURNE (Hrsg.): Cultural Geography. A Critical Dictionary of Key Concepts. London, S. 72-79.

JUCHEM, J., G. (1988): Kommunikation und Vertrauen. Ein Beitrag zum Problem der Reflexivität in der Ethnomethodologie. Aachen (Aachener Studien zur Semiotik und Kommunikationsforschung 20).

JUNG, B. (1999): Norditalienischer Leghismo als politischer Regionalismus. http://www.diss.fu-berlin.de/diss/receive/FUDISS_thesis_000000000217. Lega Nord im politischen und sozioökonomischen Wandel Italiens (Stand: 15.07.2008).

JUNGE, K. (1998): Vertrauen und die Grundlage der Sozialtheorie – ein Kommentar zu James S. Colman. In: MÜLLER, H.-P. & M. SCHMID (Hrsg.): Norm, Herrschaft und Vertrauen: Beitrage zu James S. Colemans Grundlagen der Sozialtheorie. Opladen, S. 195.

KÄHRIK, A. (2006): Tackling social exclusion in European neighbourhoods: experiences and lessons from the NHOM project. In: GeoJournal 67 (1), S. 9-25.

KARAS, F. & W. HINTE (1978): Grundprogramm Gemeinwesenarbeit. Wuppertal.

KEARNS, A. & R. FORREST (2000): Social Cohesion and Multilevel Urban Governance. In: Urban Studies 37 (5-6), S. 995-1017.

KELLER, C. (2005): Leben im Plattenbau: zur Dynamik sozialer Ausgrenzung. Frankfurt am Main.

KICKERT, W. J. M. & J. L. M. HARKVOORT (2000): Public Governance in Europe: A Historical-Institutional Tour d'Horizon. In: HEFFEN, O. v., W. J. M. KICKERT & J. J. A. THOMASSEN (Hrsg.): Governance in Modern Society. Dordrecht, S. 223-255.

KJAER, A. M. (2009): Governance and the Urban Bureaucracy. In: DAVIES, J. S. & D. L. IMBROSCIO (Hrsg.): Theories of Urban Politics. Los Angeles u. a., S. 137-152.

KLEGER, H. (1996): Metropolitane Transformation durch urbane Regime: Berlin-Brandenburg auf dem Weg zu regionaler Handlungsfähigkeit. Amsterdam (Europäische Urbanität – Politik der Städte 3).

KNEERS, G. (2004): Differenzierung bei Luhmann und Bourdieu. Ein Theorievergleich. In: NASSEHI, A. & G. NOLLMANN (Hrsg.): Bourdieu und Luhmann. Ein Theorievergleich. Frankfurt/Main, S. 25-56.

KOLLER, M. (1997): Psychologie interpersonalen Vertrauens: Eine Einführung in theoretische Ansätze. In: SCHWEER, M. (Hrsg.): Interpersonales Vertrauen: Theorie und empirische Befunde. Opladen, S. 13-26.

KÖNIG, B. (2004): Stadtgemeinschaften. Das Potential der Wohnungsgenossenschaften für die soziale Stadtentwicklung. Berlin (Berliner Schriften zur Kooperationsforschung 8).

KOOIMAN, J. (2006): Governing as Governance. London.

KORTE, H. (1998): Einführung in die Geschichte der Soziologie. München (Einführungskurs Soziologie 2).

KÖTTER, M. (2007): Der Governance-Raum als Analysefaktor. Am Beispiel von „Räumen begrenzter Staatlichkeit". In: SFB-Governenace Working Paper Series 3, www.sfb-governance.de/publikationen.

KRONAUER, M. (2008): Plädoyer für ein Exklusionsverständnis ohne Fallstricke. Anmerkungen zu Robert Castel. In: BUDE, H. & A. WILLISCH (Hrsg.): Exklusion. Die Debatte über die „Überflüssigen". Frankfurt am Main, S. 146-153.

KRONAUER, M. & B. VOGEL (2004): Erfahrungen und Bewältigung von sozialer Ausgrenzung in der Großstadt: Was sind Quartierseffekte, was Lageeffekte? In: HÄUSSERMANN, H., W. SIEBEL & M. KRONAUER (Hrsg.): An den Rändern der Stadt. Frankfurt am Main., S. 235-257.

KRUMMACHER, M. (2003): Soziale Stadt – Sozialraumentwicklung – Quartiersmanagement: Herausforderungen für Politik, Raumplanung und soziale Arbeit. Opladen.

KRUMMACHER, M., R. KULBACH, V. WALTZ & N. WOHLFAHRT (2003): Soziale Stadt – Sozialraumentwicklung – Quartiersmanagement. Herausforderungen für Politik, Raumplanung und soziale Arbeit. Opladen.

KUNZMANN, K. (2007): Urban Germany: The Future Will Be Different. In: BERG, L. V. D., E. BRAUN & J. V. D. MEER (Hrsg.): National Urban Responses to Urban Challenges in Europe. Aldershot, S. 169-192.

LAGRANGE, H. & M. OBERTI (2006a): Introduzione: integrazione, segregazione e giustizia sociale. In: LAGRANGE, H. & M. OBERTI (Hrsg.): La rivolta delle periferie. Precarietà e proposta giovanile: il caso francese. Milano, S. 1-9.

LAGRANGE, H. & M. OBERTI (Hrsg.) (2006b): La rivolta delle periferie. Precarietà urbana e protesta giovanile: il caso francese. Milano.

LANGE, S. & D. BRAUN (2000): Politische Steuerung zwischen System und Akteur. Eine Einführung. Opladen (Grundwissen Politik 30).

LEWIS, J. D. & A. WEIGERT (1985): Trust as Social Reality. In: Social Forces 63 (4), S. 967-985.

LINDENBERG, S. (1981): Erklärung als Modellbau: Zur soziologischen Nutzung von Nutzentheorien. In: SCHULTE, W. (Hrsg.): Soziologie der Gesellschaft. Tagungsberichte vom 20. Deutschen Soziologentag in Bremen. Bremen, S. 20-30.

LÖW, M. (2005): Raumsoziologie. Frankfurt/Main.

LUHMANN, N. (1962): Funktion und Kausalität. In: KZfSS 14 (3), S. 614-644.

LUHMANN, N. (1968/2000): Vertrauen. Ein Mechanismus zur Reduktion sozialer Komplexität. Stuttgart.

LUHMANN, N. (1980): Komplexität. In: GROCHLA, E. (Hrsg.): Handwörterbuch der Organisation. Stutgart, S. 1064-1070.

LUHMANN, N. (2004): Einführung in die Systemtheorie. Darmstadt.

LUHMANN, N. (2005): Einführung in die Theorie der Gesellschaft. Darmstadt.

LYONS, M., C. SMUTS & A. STEPHENS (2001): Participation, Empowerment and Sustainability: (How) Do the Links Work? In: Urban Studies 38 (8), S. 1233-1251.

MACGREGOR, S. (2001): Social Policy and the City. In: PADDISON, R. (Hrsg.): Handbook of Urban Studies. London, Thousand Oaks, New Dehli, S. 351-368.

Magistrat der Stadt Frankfurt (2007): Programm: Frankfurt – Soziale Stadt – Neue Nachbarschaften. Bericht zum Abschluss der ersten vier Projektgebiete. Frankfurt am Main.

MALOUTAS, T. & M. PANTELIDOU MALOUTA (2004): The Glass Menagerie of Urban Governance and Social Cohesion: Concepts and Stakes / Concepts as Stakes. In: Int. Journal of Urban and Regional Research 28 (2), S. 449-465.

MANCA, G. (2006): Un grande contratto per la città di Milano. In: CELLA, M. (Hrsg.): Un contratto per la città. I Contratti di Quartiere II a Milano. Milano, S. 3.

MARCH, J. G. & J. P. OLSEN (1984): The New Institutionalism: Organizational Factors in Political Life. In: The American Political Science Review 78 (3), S. 734-749.

MARCH, J. G. & J. P. OLSEN (2005): Elaborating the „New Institutionalism". In: Working Paper des Centre for European Studies, University of Oslo 11 (3), http://www.arena.uio.no: http://www.arena.uio.no (Stand: 07.06.2007).

MAYNTZ, R. (1993): Governing Failures and the Problems of Governability: Some Comments on a Theoretical Paradigm. In: KOOIMAN, J. (Hrsg.): Modern Governance – New Society Government Interactions. London, S. 9-20.

MAYNTZ, R. (2004a): Governance Theory als fortentwickelte Steuerungstheorie? In: MPIfG Working Paper 04 (1), http://www.mpi-fg-koeln.mpg.de/pu/workpap/wp04-1/wp04-1.html: http://www.mpi-fg-koeln.mpg.de/pu/workpap/wp04-1/wp04-1.html (Stand: 16.05.2007).

MAYNTZ, R. (2004b): Governance Theory als fortentwickelte Steuerungstheorie? In: MPIfG Working Paper 4 (1), http://www.mpifg.de/pu/workpap/wp04-01/wp04-01.html.

MAYNTZ, R. (2006): Governance Theory als fortentwickelte Steuerungstheorie? In: SCHUPPERT, G. F. (Hrsg.): Governance-Forschung. Baden-Baden, S. 11-20 (Schriften zur Governance-Forschung 1).

MAYNTZ, R. & F. W. SCHARPF (1995): Der Ansatz des akteurszentrierten Institutionalismus. In: MAYNTZ, R. & F. W. SCHARPF (Hrsg.): Gesellschaftliche Selbstregulierung und politische Steuerung. Frankfurt/Main, S. 39-72.

MAYRING, P. (2002): Qualitative Sozialforschung. Weinheim u. Basel.

METTLER-VON MEIBOM, B. (2000): Durch Bürgerbeteiligung Konsensbildung in der Stadtplanung und Stadtentwicklung? Vortrag am 21.06.2000 im Rahmen des Kolloquiums Bielefeld 2000plus – Forschungsprojekte zur Region, Bielefeld, 21.06.2000.

MEYER, J. (1999): Vorwort. In: HASSE, R. & G. KRÜCKEN (Hrsg.): Neo-Institutionalismus. Bielefeld, S. 5-12.

MINGIONE, E., G. NUVOLATI, M. GRANA, E. MORLICCHIO & D. TUORTO (2001): National and city contexts, urban development programmes and neighbourhood selection. The Italian background report. Mailand.

MINISTERO DELLE INFRASTRUTTURE E DEI TRASPORTI DELLA REPUBBLICA D'ITALIA (2004): Decreto ministeriale „Contratto di Quarterie II – Lombardia" del 28.10.2004, Roma.

MISZTAL, B. A. (1996): Trust in Modern Societies. The Search for the Bases of Social Order. Cambridge.

MISZTAL, B. A. (2000): Informality: Social Theory and Contemporary Practice. London.

MÖLLERING, G. (2005): The Trust/Control Duality. An Integrative Perspective on Positive Expectations of Others. In: International Sociology 20 (3), S. 283-305.

MOLOTCH, H. (2005): Where Stuff Comes From. How Toasters, Toilets, Cars, Computers, and Many Other Things Come to Be As They Are. New York.

MORROW, V. (2001): Young People's Explanations and Experiences of Social Exclusion: Retrieving Bourdieu's Concept of Social Capital. In: Int. Journal of Sociology and Social Policy 21 (4/5/6), S. 37-63.

MÖSSNER, S. (2009): Local Governance ohne Vertrauen. Die „Contratti di Quartiere" in Mailand In: DRILLING, M. & O. SCHNUR (Hrsg.): Governance der Quartiersentwicklung. Theoretische und praktische Zugänge zu neuen Steuerungsformen Wiesbaden, S. 129-145.

MÖSSNER, S. & R. WEHRHAHN (2006): Akteurskonstellationen und Vertrauen in lokalen Governance-Prozessen in Mailand. In: Berichte zur dt. Landeskunde 80 (1), S. 85-100.

MURBÖCK, M. (2001): Erfahrungen mit der Analyse sozial-integrativer Projekte im Rahmen eines integrierten Hanldungskonzeptes – am Beispiel des integrierten Stadtteilprogramms Gelsenkirchen-Bismarck/Schalke-Nord. In: ILS-NRW (Hrsg.): Reader zum Workshop „Monitoring und Controlling in Stadtteilen mit besonderem Entwicklungbedarf". Hamm/Westfalen, S. 32-39.

MURIE, A. (2005): Social Exclusion and Neighbourhood Decline. In: KAZEPOV, Y. (Hrsg.): Cities of Europe. Oxford, S. 151-169.

MUSTERD, S. & W. OSTENDORF (2008): Integraded Urban Renewal in The Netherlands: a Critical Appraisal In: Urban Research & Practice 1 (1), S. 78-92.

MUTTI, A. (1987): La fiducia. Un concetto fragile, una solida realtà. In: Rassegna Italiana di Sociologia 28 (2), S. 223-247.

MUTTI, A. (1998): Capitale sociale e sviluppo. La fiducia come risorsa. Bologna.

NASSEHI, A. (2006): Die paradoxe Einheit von Inklusion und Exklusion. Ein systemtheoretischer Blick auf die „Phänomene". In: BUDE, H. & A. WILLISCH (Hrsg.): Das Problem der Exklusion. Ausgegrenzte, Entbehrliche, Überflüssige. Hamburg, S. 56-69.

NEEF, R. & R. KEIM (2007): „Wir sind keine Sozialen" Marginalisierung und Ressourcen in deutschen und französischen Problemvierteln. Konstanz.

NORTH, D. (1986): The New Institutional Economics. In: Journal of Institutional and Theoretical Economics (JITE) 142, S. 230-237..

O'BRIEN, M. & S. PENNA (2008): Social Exclusion in Europe: Some Conceptual Issues. In: Int. J. Soc. Welfare 17 (1), S. 84-92.

O'LOUGHLIN, J. & J. FRIEDRICHS (Hrsg.) (1996): Social Polarization in Post-Industrial Metropolises. Berlin, New York.

OFFE, C. (2001a): Nachwort: Offene Fragen und Anwendungen in der Forschung. In: HARTMANN, M. & C. OFFE (Hrsg.): Vertrauen. Die Grundlage des sozialen Zusammenhalts. Frankfurt am Main, S. 364-369.

OFFE, C. (2001b): Wie können wir unseren Mitbürgern vertrauen? In: HARTMANN, M. & C. OFFE (Hrsg.): Vertrauen. Die Grundlage des sozialen Zusammenhalts. Frankfurt/Main, S. 241-294.

OLIVA, F. (2002): L'urbanistica di Milano. Quel che resta dei piani urbanistici nella crescita e nella trasformazione della città. Milano.

OMAHNA, M. (2006): Plurale Räume. Mentale Stadterfahrungen als Instrument globaler Praktiken. Münster (Internationale Hochschulschriften 473).

OSTROM, E. (2004): The Working Parts of Rules and How They May Evolve Over Time. Jena. (Max Planck Institute for Research into Economic Systems Papers on Economics & Evolution 404).

ØVERBYE, E. (2006): Rescaling and Governance. European Summer School 2006, Urbino, Juli 2006.

PALERMO, P. C. (2004): Trasformazioni e governo del territorio. Milano.

PARKINSON, M. (1998): Combating Social Exclusion; Lessons from Area-based Programmes in Europe. Bristol.

PARKINSON, M. (2007): Social Cohesion in English Cities: Policy, Progress and Prospects. In: IzR – Informationen zur Raumentwicklung (6), S. 363-370.
PARKINSON, M. & M. BODDY (Hrsg.) (2004): City Matters: Competitiveness, Cohesion and Urban Governance. Bristol.
PETERS, B. G. & J. PIERRE (2004): Multi-level Governance and Democracy: A Faustian Bargain? In: BACHE, I. & M. FLINDERS (Hrsg.): Multi-level Governance. Oxford, S. 75-89.
PIERRE, J. (1999): Models of Urban Governance. The Institutional Dimension of Urban Politics. In: Urban Affairs Review 34 (3), S. 372-396.
PIERRE, J. (2000): Introducing: Understanding Governance. In: PIERRE, J. (Hrsg.): Debating Governance. Authority, Steering, Democracy. Oxford, S. 1-10.
PUTNAM, R. D. (1993): Making Democracy Work. Civic Traditions in Modern Italy. Princeton, New Jersey.
PUTNAM, R. D. (2000): Bowling Alone: The Collapse and Revival of American Community. New York.
RANCI, C. (2005): Problemi di coesione sociale a Milano. In: MAGATTI, M. (Hrsg.): Milano, nodo della rete globale. Un itinerario di analisi e proposte. Milano, S. 265-299.
Regione Lombardia (2003): Beschluss Nr. VII/13861 vom 29.07.2003. In: Bolletino Ufficiale della Regione Lombardia, 42. Milano.
REICH, S. (2000): The Four Faces of Institutionalism: Public Policy and a Pluralistic Perspective. In: Governance 13 (4), S. 501-522.
REIS, C. (2007): Fallmanagement – ein Mythos? In: RUDOLPH, C. & R. NIEKANT (Hrsg.): Hartz IV. Zwishenbilanz und Perspektiven. Münster, S. 178-192.
RHODES, R. A. W. (1996): The New Governance: Governing without Government. In: Political Studies 44, S. 652-667.
RHODES, R. A. W. (2000): Governance and Public Administration. In: PIERRE, J. (Hrsg.): Debating Governance. Authority, Steering, Democracy. Oxford, S. 54-90.
RICHTER, R. (2005): Die Lebensstilgesellschaft. Wiesbaden.
RONDA, E. (2005): Milano: edilizia residenziale pubblica, una questione sociale. In: RONDA, E. & A. DELERA (Hrsg.): Quartieri popolari e città sostenibili. Gli abitanti al centro di strumenti ed esperienze di riqualificazione urbana. Roma, S. 55-75.
ROSENAU, J. N. (2004): Strong Demand, Huge Supply: Governance in an Emerging Epoche. In: BACHE, I. & M. FLINDERS (Hrsg.): Multi-level Governance. Oxford, S. 31-48.
ROTHSTEIN, B. (1996): Political Institutions: An Overview. In: GOODIN, R. E. & H.-D. KLINGEMANN (Hrsg.): A New Handbook of Political Science. Oxford, S. 133-166.
RUDOLPH, C. & R. NIEKANT (2007): Einleitung – Hartz IV im Jahr 2007. In: RUDOLPH, C. & R. NIEKANT (Hrsg.): Hartz IV. Zwischenbilanz und Perspektiven. Münster, S. 7-23.
RUS, A. & H. IGLIČ (2005): Trust, Governance and Performance. In: International Sociology 20 (3), S. 371-391.

SALVIA, F. & F. TERESI (2002): Diritto urbanistico. Padova.
SANDNER LE GALL, V. (2007): Indigenes Management mariner Ressourcen in Zentralamerika: Der Wandel von Nutzungsmustern und Institutionen in den autonomen Regionen der Kuna (Panama) und Miskito (Nicaragua). Kiel (Kieler Geographische Schriften 116).
SASSEN, S. (1994): Cities in a World Economy. Thousand Oaks, London, New Dehli.
SCHIMANK, U. (2007): Neoinstitutionalismus. In: BENZ, A., S. LÜTZ, U. SCHIMANK & G. SIMONIS (Hrsg.): Handbuch Governance. Theoretische Grundlagen empirischer Anwendungsfelder. Wiesbaden, S. 161-175.
SCHMITT, V. (1993): Resozialisation, Repression und die Jungs von der Ahornstraße. In der „Frankfurter Bronx" wuchern Hoffnungslosigkeit und Verbrechen. In: Frankfurter Allgemeine Zeitung, 13.03.1993, S. 5.
SCHROER, M. (2008): Die im Dunkeln sieht man doch. Inklusion, Exklusion und die Entdeckung der Überflüssigen. In: BUDE, H. & A. WILLISCH (Hrsg.): Exklusion. Die Debatte über die „Überflüssigen". Frankfurt am Main., S. 178-194.
SCHUPPERT, G. F. (2006): Governance im Spiegel der Wissenschaftsdisziplinen. In: SCHUPPERT, G. F. (Hrsg.): Governance-Forschung. Vergewisserung über Stand und Entwicklung. Baden-Baden, S. 371-469.
SCLAVI, M., I. ROMANO, S. GUERCIO, A. PILLO, M. ROBIGLIO & I. TOUSSANT (2002): Avventure Urbane. Progettare la città con gli abitanti. Milano.
SCOTT, R. W. (2001): Institutions and Organizations. London.
SCOTT, R. W. (2006): Reflexionen über ein halbes Jahrhundert Organisationssoziologie. In: SENGE, K. & K.-U. HELLMANN (Hrsg.): Einführung in den Neo-Institutionalismus. Wiesbaden, S. 201-222.
SELLE, K. (2005): Planen. Steuern. Entwickeln. Über den Beitrag öffentlicher Akteure zur Entwicklung von Stadt und Land. Dortmund.
SELLE, K. (2007): Stadtentwicklung und Bürgerbeteiligung – Auf dem Weg zu einer kommuniaktiven Planungskultur? In: IzR 1, S. 63-71.
SELZNICK, P. (1996): Institutionalism „Old" and „New". In: Administrative Science Quarterly 41 (2), S. 270-277.
SENGE, K. (2006): Zum Begriff der Institutionen im Neo-Institutionalismus. In: SENGE, K. & K.-U. HELLMANN (Hrsg.): Einführung in den Neo-Institutionalismus. Wiesbaden, S. 35-47.
SENGE, K. (2007): Was ist neu am Neo-Institutionalimus? Eine vergleichende Betrachtung der Organisationsumwelten zwischen dem Neo-Institutionalimus und anderen dominanten Ansätzen der US-amerikanischen Organisationssoziologie. In: Österreichische Zeitschrift für Soziologie 32 (1), S. 42-65.
SENGE, K. & K.-U. HELLMANN (2006): Einleitung. In: SENGE, K. & K.-U. HELLMANN (Hrsg.): Einführung in den Neo-Institutionalismus. Wiesbaden, S. 7-31.
SILVER, H. (1994): Social Exclusion and Social Solidarity: Three Paradigms. In: International Labour Review 133 (4-6). S. 531-578.
SILVER, H. (1996): Culture, Politics and National Discourses of the New Urban Poverty.

In: MINGIONE, E. (Hrsg.): Urban Poverty and the Underclass. Cambridge, Mass., S. 105-138.
SIMONS, K. (2003): Politische Steuerung großer Projekte: Berlin Adlershof, Neue Mitte Oberhausen und Euralille im Vergleich. Opladen (Stadtforschung aktuell 91).
SITKIN, S. B. & E. GEORGE (2005): Managerial Trust-Building Through the Use of Legitimating Formal and Informal Control Mechanisms. In: International Sociology 20 (3), S. 307-338.
SMITH, J. A. (1995): Semi-Structured Interviews and Qualitative Analysis. In: SMITH, J. A., R. HARRÉ & L. VAN LANGENHOVE (Hrsg.): Rethinking Methods in Psychology. London, S. 9-26.
SOJA, E. W. (1995): Postmoderne Urbanisierung. Die sechs Restrukturierungen von Los Angeles. In: FUCHS, G., B. MOLTMANN & W. PRIGGE (Hrsg.): Mythos Metropole. Frankfurt am Main., S. 143-164.
STEGEN, R. (2006): Die soziale Stadt: Quartiersentwicklung zwischen Städtebauförderung, integrierter Stadtpolitik und Bewohnerinteressen. Berlin (Schriften des Arbeitskreises Stadtzukünfte der Deutschen Gesellschaft für Geographie 3).
STOKER, G. (1998): Governance as Theory: Five Propositions. In: ISSJ 155 (1), S. 17-28.
STORPER, M. & A. J. VENABLES (2003): Buzz: Face-To-Face Contact and the Urban Economy. London.
STOWASSER, J. M., M. PETSCHING & F. SKUTSCH (Hrsg.) (1991): Der kleine Stowasser: Lateinisch-deutsches Schulwörterbuch. München.
STRECKER, A. (2008): Auf gute Nachbarschaft. In: Frankfurter Rundschau (online), 12.03.2008.
STRULIK, T. (2004): Nichtwissen und Vertrauen in der Wissensökonomie. Frankfurt am Main, New York.
SULLIVAN, H. (2009): Social Capital. In: DAVIES, J. S. & D. L. IMBROSCIO (Hrsg.): Theories of Urban Politics. Second Edition. Los Angeles u. a., S. 221-238.
SWYNGEDOUW, E., F. MOULAERT & A. RODRIGUEZ (2002): Neoliberal Urbanization in Europe: Large-Scale Urban Development Projects and the New Urban Policy. In: BRENNER, N. & N. THEODORE (Hrsg.): Spaces of Neoliberalism. Oxford, S. 195-229.
TOSICS, I. & T. DUKES (2005): Urban Development Programmes in the Context of Public Administration and Urban Policy. In: Tijdschrift voor Economische en Sociale Geografie 96 (4), S. 390-408.
TRIGLIA, C. (2001): Social Capital and Local Development. In: European Journal of Social Theory 4 (4), S. 427-442.
V. HEFFEN, O. & J.-P. KLOK (2000): Institutionalism: State Models and Policy Processes. In: HEFFEN, O. V., J. M. KICKERT & J. J. A. THOMASSEN (Hrsg.): Governance in Modern Society: Effects, Change and Formation of Government Institutions. Dordrecht, S. 153-177.
VICARI HADDOCK, S. (2004): La città contemporanea. Bologna.

VITALE, T. & L. BREMBILLA (2010): Dalla segregazione al diritto all'abitare. In: VITALE, T. (Hrsg.): Politiche possibili. Abitare le città con i rom e i sinti. Rom, S. 163-173 (Studi Economici e sociali Carocci 39).

WAGENBLASS, S. (2004): Vertrauen in der Sozialen Arbeit. Theoretische und empirische Ergebnisse zur Relevanz von Vertrauen als eigenständiger Dimension. Weinheim.

WALTHER, U.-J. & S. GÜNTHER (2005): Soziale Stadt: vom übergeordneten Fachprogramm zurück zur Stadtpolitik. In: IzR 2/3 S. 183-191.

WILLIAMSON, O. E. (1979): Transaction-Cost Economics: The Governance of Contractual Relations. In: Journal of Law and Economics 22 (2), S. 233-261.

WILSON, W. J. (1987): The Truly Disadvantaged. The Inner City, the Underclass and the Public Policy. Chicago, London.

WITZEL, A. (1985): Das problemzentrierte Interview. In: JÜTTEMANN, G. (Hrsg.): Qualitative Forschung in der Psychologie. Grundlagen, Verfahrensweisen, Anwendungsfelder. Weinheim und Basel, S. 227-255.

WITZEL, A. (2000): Das Problemzentrierte Interview. In: Forum Qualitative Sozialforschung / Forum: Qualitative Social Research (Online Journal) 1 (1), http://www.qualitative-research.net/fqs-texte/1-00/1-00witzel-d.pdf: http://www.qualitative-research.net/fqs-texte/1-00/1-00witzel-d.pdf (Stand: 11.11.2006).

ZAJCZYK, F., B. BORLINI, F. MEMO & S. MUGNANO (2008): Milano. Quartieri periferici tra incertezza e trasformazione. Milano.

ZUCKER, L. G. (1977): The Role of Institutionalization in Cultural Persistance. In: American Sociological Review 42 (5), S. 726-743.

Ältere Bände der
Schriften des Geographischen Instituts der Universität Kiel
(Band I, 1932 - Band 43, 1975)
sowie der
Kieler Geographischen Schriften
(Band 44, 1976 - Band 57, 1983)
sind teilweise noch auf Anfrage im Geographischen Institut der CAU erhältlich

Band 58
Bähr, Jürgen (Hrsg.): Kiel 1879 - 1979. Entwicklung von Stadt und Umland im Bild der Topographischen Karte 1:25 000. Zum 32. Deutschen Kartographentag vom 11. - 14. Mai 1983 in Kiel. 1983. III, 192 S., 21 Tab., 38 Abb. mit 2 Kartenblättern in Anlage. ISBN 3-923887-00-0. 14,30 €

Band 59
Gans, Paul: Raumzeitliche Eigenschaften und Verflechtungen innerstädtischer Wanderungen in Ludwigshafen/Rhein zwischen 1971 und 1978. Eine empirische Analyse mit Hilfe des Entropiekonzeptes und der Informationsstatistik. 1983. XII, 226 S., 45 Tab. und 41 Abb. ISBN 3-923887-01-9. 15,30 €

Band 60
*Paffen, Karlheinz und Kortum, Gerhard: Die Geographie des Meeres. Disziplingeschichtliche Entwicklung seit 1650 und heutiger methodischer Stand. 1984. XIV, 293 S., 25 Abb. ISBN 3-923887-02-7.

Band 61
*Bartels, Dietrich u. a.: Lebensraum Norddeutschland. 1984. IX, 139 S., 23 Tab. und 21 Karten. ISBN 3-923887-03-5.

Band 62
Klug, Heinz (Hrsg.): Küste und Meeresboden. Neue Ergebnisse geomorphologischer Feldforschungen. 1985. V, 214 S., 45 Fotos, 10 Tab.und 66 Abb. ISBN 3-923887-04-3. 19,90 €

Band 63
Kortum, Gerhard: Zuckerrübenanbau und Entwicklung ländlicher Wirtschaftsräume in der Türkei. Ausbreitung und Auswirkung einer Industriepflanze unter besonderer Berücksichtigung des Bezirks Beypazari (Provinz Ankara). 1986. XVI, 392 S., 36 Tab., 47 Abb. und 8 Fotos im Anhang. ISBN 3-923887-05-1. 23,00 €

Band 64
Fränzle, Otto (Hrsg.): Geoökologische Umweltbewertung. Wissenschaftstheoretische und methodische Beiträge zur Analyse und Planung. 1986. VI,130 S., 26 Tab. und 30 Abb. ISBN 3-923887-06-X. 12,30 €

Band 65
Stewig, Reinhard: Bursa, Nordwestanatolien. Auswirkungen der Industrialisierung auf die Bevölkerungs- und Sozialstruktur einer Industriegroßstadt im Orient. Teil 2. 1986. XVI, 222 S., 71 Tab., 7 Abb. und 20 Fotos. ISBN 3-923887-07-8
19,00 €

Band 66
Stewig, Reinhard (Hrsg.): Untersuchungen über die Kleinstadt in Schleswig-Holstein. 1987. VI, 370 S., 38 Tab., 11 Diagr. und 84 Karten
ISBN 3-923887-08-6. 24,50 €

Band 67
Achenbach, Hermann: Historische Wirtschaftskarte des östlichen Schleswig-Holstein um 1850. XII, 277 S., 38 Tab., 34 Abb., Textband und Kartenmappe.
ISBN 3-923887-09-4. 34,30 €

*= vergriffen

Band 68
Bähr, Jürgen (Hrsg.): Wohnen in lateinamerikanischen Städten - Housing in Latin American cities. 1988. IX, 299 S., 64 Tab., 71 Abb. und 21 Fotos. ISBN 3-923887-10-8. 22,50 €

Band 69
Baudissin-Zinzendorf, Ute Gräfin von: Freizeitverkehr an der Lübecker Bucht. Eine gruppen- und regionsspezifische Analyse der Nachfrageseite. 1988. XII, 350 S., 50 Tab., 40 Abb. und 4 Abb. im Anhang. ISBN 3-923887-11-6. 16,40 €

Band 70
Härtling, Andrea: Regionalpolitische Maßnahmen in Schweden. Analyse und Bewertung ihrer Auswirkungen auf die strukturschwachen peripheren Landesteile. 1988. IV, 341 Seiten, 50 Tab., 8 Abb. und 16 Karten. ISBN 3-923887-12-4. 15,70 €

Band 71
Pez, Peter: Sonderkulturen im Umland von Hamburg. Eine standortanalytische Untersuchung. 1989. XII, 190 S., 27 Tab. und 35 Abb. ISBN 3-923887-13-2. 11,40 €

Band 72
Kruse, Elfriede: Die Holzveredelungsindustrie in Finnland. Struktur- und Standortmerkmale von 1850 bis zur Gegenwart. 1989. X, 123 S., 30 Tab., 26 Abb. und 9 Karten. ISBN 3-923887-14-0. 12,60 €

Band 73
Bähr, Jürgen, Christoph Corves und Wolfram Noodt (Hrsg.): Die Bedrohung tropischer Wälder: Ursachen, Auswirkungen, Schutzkonzepte. 1989. IV, 149 S., 9 Tab. und 27 Abb. ISBN 3-923887-15-9 13,20 €

Band 74
Bruhn, Norbert: Substratgenese - Rumpfflächendynamik. Bodenbildung und Tiefenverwitterung in saprolitisch zersetzten granitischen Gneisen aus Südindien. 1990. IV, 191 S. 35 Tab., 31 Abb. und 28 Fotos. ISBN 3-923887-16-7. 11,60 €

Band 75
Priebs, Axel: Dorfbezogene Politik und Planung in Dänemark unter sich wandelnden gesellschaftlichen Rahmenbedingungen. 1990. IX, 239 S., 5 Tab. und 28 Abb. ISBN 3-923887-17-5. 17,30 €

Band 76
Stewig, Reinhard: Über das Verhältnis der Geographie zur Wirklichkeit und zu den Nachbarwissenschaften. Eine Einführung. 1990. IX, 131 S., 15 Abb. IBSN 923887-18-3. 12,80 €

Band 77
Gans, Paul: Die Innenstädte von Buenos Aires und Montevideo. Dynamik der Nutzungsstruktur, Wohnbedingungen und informeller Sektor. 1990. XVIII, 252 S., & 64 Tab., 36 Abb. und 30 Karten in separatem Kartenband. ISBN 3-923887-19-1. 45,00 €

Band 78
Bähr, Jürgen & Paul Gans (eds): The Geographical Approach to Fertility. 1991. XII, 452 S., 84 Tab. und 167 Fig. ISBN 3-923887-20-5. 22,40 €

Band 79
Reiche, Ernst-Walter: Entwicklung, Validierung und Anwendung eines Modellsystems zur Beschreibung und flächenhaften Bilanzierung der Wasser- und Stickstoffdynamik in Böden. 1991. XIII, 150 S., 27 Tab. und 57 Abb. ISBN 3-923887-21-3. 9,70 €

Band 80
Achenbach, Hermann (Hrsg.): Beiträge zur regionalen Geographie von Schleswig-Holstein. Festschrift Reinhard Stewig. 1991. X, 386 S., 54 Tab. und 73 Abb.
ISBN 3-923887-22-1. 19,10 €

Band 81
Stewig, Reinhard (Hrsg.): Endogener Tourismus. 1991. V, 193 S., 53 Tab. und 44 Abb.
ISBN 3-923887-23-X. 16,80 €

Band 82
Jürgens, Ulrich: Gemischtrassige Wohngebiete in südafrikanischen Städten. 1991. XVII, 299 S., 58 Tab. und 28 Abb. ISBN 3-923887-24-8. 13,80 €

Band 83
Eckert, Markus: Industrialisierung und Entindustrialisierung in Schleswig-Holstein. 1992. XVII, 350 S., 31 Tab. und 42 Abb
ISBN 3-923887-25-6. 12,70 €

Band 84
Neumeyer, Michael: Heimat. Zu Geschichte und Begriff eines Phänomens. 1992. V, 150 S. ISBN 3-923887-26-4. 9.00 €

Band 85
Kuhnt, Gerald und Zölitz-Möller, Reinhard (Hrsg): Beiträge zur Geoökologie aus Forschung, Praxis und Lehre. Otto Fränzle zum 60. Geburtstag. 1992. VIII, 376 S., 34 Tab. und 88 Abb. ISBN 3-923887-27-2. 19,00 €

Band 86
Reimers, Thomas: Bewirtschaftungsintensität und Extensivierung in der Landwirtschaft. Eine Untersuchung zum raum-, agrar- und betriebsstrukturellen Umfeld am Beispiel Schleswig-Holsteins. 1993. XII, 232 S., 44 Tab., 46 Abb. und 12 Klappkarten im Anhang.
ISBN 3-923887-28-0. 12,20 €

Band 87
Stewig, Reinhard (Hrsg.): Stadtteiluntersuchungen in Kiel, Baugeschichte, Sozialstruktur, Lebensqualität, Heimatgefühl. 1993. VIII, 337 S., 159 Tab., 10 Abb., 33 Karten und 77 Graphiken. ISBN 923887-29-9. 12.30 €

Band 88
Wichmann, Peter: Jungquartäre randtropische Verwitterung. Ein bodengeographischer Beitrag zur Landschaftsentwicklung von Südwest-Nepal. 1993. X, 125 S., 18 Tab. und 17 Abb. ISBN 3-923887-30-2. 10.10 €

Band 89
Wehrhahn, Rainer: Konflikte zwischen Naturschutz und Entwicklung im Bereich des Atlantischen Regenwaldes im Bundesstaat São Paulo, Brasilien. Untersuchungen zur Wahrnehmung von Umweltproblemen und zur Umsetzung von Schutzkonzepten. 1994. XIV, 293 S., 72 Tab., 41 Abb. und 20 Fotos. ISBN 3-923887-31-0. 17,50 €

Band 90
Stewig, Reinhard (Hrsg.): Entstehung und Entwicklung der Industriegesellschaft auf den Britischen Inseln. 1995. XII, 367 S., 20 Tab., 54 Abb. und 5 Graphiken.
ISBN 3-923887-32-9. 16,60 €

Band 91
Bock, Steffen: Ein Ansatz zur polygonbasierten Klassifikation von Luft- und Satellitenbildern mittels künstlicher neuronaler Netze. 1995. XI, 152 S., 4 Tab. und 48 Abb.
ISBN 3-923887-33-7. 8,60 €

Band 92
Matuschewski, Anke: Stadtentwicklung durch Public-Private-Partnership in Schweden. Kooperationsansätze der achtziger und neunziger Jahre im Vergleich. 1996. XI, 246 S., 16 Tab., 34 Abb., und 20 Fotos.
ISBN 3-923887-34-5. 12,20 €

Band 93
Ulrich, Johannes und Kortum, Gerhard.: Otto Krümmel (1854-1912): Geograph und Wegbereiter der modernen Ozeanographie. 1997. VIII, 340 S. ISBN 3-923887-35-3.
24,00 €

Band 94
Schenck, Freya S.: Strukturveränderungen spanisch-amerikanischer Mittelstädte untersucht am Beispiel der Stadt Cuenca, Ecuador. 1997. XVIII, 270 S.
ISBN 3-923887-36-1.
13,20 €

Band 95
Pez, Peter: Verkehrsmittelwahl im Stadtbereich und ihre Beeinflussbarkeit. Eine verkehrsgeographische Analyse am Beispiel Kiel und Lüneburg. 1998. XVII, 396 S., 52 Tab. und 86 Abb.
ISBN 3-923887-37-X.
17,30 €

Band 96
Stewig, Reinhard: Entstehung der Industriegesellschaft in der Türkei. Teil 1: Entwicklung bis 1950, 1998. XV, 349 S., 35 Abb., 4 Graph., 5 Tab. und 4 Listen.
ISBN 3-923887-38-8.
15,40 €

Band 97
Higelke, Bodo (Hrsg.): Beiträge zur Küsten- und Meeresgeographie. Heinz Klug zum 65. Geburtstag gewidmet von Schülern, Freunden und Kollegen. 1998. XXII, 338 S., 29 Tab., 3 Fotos und 2 Klappkarten. ISBN 3-923887-39-6.
18,40 €

Band 98
Jürgens, Ulrich: Einzelhandel in den Neuen Bundesländern - die Konkurrenzsituation zwischen Innenstadt und "Grüner Wiese", dargestellt anhand der Entwicklungen in Leipzig, Rostock und Cottbus. 1998. XVI. 395 S., 83 Tab. und 52 Abb.
ISBN 3-923887-40-X.
16,30 €

Band 99
Stewig, Reinhard: Entstehung der Industriegesellschaft in der Türkei. Teil 2: Entwicklung 1950-1980. 1999. XI, 289 S., 36 Abb., 8 Graph., 12 Tab. und 2 Listen.
ISBN 3-923887-41-8.
13,80 €

Band 100
Eglitis, Andri: Grundversorgung mit Gütern und Dienstleistungen in ländlichen Räumen der neuen Bundesländer. Persistenz und Wandel der dezentralen Versorgungsstrukturen seit der deutschen Einheit. 1999. XXI, 422 S., 90 Tab. und 35 Abb.
ISBN 3-923887-42-6.
20,60 €

Band 101
Dünckmann, Florian: Naturschutz und kleinbäuerliche Landnutzung im Rahmen Nachhaltiger Entwicklung. Untersuchungen zu regionalen und lokalen Auswirkungen von umweltpolitischen Maßnahmen im Vale do Ribeira, Brasilien. 1999. XII, 294 S., 10 Tab., 9 Karten und 1 Klappkarte.ISBN 3-923887-43-4.
23,40 €

Band 102
Stewig, Reinhard: Entstehung der Industriegesellschaft in der Türkei. Teil 3: Entwicklung seit 1980. 2000. XX, 360 S., 65 Tab., 12 Abb. und 5 Graphiken
ISBN 3-923887-44-2.
17,10 €

Band 103
*Bähr, Jürgen & Widderich, Sönke: Vom Notstand zum Normalzustand - eine Bilanz des kubanischen Transformationsprozesses. La larga marcha desde el período especial habia la normalidad - un balance de la transformación cubana. 2000. XI, 222 S., 51 Tab. und 15 Abb. ISBN 3-923887-45-0.
11,40 €

*= vergriffen

Band 104
Bähr, Jürgen & Jürgens, Ulrich: Transformationsprozesse im Südlichen Afrika - Konsequenzen für Gesellschaft und Natur. Symposium in Kiel vom 29.10.-30.10.1999. 2000. 222 S., 40 Tab., 42 Abb. und 2 Fig.
ISBN 3-923887-46-9. 13,30 €

Band 105
Gnad, Martin: Desegregation und neue Segregation in Johannesburg nach dem Ende der Apartheid. 2002. 281 S., 28 Tab. und 55 Abb.
ISBN 3-923887-47-7. 14,80 €

Band 106
*Widderich, Sönke: Die sozialen Auswirkungen des kubanischen Transformationsprozesses. 2002. 210 S., 44 Tab. und 17 Abb. ISBN 3-923887-48-5. 12,55 €

Band 107
Stewig, Reinhard: Bursa, Nordwestanatolien: 30 Jahre danach. 2003. 163 S., 16 Tab., 20 Abb. und 20 Fotos.ISBN 3-923887-49-3. 13,00 €

Band 108
Stewig, Reinhard: Proposal for Including Bursa, the Cradle City of the Ottoman Empire, in the UNESCO Wolrd Heritage Inventory. 2004. X, 75 S., 21 Abb., 16 Farbfotos und 3 Pläne. ISBN 3-923887-50-7. 18,00 €

Band 109
Rathje, Frank: Umnutzungsvorgänge in der Gutslandschaft von Schleswig-Holstein und Mecklenburg-Vorpommern. Eine Bilanz unter der besonderen Berücksichtigung des Tourismus. 2004. VI, 330 S., 56 Abb. ISBN 3-923887-51-5. 18,20 €

Band 110
Matuschewski, Anke: Regionale Verankerung der Informationswirtschaft in Deutschland. Materielle und immaterielle Beziehungen von Unternehmen der Informationswirtschaft in Dresden-Ostsachsen, Hamburg und der TechnologieRegion Karlsruhe. 2004. II, 385 S., 71 Tab. und 30 Abb. ISBN 3-923887-52-3. 18,00 €

Band 111
*Gans, Paul, Axel Priebs und Rainer Wehrhahn (Hrsg.): Kulturgeographie der Stadt. 2006. VI, 646 S., 65 Tab. und 110 Abb.
ISBN 3-923887-53-1. 34,00 €

Band 112
Plöger, Jörg: Die nachträglich abgeschotteten Nachbarschaften in Lima (Peru). Eine Analyse sozialräumlicher Kontrollmaßnahmen im Kontext zunehmender Unsicherheiten. 2006. VI, 202 S., 1 Tab. und 22 Abb. ISBN 3-923887-54-X. 14,50 €

Band 113
Stewig, Reinhard: Proposal for Including the Bosphorus, a Singularly Integrated Natural, Cultural and Historical Sea- and Landscape, in the UNESCO World Heritage Inventory. 2006. VII, 102 S., 5 Abb. und 48 Farbfotos. ISBN 3-923887-55-8. 19,50 €

Band 114
Herzig, Alexander: Entwicklung eines GIS-basierten Entscheidungsunterstützungssystems als Werkzeug nachhaltiger Landnutzungsplanung. Konzeption und Aufbau des räumlichen Landnutzungsmanagementsystems LUMASS für die ökologische Optimierung von Landnutzungsprozessen und -mustern. 2007. VI, 146 S., 21 Tab. und 46 Abb.
ISBN 978-3-923887-56-9. 12,00 €

Band 115
Galleguillos Araya-Schübelin, Myriam Ximena: Möglichkeiten zum Abbau von Segregation in Armenvierteln. Die Frage nach der sozialen und ökonomischen Nachhaltigkeit urbaner Ballungsräume am Beispiel Santiago de Chile. 2007. VIII, 226 S., 6 Tab. und 19 Abb. ISBN 978-3-923887-57-6. 15,00 €

*= vergriffen

Band 116
Sandner Le Gall, Verena: Indigenes Management mariner Ressourcen in Zentralamerika: Der Wandel von Nutzungsmustern und Institutionen in den autonomen Regionen der Kuna (Panama) und Miskito (Nicaragua). 2007. VIII, 390 S., 14 Tab. und 44 Abb.
ISBN 978-3-923887-58-3. 18,00 €

Band 117
Wehrhahn, Rainer (Hrsg.): Risiko und Vulnerabilität in Lateinamerika. 2007. II, 314 S., 13 Tab. und 50 Abb.
ISBN 978-3-923887-59-0. 16,50 €

Band 118
Klein, Ulrike: Geomedienkompetenz. Untersuchung zur Akzeptanz und Anwendung von Geomedien im Geographieunterricht unter besonderer Berücksichtigung moderner Informations- und Kommunikationstechniken. 2008. XI, 244 S., 89 Tab. und 57 Abb.
ISBN 978-3-923887-60-6. 15,50 €

Band 119
Sterr, Horst, Christoph Corves und Götz von Rohr (Hrsg.): The ToLearn Project, Learning how to Foster Sustainable Tourism in the North Sea Region 2009. III, 168 S., 6 Tab. und 23 farbige Abb.
ISBN 978-3-923887-61-3. 15,00 €

Band 120
Sandfuchs, Katrin: Wohnen in der Stadt. Bewohnerstrukturen, Nachbarschaften und Motive der Wohnstandortwahl in innenstadtnahen Neubaugebieten Hannovers. 2009. X, 282 S., 30 Tab. und 44 Abb.
ISBN 978-3-923887-62-0. 16,20 €

Band 121
Oppelt, Natascha: Monitoring of the Biophysical Status of Vegetation Using Multi-angular, Hyperspectral Remote Sensing for the Optimization of a Physically-based SVAT Model. 2010. XXII, 130 S., 34 Tab. und 62 Abb. davon 24 farbig
ISBN 978-3-923887-63-7. 14,50 €

Band 122
Mössner, Samuel: Integrierte Stadtentwicklungsprogramme - eine „Vertrauens-Konstellation". Beispiele aus Frankfurt a. M. und Mailand. 2010. X, 202 S., 5 Tab. und 6 Abb.
ISBN 978-3-923887-64-4. 14,50 €